마을배움길 학교 이야기
새로운 학교, 새로운 배움, 새로운 공동체

마을배움길 학교 이야기

새로운 학교, 새로운 배움, 새로운 공동체

초판 1쇄 인쇄 2023년 5월 15일
초판 1쇄 발행 2023년 5월 28일

지은이 김명신, 김미자, 서영자, 윤재화, 이명순
펴낸이 김승희
펴낸곳 도서출판 살림터

기획 정광일
편집 이희연
북디자인 이순민

인쇄.제본 (주)신화프린팅
종이 (주)명동지류

주소 서울시 양천구 목동동로 293 22층 2215-1호
전화 02) 3141-6553
팩스 02) 3141-6555
출판등록 2008년 3월 18일 제313-1990-12호
이메일 gwang80@hanmail.net
블로그 https://blog.naver.com/dkffk1020

ISBN 979-11-5930-256-5 03370

마을배움길 학교 이야기

새로운 학교, 새로운 배움, 새로운 공동체

김명신, 김미자, 서영자, 윤재화, 이명순 지음

살림터

마을배움길 학교 이야기를 시작하며

작년까지 같이 근무하다 5년 만기를 꽉 채우고 올해 다른 학교로 옮긴 원 선생님을 오랜만에 만났다.

"선생님, 옮긴 학교는 어때요?"

"좋아요. 저 우리 학교에서 놀이 연수했을 때 오셨던 오 선생님하고 동 학년이에요. 그 선생님하고 저만 운동장에서 놀이해요. 그래서 좀 눈치가 보이기는 해요. 그래도 놀아요. 그런데 오 선생님 운동화 한쪽이 다 닳았어요. 왜인지 아세요? 운동화로 운동장에 금을 그어서요."

"저런, 금을 그을 도구가 없구나."

"네, 한솔초에는 조회대 밑에 항상 선호미가 있었는데. 그런데 오 선생님이 저 보고 그랬어요. 샘은 한솔초에서 다 배워서 다른 곳으로 놀이 연수 안 가도 좋았겠다고요. 하하하."

원 선생님 이야기에 한솔초의 놀이 씨앗들이 조금씩 새싹을 키우는 것 같아 슬며시 미소가 지어졌다. 이어 한솔초보다 옮긴 학교가 더 좋으냐는 짓궂은 질문에는 다소 심각한 표정으로 답했다.

"한솔초는 다른 일은 힘들지 않았는데, 돌봄이 필요한 아이들이 많아서 그게 힘들었어요. 그런 아이들을 보아야 하는 것 자체가 너무나 가슴 아팠고, 또 외면할 수 없어서 계속 신경 써야 하는 것도요. 물론 사례회의를 하고, 여러 선생님들이 함께 도와주셔서 덜 힘들었지만…."

원 선생님의 이야기를 들으며 나도, 옆에 같이 있던 선생님들도 공감이 되어 고개를 끄덕일 수밖에 없었다.

한솔초는 청주의 수곡동에 자리한 전교생이 채 300여 명이 안 되는 학교로 교육복지지원 대상 학생이 40%가 넘는 학교이다. 그래서 우리는 수곡동 아이들의 돌봄을 고민하며 목요놀이를 시작했고, 떠나고 싶은 마을이 아니라 살고 싶은 마을로 기억하며 아이들이 자랐으면 하는 마음에 마을배움길 학교를 만들고자 했다.

이 책은 한솔초가 마을에서 배움길을 만들어 가고자 노력했던 10여 년의 여정을 담은 책으로『마을에 배움의 길이 있다(문재현, 살림터, 2015)』의 속편이기도 하다. 이 책을 함께 쓴 다섯 명은 문재현 소장과 함께 평화샘 모임을 하며 아이들 세상으로 들어갈 수 있는 놀이와 마을, 걷기라는 화두에 집중하며 자신이 속한 학교와 마을에서 나름의 실천을 하고 있었다. 그러다 지역사회와 협력하며 공동체를 만들어 가는 한솔초로 하나둘 모이게 되었다. 함께 고민하고 소통하며 공통경험과 공통감각을 가지고 싶었기 때문이었다.

2005년 이명순 선생이 처음 한솔초에 근무하기는 했으나 그 당시에는 평화샘 프로젝트를 시작하기 이전이었고, 2012년 서영자 선생이 부임하고 2013년 이명순 선생이 다시 한솔초로 오면서 공동의 실천 가능성이 열렸다. 그리고 2017년에 김미자 선생이, 2018년에는 내가 한솔초로 오며 개별 학급을 넘어 자율학교라는 학교 차원의 실천에 도전하게 되었다. 그리고 2019년에는 공모 교장으로 윤재화 선생이 와서 같이 마을배움길 학교를 하게 되었다. 이 과정에서 우리는 깊은 영감과 깨달음을 얻을 수 있었다. 그 이야기들을 각자의 경험으로만 남겨두기에는 아쉬움이 컸기에 함께 책으로 엮어보기로 마음을 모았다.

그렇게 한솔초의 이야기를 책으로 내겠다는 생각을 하고 난 후 2년의 시간이 흘렀다. 글을 잘 못 쓰는 사람들이 같이하다 보니 꼬박 두 번의 여름, 겨울 방학을 다 쏟아붓고서야 겨우 마무리 지을 수 있었다. 그 긴 시간 동안 참 많은 일이 있었다. 10여 년 전의 기억을 되살려 글을 써야 했던 서 선생과 이 선생은 몇 달을 함께 이야기하며 추억여행을 했다. 오랜 시간이 지난 탓도 있지만 즐겁고 행복한 기억만 있는 것이 아니다 보니 떠올리기 힘들어하기도 했는데, 이야기하고 또 이야기하고 다시 이야기하면서 서로 치유되고 다시 일어서는 과정이었다. 두 사람의 이야기를 들으며 우리는 그 시절 한솔초 속으로 들어가 함께 여행하는 느낌이었다. 그리고 오늘의 한솔초가 한순간에 이루어진 것이 아니라 어떻게 씨앗이 뿌려지고, 자라왔는지, 어떤 험난한 태풍과 비바람을 이겨내고 여기까지 왔는지 속속들이 이해하는 과정이었다.

무엇보다 그동안 우리가 실천했던 과정들의 의미를 되새겨보고 정리하는 소중한 시간이 되었다. 일대일 마을 나들이가 교사와 학생 사이에 관계의 오솔길을 만들어 마음을 열고 서로 소통하게 할 뿐만 아니라 가르치고 배우는 관계를 넘어 수곡동 사람으로 함께 살아가도록 하는 중요한 실천이었으며, 교사와 아이의 공통 경험과 감정을 기반으로 아이들의 경험과 관계, 권리, 요구에서 출발하는 통합교육의 주제가 되고 배움이 얼마나 깊고 넓어질 수 있는지, 우리 놀이가 현재 아이들에게 가지는 교육적 의미와 놀이의 복원과 전승을 위해 교사가 해야 하는 역할은 어떤 것들이 있는지 끊임없이 토론하고 공부하며 2년을 치열하게 보냈다. 특히, 우리의 실천을 설명할 말들이 입에 붙기 시작할 때는 뿌듯하고 자부심을 느꼈다. 우리의 실천을 우리의 말로 표현할 수 있다는 것은 이론화하는 과정일 뿐만 아니라 학문의 식민성에서 벗어나는 일이었기 때문이다.

한편 책을 쓰기 시작할 때는 한솔초의 소중한 걸음들의 의미를 잘 살려서 글을 써야 한다는, 누가 강요하지도 않은 사명감에 많이 경직되고 또 자랑하고 싶은 이야기들만 떠올렸다. 하지만 계속 자신들이 경험했던 한솔초의 이야기들을 진솔하게 나누면서 점점 또렷해지는 가치가 있었다. 바로 '관계'였다.

한솔초에서 어려운 시절을 같이했던 동료 교사들, 함께 아이들을 돌보자는 이야기에 기꺼이 팔을 걷어붙이고 힘을 보태주었던 마을 분들과 학부모들, 교사들을 믿고 자신들의 마음을 열고 손을 맞잡아주었던 아이들이 떠올라 가슴이 벅찼다. 그래서 마을배움길 자율학교가 가지는 의미부터 우리의 실천에 의미를 부여하는 이야기를 시작으로, 마을배움길 학교가 될 수 있도록 기반을 다지는 실천, 씨앗을 뿌리고 꽃이 피고 열매가 맺혀가는 차례로 의미를 부여하는 글을 실었다.

이 책을 내기까지 고마운 인사를 해야 할 사람들이 어느 때보다 많다. 마을을 함께 걸을 때마다 한 발 앞에서 또는 나란히 걸으며 안내자가 되어주었던 아이들에게 가장 먼저 고마운 인사를 남기고 싶다. 아이들은 마을에서뿐 아니라 교실, 학교 등 우리가 함께한 모든 장소에서 우리의 진정한 길앞잡이였다. 또한 아이들을 함께 키워가는 한솔초의 고마운 동반자 부모님들을 빼놓을 수 없다. 또한 낯설고 새로운 길을 마다하지 않고 기쁘게 함께했던 동료 교사들에게 인사하지 않을 수 없다. 모두 한 명 한 명 이름을 불러 적고 싶지만 지면 관계상 아이들, 부모님들, 교사들이라고 적은 것과 함께한 과정을 졸필로 제대로 담지 못한 것에 아량을 베풀어주기를 부탁드린다. 그럼에도 불구하고 이 책이 빛나도록 기꺼이 자신의 이야기를 글로 써준 윤정심 어머니와 김나래 선생, 백담우 어린이에게 각별한 인사를 남긴다. 또한 이 책에 실린 각양각색의 사연 속에 등장하는 마을 분들에게 고마운 인사를 전한다. 그분들의 앞선 걸음과 실천들 덕분에 오늘의 우리가 있음을 잘 알고 있다. 늘 고맙고 든든하다. 그리고 마을배움길 자율학교의 든든한 협력 기관인 마을배움길연구소 문재현 소장님에게도 그동안에 못다 한 고마운 인사를 이 자리를 빌어 남긴다. 마지막으로 이 책이 나오도록 편집하고 예쁘게 꾸며주신 살림터의 정광일 사장님과 편집실 여러분들에게 고마운 인사를 남긴다.

이 책이 새로운 교육과 공동체를 만들기 위해 노력하는 분들께 힘이 되길 바란다.

2023년 4월
아이들이 없는 빈 교실에서 한솔초 이야기를 갈무리하며
저자들을 대표하여 김명신 씀

차 례

새로운 학교,
새로운 배움,
새로운 공동체

김명신·김미자·윤재화

* 마을배움길 실천이 가지는 의미

한솔초가 자율학교로 지정된 것은 2019년이다. 하지만 자율학교로 지정되기 훨씬 전부터 수곡동에 살거나 학교에 근무하면서 꾸준히 마을배움길[1]을 실천해 온 교사들의 노력이 10여 년간 쌓여 왔다. 우리는 한솔초의 교육 실천을 모아 책으로 묶으면서 뿌듯했지만, 고민도 있었다. 이것을 책으로 내는 것이 과연 사회에 도움이 될 것인가? 혹시 이 책을 내는 것이 종이 낭비가 아닐까? 기존에 다른 실천들하고 다를 게 없다면 굳이 우리가 책 한 권을 더 낼 필요가 있을까?

어떤 사람들은 마을배움길이 현재 교육청과 지방자치단체가 함께 진행하는 마을교육공동체 사업과 어떤 차이가 있는지 물으며 비슷한 내용을 굳이 책으로 내야 하는지 의문을 제기했다. 우리는 그 문제 제기에 대해서 이야기하고 또 이야기하고 다시 이야기했다. 그 결과 우리의 경험이 혁신학

---

1 마을에서 출발하는 교육과정을 우리는 마을배움길이라고 말하며, 마을배움길연구소 문재현 소장이 쓴 『마을에 배움의 길이 있다』를 철학적 기반으로 삼고 있다.

교나 마을교육공동체의 경험과 분명히 다르고 시대가 요구하는 새로운 비전을 담고 있다는 확신이 생겼다. 우리는 함께 이야기하며 마을배움길의 실천이 가지는 의미를 크게 네 가지로 정리해보았다.

첫째. 우리 한솔초의 프로젝트는 혁신학교와 다른 차원에서 진행됐다.

혁신학교는 교육청으로부터 예산과 정책적인 다양한 지원을 받지만, 한솔초는 자율학교라고 지정만 되었을 뿐 별다른 지원이 없는 상태에서 교사들의 자발적인 의지로 시작되었다. 오로지 교사와 학부모, 지역사회가 자발성을 바탕으로 함께 협력하면서 마을배움길을 만들어 왔다. 우리는 혁신학교가 아닌데도 혁신학교라고 오해받는 경우가 많아 우리 실천과 다른 혁신학교의 실천이 어떻게 다른지 궁금했다. 그래서 2019년에 마을교육공동체로 전국에서 가장 유명한 경기도의 ○○중을 직접 찾아가 마을 대표와 교장을 만나 보았다. 먼저 교장에게 교사와 아이들이 마을과 어떻게 관계를 맺고 있느냐고 물었다.

"교사들은 자신이 맡은 마을 관련 업무가 있어서 그 업무를 통해 마을과 관계를 맺게 되고, 아이들은 마을 교과서로 창의적 체험활동 시간에 교실에서 수업하면서 마을과 관계를 맺는 거지요."

업무로 관계를 맺는다는 것이나 아이들이 교과서로 교실에서 마을과 관계 맺는다는 것이 언뜻 들어도 이해가 되지 않았다. 마을과 협력한다는 내용에도 고개를 갸우뚱할 수밖에 없었다. 그 지역에는 한 명의 마을 대표와 몇 명의 방과 후 교사들이 운영하는 마을센터가 학교와 조금 떨어진 곳에 있었다. 학교 수업이 끝난 아이들이 마을센터를 찾아오면 희망하는 동아리 활동이나 몇 개의 방과 후 수업을 진행하는 것이 주요 사업이었다. 언뜻 보면 학교와 마을이 협력하여 온종일 아이를 돌보는 것처럼 보이지만 마을 사람이 중심이 되는 것이 아니라 학교를 지원하는 방과 후 센터 정도의 의미가 있었다.

교육과정을 재구성하는 방식과 마을과의 협력에서도 근본적인 차이가 있었다. 혁신학교는 교과서를 중심으로 재구성하지만, 우리는 아이들의 삶을 중심으로 한다. 한솔초에서는 아이들 손을 잡고 직접 마을에 나가 마을 토박이를 만나서 마을의 역사도 듣고, 함께 걸으면서 마을의 변화 과정을 배운다. 교실로 돌아오면 마을에서 본 동물과 식물에서부터 마주친 사람들, 돌아본 마을의 구석구석 이야기에서 출발하여 마을의 역사나 세계사까지 넓은 세상을 보는 눈을 갖도록 수업한다.

마을과의 협력도 마을교육공동체는 학교가 힘들어하는 일을 마을로 넘기는 것을 협력한다고 표현하지만 우리는 마을 사람들 전체가 교육의 주체이기에 어떤 이와도 협력한다. 그래서 특정 기능과 자격을 가진 방과 후 강사가 아니라 누구나 배움의 동반자가 되어 학교에 들어올 수 있고 아이들과 관계 맺고 배움을 만들어갈 수 있다. 그런 힘을 바탕으로 진행했던 수곡동의 단오 축제, 정월대보름 축제, 힘든 아이들을 돕기 위해 지역에서 자발적으로 만든 '건강한마을만들기수곡동주민네트워크' 이야기를 들려주었다. 그러자 우리 이야기를 들은 ○○중 교장이 부러운 듯 말했다.

"수곡동은 이미 모든 걸 이루고 계시네요. 저희가 한솔초에 찾아가서 배워야겠어요."

돌아오는 차 안에서 우리는 마을배움길의 실천이 얼마나 의미 있는지를 되새기며 이야기꽃을 피웠다. 직접 방문해서 함께 이야기를 나누어 보니 마을교육공동체는 관의 지원을 전제로 업무 담당자, 마을활동가 중심으로 사업을 함께 진행하는 것이었고, 아이들에게도 마을이 삶터가 아니라 그저 하나의 수업 내용으로만 제공되고 있다는 생각이 들었다. 예산 지원도 없이 자발적으로 누구나 마을 사람들과 관계 맺는 방식으로 진행하는 우리와의 차이들이 더욱 명확하게 다가왔다.

둘째, 유럽의 새로운 교육 패러다임인 장소 기반 교육과정과도 차별성을 가지고 있다.

장소기반교육은 유럽에서 21세기 초반 2005년경부터 시작한 새로운 교육 패러다임이다. 이 새로운 교육학적 흐름에서 강조하는 것은 장소성이다. 장소, 곧 자기가 애착을 느끼고 의지하고 그 안에서 행복을 느끼는 장소를 이해하고, 장소 안에서 사람들과 관계를 맺으며 성장하는 것이 배움에서 가장 중요하다고 보는 것이다.

마을배움길의 실천도 아이들이 사는 마을에서 장소성을 형성하는 것을 핵심으로 보기 때문에 얼핏 보면 비슷한 것 같다. 하지만 비교 연구 끝에 우리와 많은 점에서 다른 것을 확인할 수 있었다. 가장 큰 차이는 접근 과정이었다. 마을배움길은 한 사람, 한 사람의 관계 맺기로부터 시작한다. 자세한 내용은 뒤에 설명하겠지만 우리는 놀이, 나들이, 세시 등 교육주제를 다룰 때 아이들의 경험으로부터 출발하면서 서로 말문을 트고 곁을 주는 것에서부터 시작한다. 그런데 공동체적 경험이 적은 유럽의 장소기반교육은 방향에서는 공동체성을 지향하지만, 공동체성 자체가 출발점이 되지 못하니 학문적 연구로부터 시작해서 확장해가려고 하는 특징을 가지고 있다. 물론 연구는 중요하다. 하지만 연구는 대상을 일정 정도 객관화하고 대상화할 수밖에 없기에 관계 맺기가 어렵다. 관계 맺기는 개인 대 집단이 아닌 한 사람, 한 사람의 만남에서 출발하는 것이기 때문이다.

셋째, 마을배움길의 실천은 4차 산업혁명 이후의 교육에 대해서도 분명한 비전을 지니고 있다.

많은 교사가 4차 산업혁명 이후 다가올 교사의 지위와 역할에 대해서 확신하지 못하거나 불안해한다.

"저는 제 자식들한테 교대나 사범대에 갈 생각을 하지 말라고 했어요. 왜냐면 앞으로 학교는 없어질 것이고 교사의 역할은 AI가 대체할 테니까요. 앞으로 없어질 직업에 교사가 들어 있더라고요."

한 연수에서 미래의 교육을 논의하던 중에 40대 여교사가 한 말이다.

이와 달리 아이들은 AI 교사 이야기에 신기해하면서 좋아하는 반응을 보이기도 한다. 한 선생님이 아이들에게 '로봇이 선생님이라면?' 하고 물었더니 2학년 아이들의 답변이 흥미로웠다.

"모른다고 혼나지 않아도 되니까 좋아요. 설명을 백번이라도 다시 들을 수 있어요. 잡기 놀이하고 싶어서 운동장으로 나가도 쫓아오지 못해요. 어! 그러고 보니 로봇이 우리랑 비석치기를 할 수 있을까요? 놀이가 안 될 거 같아요. 다 맞출 거 아네요. 그러면 서로 살려 가면서 하는 재미가 없을 거 같은데요."

학교가 지금처럼 단순 지식을 가르치는 곳이라면 교사란 직업은 없어질 수도 있다. 하지만 관계가 중심이라면 그것은 답이 될 수가 없다. 웬만한 일들을 컴퓨터로 처리할 수 있게 된다면 인간이 할 일은 자신의 이야기를 다른 사람들과 나누고 세상 사람들과 협력하면서 교류하고 소통하는 일일 것이다. 그러나 AI 교사는 아이들과 공통감각과 감정을 만드는 놀이를 할 수 없고 참된 관계를 맺을 수도, 그 안에서 새로운 삶의 길을 개척할 수도 없기 때문이다.

넷째, 마을배움길 학교는 진정한 자율학교의 길을 개척하고 있다.

한솔초는 2019년 자율학교를 신청하면서 내부형 교장공모제를 추진했다. 그때 교육청에서 추진하는 형식적이고 비밀스러운 방식을 거부하고 전 교육 주체가 토론하여 각자의 목소리를 모아 질문하고 선택하는 방식을 취했다.

> "우리와 함께 놀고, 나들이도 가고, 캠핑도 같이하고, 우리가 할 말이 있어서 교장실로 찾아가면 친절하게 이야기해주는 교장 선생님이 오시면 좋겠어요."

한솔초 아이들의 목소리이다. 아이들의 생생한 요구로 출발한 자율학교는 지난 4년간 교장과 교사들, 지역사회 구성원들이 함께 혼연일체로 움직이면서 서로 간에 신뢰를 쌓아왔다. 이런 경험을 바탕으로 2022년 12월에도 다시 내부형 교장공모제를 신청할 것인지 논의했다. 전교생이 우리가 바라는 교장은 어떤 모습이며 어떤 방식으로 선출할 것인가를 학급 회의를 통해 논의했는데 아무도 반대하는 아이가 없어서 사실상 100%가 공모제에 찬성한 셈이다. 그다음 교직원과 학부모의 희망을 받은 결과 무려 학부모 88.1%, 교직원 92.3%의 찬성률을 보였다. 다른 자율학교 찬성률과 비교해 보면 그야말로 압도적인 요구였다. 우리는 이러한 합의를 근거로 학교 운영위원 전원의 찬성으로 교장공모제를 신청했으나 선정에서 배제되었다. 교육감이 바뀐 뒤 충북도교육청에서 자율학교의 취지를 무시하고 일방적으로 결정한 것이다. 발표가 난 당일부터 한솔초의 학부모와 마을 사람들은 충북도교육청에 계속 항의했다. 우리 학교뿐만 아니라 다른 학교와도 연대하여 진정한 자율학교를 만들기 위해서 노력하고 있다. 이 과정에서 우리의 요구가 받아들여지지 않는다고 하더라도 이미 우리는 이기는 싸움을 하고 있다고 생각했다.

"교육감이 인정해야 자율학교인가? 우리가 그동안 만들어 온 과정이 자율학교지!"

이러한 의식이야말로 바로 자율학교에 가장 필요한 것이 아닐까.

지역 주민과 지역 여러 기관과 단체가 한마음으로 한솔초를 마을의 학교로 인정하고 지원하는 모습을 보며 우리 경험이 사회적으로 공유되어야 한다고 우리는 믿고 있다. 마을에 문제가 생겼을 때 함께 대응하는 모습, 교사, 학생, 학부모와 마을이 함께 문제를 공유하고 해결하기 위해 협력하는 과정이 진정한 배움이다. 이렇게 자율성이 증대됨에 따라 교육학에서 강조하는 여섯 가지 핵심역량인 자기관리 역량, 지식정보처리 역량, 창의적 사고역량, 심미적 감성역량, 의사소통 역량, 공동체 역량이 진정으로 삶에서 창출되고 있다.

*마을은 아이들 배움의 바탕이다

아이들이 알고 있는 것이 배움의 바탕이다

한솔초가 이야기하는 배움의 속살을 이해하기 위해서는 먼저 지식의 본질과 성격에 대한 새로운 이해와 개념 정리가 필요하다.

모든 지식은 암묵지[2]이거나 암묵지에 의존한다.
우리는 말하고 쓸 수 있는 것보다 더 많은 것을 알고 있다.

(마이클 폴라니, 1956)

요즘 지식의 본질과 성격에 대한 논의가 활발해지고 있으며 암묵지의 중요성이 강조되고 있다. 서양에서 이러한 논의를 이끈 사람이 마이클 폴라니이다. 우리가 학교에서 배우는 것이 명시지이기 때문에 암묵지는 그

2 암묵지는 학습과 경험을 통하여 개인에게 체화(體化)되어 있지만, 말이나 글 등의 형식을 갖추어 표현할 수 없는 지식이다.

개념 자체가 현재의 학교 교육에 대해 뿌리로부터 문제를 제기하는 혁명적 개념이라고 볼 수 있다. 폴라니의 말을 교사와 학생과의 관계에 적용해 보면 '아이들은 교사가 생각하는 것보다 훨씬 더 많은 것을 알고 있다.'라고 정리할 수 있다. 실제로 아이들과 마을 나들이를 하다 보면 마을 골목길, 놀이터, 맛집, 어느 아파트 화단에 어떤 꽃이 피는지 등 교사보다 마을에 대해서 더 잘 알고 있다는 것을 쉽게 확인할 수 있다. 그런데 현재 학교 교육은 아이들이 아무것도 모르는 백지라는 가정하에 가르치고 있다. 이얼마나 모순된 일인가. 이러한 상황에서 갈 길은 명확하다. 현대교육의 과제는 아이들의 암묵지를 명시지로 발전시키는 것이다. 아이들이 마을에서 함께 걷고 이야기를 나누며 함께 문제를 해결해가는 과정에서 형성되는 태도, 감정, 지식이 미래의 가장 중요한 지식이 되는 것이다. 따라서 앞으로의 교육에서 가장 중요한 것은 누구나가 암묵지를 드러낼 수 있도록 이야기를 통해서 자기 세계를 확장하도록 만들어가는 것이다.

아이들과 이야기를 해보면 자기 이야기를 능숙하게 하지 못한다. 우리는 이야기를 통해서 세계를 이해하고 자기를 형성하기 때문에 이야기를 하지 못한다는 것은 그 사람의 세계가 근본적 한계를 가지고 있다는 것을 의미한다. 서로 이야기를 주고받으면서 자기 세계를 넓혀가고 우리 세계를 넓혀 가는 과정만이 교육의 미래인 것이다. 이러한 세상에서 교사의 역할은 이야기를 통해 아이들의 암묵지를 명시지로 발전시키는 것이다.

그런데 서구에서 형성된 근대적 교육과정은 교사가 지식, 곧 명시지를 매개로 아이들과 만난다는 특징이 있다. 다음은 교육과정평가원에서 교과 지식에 관해 설명한 것이다.

교과 지식은 역사적으로 정통적이면서도 가치중립적이며 학교 교육의 본질을 구성한다. 교과 지식을 습득해야 하는 이유는 지식은 그 자체로 '좋은' 것이기 때문이다. 지식은 고정된 실체로서 객관적이며 시대나 배움의 주체에 의해 변화하지 않는 절대적인 것이다.

(한국교육과정평가원, 2016)

'지식은 고정된 실체로서 객관적이며 시대나 배움의 주체에 의해 변화하지 않는 절대적인 것'이란 말에서 지식은 암묵지가 아니라 명시지 곧 학문적, 개념적 지식이라는 것을 파악할 수 있다. 이러한 입장에 따르면 교육과정은 교사가 교실에서 교과 지식을 전달하는 수업 장면이 중심이 될 수밖에 없다.

교육과정이 명시적인 지식 전달을 중심으로 한다면 아이들 한 사람한 사람의 경험은 중시될 수가 없다. 오히려 그러한 경험과 요구는 교사의 지식 전달 과정을 방해하는 요소가 될 뿐이다. 배우는 내용이 자기 삶과 현실에서 출발하지 않기 때문에 아이들은 자신과는 아무 상관 없는 이야기에 몰입하지 못한다. 이렇게 학생들은 진정한 배움으로부터 소외된다. 교사 역시 마찬가지이다. 교사가 가르치는 지식은 자기 삶에서 형성된 지식과 경험을 바탕으로 가르치는 것이 아니라 다른 사람이 정해 준 내용을 전달하는 것이기 때문에 자신의 삶으로부터도 분리될 수밖에 없다. 교과와 교사가 분리되는 것이다. 교사가 즐겁게 가르칠 수 없으니 자신의 삶을 성장시킬 수 없고, 단순한 지식 전달에 머무는 것이다. 이러한 문제를 해결하기 위해서는 아이들의 관계와 삶 자체가 중심이 되는 교육과정, 일상적 삶에서 지역사회의 참여와 서로 맺는 관계가 중심이 되는 과정이 중요하다는 것을 상식이 있는 사람이라면 누구나 쉽게 이해할 수 있다. 7차 교육과정부터 교과서 중심교육에서 교육과정 중심교육으로, 교사 중심에서 학생 중심교육으로 전환하고자 하는 것도 이러한 문제의식이 밑바탕에 깔려 있기 때문이다.

마을배움길은 아이들이 백지가 아니라 지역사회에 대해 교사보다 훨씬 더 많은 것을 이미 알고 있다는 것을 전제로 출발한다. 따라서 아이들이 현재 사는 장소와 관계, 아이들의 경험이야말로 진정한 배움의 바탕이 된다. 그러면 대안적인 교육과정을 만든다는 혁신학교의 실천이 과연 이러한 요구에 부응하고 있을까? 많은 대안학교, 혁신학교에서 진행하는 주제통합 수업을 살펴보자.

현재 혁신학교에서 진행되는 주제통합방식을 보면 교과서를 바탕으로 한 교육과정 재구성 중심이다. 교사들이 중요하다고 생각하는 주제를 선정하여 아이들이 흥미를 느끼고 참여할 수 있는 체험 또는 토론 프로그램을 구성하고, 아이들은 그것을 체험하는 형태가 주를 이룬다. 결국 아이들이 맺고 있는 관계와 경험이 출발점이 아니라 교사가 재구성한 지식이 출발점이 되는 것이다. 이는 교사의 진정한 경험, 이야기로부터 출발하는 것도 아니고 아이들의 삶으로부터 출발하는 것도 아니기 때문에 앞서 제기한 '지식으로부터의 소외'를 해결하기 어렵다.

한솔초의 마을배움길 실천은 아이들이 맺고 있는 관계에 참여하는 것, 아이들의 경험을 묻는 것으로부터 시작한다. 교사는 아이들과 나들이를 하며 마을 사람을 만나고, 놀이를 할 뿐만 아니라 수업을 진행할 때 아이들의 경험을 묻는 것으로 출발한다. 아이의 경험을 듣고 교사도 자신의 경험을 자연스럽게 이야기한다. 그리고 그 주제가 다 같이 경험했던 것인지, 일부의 경험인지, 아니면 아무도 경험하지 않은 것인지에 따라 배움의 방향이 달라진다. 모두 다 경험한 것이라면 모두의 경험을 드러낸 다음 다른 경험과 비교하거나 다른 조건을 이야기함으로써 또 다른 차원으로 전진시킬 수 있는 대화를 나눈다. 일부가 경험한 것이라면 경험한 아이가 자신의 이야기를 함으로써 다른 아이들도 관심을 갖고, 공동의 체험으로 연결하고 확장해 나간다. 모두 모르면 자료를 찾거나 관련 있는 사람들의 이야기를 듣고 대화하는 과정을 만든다. 진정한 배움은 가르치고 배우는 사람의 경험과 관계, 권리와 요구로부터 출발해야 하기 때문이다.

마을배움길 학교의 실천은 지역사회 역량과 구체적으로 연결되어 있다. 대표적인 것이 마을배움길연구소이다. 마을배움길연구소 문재현 소장은 2015년『마을에 배움의 길이 있다』에서 교사와 아이가 주체가 되는 배움을 다음과 같이 이야기하고 있다.

먼저 배움과 가르침이 사람들의 관계와 요구, 권리, 경험을 존중하는 것으로부터 시작되어야 합니다. … 중략 … 교육과정을 지식의 전달이라는 측면에서 본다면 주체성이 들어설 자리는 없습니다. 하지만 상호작용의 매체라고 본다면 교육과정을 구성하고 아이들을 가르치는 방식은 완전히 달라지겠지요. 이때 중요한 것이 아이들과 함께 아이들의 삶 속에서 그 주체성을 높이면서 가르치고 배울 수 있는 영역을 함께 찾는 것인데, 나는 그것을 놀이, 나들이, 지역사회에 대한 참여라고 생각합니다. 아이들이 사는 장소와 스스로 겪고 있는 문제, 가장 좋아하는 것에서 배움이 시작된다면 교육과정을 만들어가는 데 있어서 주도성을 발휘하는 것은 얼마든

지 가능합니다.[3]

한솔초가 배움의 바탕을 놀이에서 찾는 이유도 아이들은 놀이를 가장 좋아하고, 늘 놀이 세계 속에서 살고 있으며 놀이에 쉽게 몰입하기 때문이다. 또한 놀이를 통해 자연과 사물, 사람을 대하는 감각을 계발할 뿐만 아니라 공동체의 감정, 인식을 배우며 성장하기 때문이다.

요즘 핀란드에서는 '재미있지 않으면 학교가 아니다'라고 말한다. 그래서 모든 학교가 놀이를 바탕으로 운영하고, 초·중등 교사 양성과정부터 놀이를 기본으로 삼는다. 따라서 한솔초에서 놀이문화를 배움의 바탕으로 삼는 것은 세계적으로 가장 앞선 사례이고 본보기가 될 수 있다.

열정과 다양성이 춤추는 배움을 위한 7가지 연계

많은 교사가 관성적인 가르침 속에서 거의 매일 지루함을 경험하고 있다. 그것이 아이들의 비협조 때문이 아니라 교과서 지식을 주입하는 단순화된 조건에서 오는 것으로 생각하면 어떨까? 아이들의 경험, 관계, 권리, 요구에서 배움을 찾는다면 한 교실에 무려 스무 명의 아이들이 있고, 그 아이들마다 다른 경험을 가지고 있기에 그야말로 다양성의 원천이 된다. 문제가 되는 것은 그러한 다양성을 교사들이 두려워하는 것이 아닐까. 그러한 다양성을 인정하게 되면 아이들의 경험을 이야기하게 하고 연결하여 그 안에서 새로운 비전을 찾아야 하는데 그를 실행하려면 그야말로 고

---

3 문재현, 『마을에 배움의 길이 있다』, 살림터, 2015, 134~135쪽

도의 역량이 필요하다. 현재 교육개혁이 힘든 것은 교사들을 그렇게 준비시키기 어렵기 때문이다. 하지만 연구가 아니라 관계로부터 출발하게 되면 그것은 어려움이 아니라 서로에 대한 새로운 발견과 깨달음으로 넘쳐나게 될 것이다.

이런 이야기를 하면 어떻게 한 교사가 그 많은 아이의 관계와 경험, 그리고 아이들이 제기하는 다양한 주제를 다룰 수 있냐고 말할 수 있을 것이다. 결론부터 말하자면 우리는 교사 혼자 교육할 수 없다고 생각한다. 마을이야말로 공동체의 지혜가 고스란히 녹아 있으며, 엄청나게 복잡한 방식으로 관계가 얽혀 있는 곳이다. 마을공동체 안에서 서로를 키우고 부추겨 온 문화유산을 배우고 내면화하거나 서로 절실한 문제를 해결할 때는 그러한 문제 제기는 단지 기우에 불과하다. 누구나 삶의 본보기가 될 수 있고 교사가 될 수 있기 때문이다.

우리는 아이들이 마을에 뿌리를 내리고 아들, 딸, 마을 사람, 지역 사람으로서 마을에 참여하며 문제를 해결하기 위해 실천하는 것이 진정한 시민 교육이라고 생각하며, 이러한 마을배움길은 공동체 구성원 간의 일곱 가지 연계를 통해 이루어진다.

첫째, 교사들 간의 협력이다.

아이들이 학교에서 공동체의 구성원이 되기 위해서는 서로 협력하는 교사가 중요하다. 협력하는 교사들만이 교사와 아이들의 협력을 이끌어 낼 수 있기 때문이다. 마을배움길에서는 교과교육, 생활지도 등 모든 문제에서 서로 협력하여 해결할 것을 권장한다. 그래서 교사들 간에 교실 문을 열고 드나들며 문제에 대해 함께 이야기한다.

둘째, 교사와 아이와의 공감과 협력이다.

교사가 아이들과 협력하려면 몇 가지 조건이 필요하다. 먼저 많은 시간이 필요하다. 공동체적 협력은 서로 협력하는 시간만큼 밀도가 높아지기 때문이다. 또한 교사는 아이들 하나하나와 협력해야 할 뿐만 아니라 그 아이들의 협력을 이끌어야 한다. 이를 위해서는 수업과 생활지도를 포함한 모든 영역에서 아이들의 공동 행동을 지원해야 한다. 한솔초에서 첫날부터 함께 놀이로 시작해서 주요 세시를 놀이를 중심으로 한 축제를 열고, 수업에서 아이들의 경험을 공유하고 서로 배우도록 격려하는 것은 바로 이러한 협력이 공동체의 바탕이 되기 때문이다.

셋째, 고학년과 저학년 사이에 이루어지는 학년 간 연계이다.

교실은 특별한 생태계이다. 같은 나이의 아이들이 수십 명 모여 있고, 세대가 다른 교사 한 명이 그 교실을 이끌도록 하고 있는데 우리 사회 어디를 봐도 이러한 생태계는 존재하지 않는다. 따라서 아이들한테는 모델이 없고 어른들에게는 아이들에게 쉽게 들어갈 방법이 없다. 이러한 문제를 해결하기 위해서는 아이들이 주체적 문제해결자라는 것을 인정해야 한다. 특히 옛날 골목 놀이에서처럼 학교에서도 선배가 후배들의 놀이와 학습을 지원할 수 있는 관계를 모색해야 한다. 한솔초에서 학년 간 연계는 바로 이러한 문제의식을 바탕으로 하는 것이다.

넷째, 학교 급간 (유·초·중) 협력이다.

유치원에서 지역사회와 깊은 연계를 맺고, 놀이를 제대로 경험한 아이들이 초등학교로 오면 초등교육의 질은 많이 달라질 것이다. 그리고 유치원 아이들이 지역사회와 관계를 맺는 데 있어서 학교의 역할은 중요하다. 유치원이나 어린이집에서 독자적으로 할 수 있는 일이 아니라 학교를 포함한 지역사회의 환대와 지원을 통해서 가능하기 때문이다.

그것을 가능하게 하기 위해서 한솔초에는 업무분장에 유·초연계가 있다. 유·초연계를 효과적으로 진행하기 위해 유치원 교사들과 초등학교 교사들의 공동 워크숍을 연다. 그 워크숍은 교사들만의 협력이 아니라 아이들이 서로 만나서 상호작용할 수 있도록 돕기 위한 목적을 가지고 있다. 그리고 유·초연계의 효과는 놀랍다.

유치원과 초등학교 아이들도 서로가 찾아오는 날을 손꼽아 기다렸다. 유치원에서는 평상시 늦게 오거나 유치원에 가기 싫다고 떼를 쓰던 아이가 형님들이 오는 날이니 늦으면 안 된다고 서둘러 부모와 교사들을 놀라게 하기도 했다. 초등학교 학생들 역시 그날을 기다리고 유치원 동생들을 만났을 때는 평상시 모습보다 훨씬 성장한 모습을 보여준다. 그런 아이들이 나들이하면서 마을에서 만나면 마치 축제처럼 즐거운 순간을 만든다. 이제 앞으로의 과제는 중고생들이 초등학교나 유치원에 가서 아이들을 돌보며 함께 놀고 학습을 지원하는 활동을 조직하는 것이다. 이미 일부 아이들은 개별적으로 자원봉사를 하며 그렇게 지원하고 있다.

다섯째, 부모와 교사의 협력이다.

아이를 제대로 돕기 위해서는 아이를 둘러싼 모든 관계가 협력해야 한다. 특히 가장 가까이 있는 부모와 교사의 협력이 중요하다. 한솔초에서는 학기 시작부터 교사와 부모가 좋은 관계를 맺기 위한 여러 가지 프로그램을 진행한다. 놀이를 중심으로 한 부모 상담, 부모교육, 부모들을 적극적으로 수업이나 방과 후 활동에 참여시키는 활동들을 통해서 부모들이 학교의 진정한 주체가 될 수 있도록 지원한다. 부모들이 주체화될수록 교사와 부모의 협력 관계의 질이 높아지기 때문이다. 많은 교사가 부모들이 능동적으로 움직이게 되면 학교가 피곤하다고 생각하는데 이는 전달 중심의 교육이 가져온 폐해이다. 한솔초의 일부 교사들은 부모들을 모두 초대하여 교실 교육과정 설명회를 한다. 부모가 교육과정의 흐름을 알아야 교사와 대등한 협력자로서 마을배움길을 함께 만들어갈 수 있기 때문이다. 또한 부모와 교사가 함께 마을 공부 모임을 만들어『우리 마을, 수곡동 이야기』라는 책을 내기도 했다.

여섯째, 지역사회와의 연계이다.

학교가 마을 속 학교가 되려면 마을에 있는 모든 사람, 모든 기관과 단체가 교육의 주체가 되어야 한다. 이를 위해서 한솔초에서는 매년 각 기관을 방문해서 그 기관이 어떻게 아이들을 가르칠 수 있는지에 대해서 의견을 모으고 기관이 학교를 지원할 방법도 가르쳐 준다. 바로 이러한 협력이야말로 한솔초의 실천이 힘을 잃지 않고 계속될 수 있는 근거이기도 하다.

마지막으로 교직원과의 연대와 협력이다.

학교에는 교사뿐 아니라 돌봄전담사, 교무실무사, 배움터지킴이 등 다양한 이해와 요구를 가진 구성원들이 함께 생활한다. 교육이라는 공동의 목표를 위해 모였으나 각자의 처지와 입장에 따라 서로 다른 요구가 충돌하기도 한다. 그런데도 우리 학교 교직원들은 아이들이 가장 힘들어하는 왕따, 학교폭력 문제를 해결하기 위해 협력하고, 일상적으로 놀 수 있는 환경을 만들기 위해 함께 노력한다. 그리고 교육 주체들이 기획한 축제의 내용을 함께 채우는 언제나 든든한 지원자이다.

마을배움길 실천은 이러한 일곱 가지 연계를 강화하는 것과 동시에 그 연계를 바탕으로 강화되는 순환의 고리 속에 있다. 홀로 잘하는 것이 아니라 함께 잘하는 것이 배움의 핵심이며, 그것이 교육의 미래이기 때문이다.

* 마을배움길과 장소기반교육

산다는 것은 지역적으로 사는 것이고, 안다는 것은 우선 내가 사
는 장소를 아는 것이다.

(Casey, 1996)

장소의 교육적 가치를 적극적으로 활용하는 접근법이 '장소기반교
육(PBE, Place-Based Education)'이며 이때의 장소는 학생들이 직접 경험하
는 생활세계이자 지역사회로의 참여를 실천하는 시작점이다. 장소
를 기반으로 하는 실생활 맥락에서의 학습은 학교에서 배운 지식
과 실제 삶 간의 강력한 연계를 가능하게 하며, 더 나아가 각 개인
과 삶의 세계가 분리되지 않도록 재연결함으로써 현대사회의 특징
이 되는 개인의 고립과 소외를 극복하는 데 도움을 준다.

(Smith, 2002)

특정 장소에 대한 소속감은 대부분 사람이 자신이 누구인지를 이

해하는 방식의 기본 구성요소이다.

(Jack, 2010)

장소를 연구하는 대표적인 학자들의 말이다. 위의 글에서 장소를 마을로 바꿔도 지금 우리의 마을 배움길의 생각과 크게 다른 것 같지 않아 보인다.

마을배움길의 의미를 더 깊게 이해하기 위해서 현재 유럽에서 현대교육의 한계를 극복할 대안으로 떠오르고 있는 장소기반교육의 철학과 방법을 검토 분석하였다. 장소기반교육은 2000년대 초반 유럽에서부터 논의가 시작된 이후 영향력을 넓혀 가고 있다. 초기에는 주로 환경교육, 지리학, 역사학에서 연구가 시작되었지만, 점차 그 논의가 교육 전반으로 확장되고 있다.

장소기반교육이나 마을배움길 모두 중요하게 생각하는 것은 '장소성' 형성이다. 다만 장소성을 형성하는 과정과 방법에 대한 이해가 다르다. 먼저 장소성에 대해서 살펴보자.

장소(place)는 공간(space)과는 다른 의미이다. 지리학자인 이푸투안은 자신의 책『공간과 장소』에서 "공간은 장소보다 추상적이다. 처음에는 별 특징이 없던 공간은 우리가 그곳을 더 잘 알게 되고 그곳에 가치를 부여하면서 장소가 된다"라고 말하고 있다. 곧 내가 애착을 느끼고 의지하고 그 안에서 행복하고 무언가 해볼 수 있는 그러한 공간이 장소인 것이다.

장소에 대해 느끼는 애착의 정도는 사람마다 다를 수 있는데 지리학자 랄프는『장소와 장소상실』이라는 책에서 장소정체성을 내부인으로서 경험하는가, 외부인으로 경험하는가로 구분하여 다음 7단계로 설명하고 있다.

외부인으로서 장소 경험			내부인으로서 장소 경험			
실존적 외부성	객관적 외부성	부수적 외부성	대리적 내부성	행동적 내부성	감정이입적 내부성	실존적 내부성

　　실존적 외부성은 비장소성, 무장소성이라고도 하는데 그곳에 살고 있으면서도 장소성을 갖지 않은 채 완전히 외부인의 시선으로 살아가는 상태를 말한다. 랄프는 이를 '장소의 상실'이라고 했다. 현대인들은 자신이 사는 지역에 대해 감각적인 관계를 형성하지 못하고 있다. 자신이 사는 곳이 애착 대상도 아니고, 정체성 형성의 주된 내용도 아니다. 이는 학교 교육이 만든 결과이기도 하다. 학교 교육은 아이들이 사는 장소와 관계에 대해 그동안 관심이 없었기 때문이다. 최근 들어서 마을과 지역교육이 강조되고 있지만 대다수 교사는 여전히 교과서를 벗어나지 못하고 있다. 교육을 담당하는 교사로서 참 가슴 아픈 일이다.

　　객관적 외부성은 장소를 위치나 공간의 범위 등 학술적인 관심으로 접근하는 태도이다. 주로 지리학자나 도시 계획가들이 취하는 태도이다. '수곡동은 충청북도 청주시 서원구에 있는 동이다. 법정동이 수곡동이며, 행정동은 수곡1동과 수곡2동으로 나뉜다 (출처: 위키백과)' 와 같이 가치판단을 배제하고 단순 정보와 같은 수준으로 생각하는 것이다. 옛날에는 이런 태도를 과학적이라고 높이 평가했는데 장소성이란 개념이 등장하면서 '무장소성'에 가까운 정도로 낮은 평가를 받고 있다.

　　객관적 외부성이 의도적으로 감정을 배제한 것이라면 부수적 외부성은 대개 무의식적 태도이다. 부수적 외부성은 장소를 내가 일하는 곳이나 잠을 자는 곳의 배경 정도로만 인식하는 것이다. 현재 교과 지식 전달이 교사의 임무라고 생각하는 대다수 사람은 이런 마음자리에서 출발할 것으로 생각한다. 여기까지는 외부인 또는 여행자의 시선으로 장소를 바라보며 느끼는 장소성이다.

이와 달리 내부성은 내가 그 안에 사는 느낌 그 자체를 말한다.

대리적 내부성은 그 장소에 직접 가지 않아도 소설이나 미디어를 통해서 간접적으로 장소를 경험하거나 그 장소가 나와 직접적인 관련은 없지만 내가 좋아하는 사람이 살고 있어서 관심을 가지고 궁금할 때 느끼는 감정이다. 좋아하는 연예인의 본가나 연예인 부모가 하는 가게를 찾으면서 애착을 형성하는 것이 이런 경우일 것이다.

행동적 내부성은 장소에 대한 지식과 정보를 알기 위해 이리저리 다녀 보고 찾아보는 것이다. 한솔초에서는 새로운 교사들이 왔을 때 교직원과 같이 수곡동을 걸어보는 시간을 갖는다. 그때 처음 발령받아 온 교직원들이 종종 이렇게 말했다.

"우리 학교 아이들이 사는 곳이라서 그런지 관심을 가지게 되네요."

이런 느낌은 행동적 내부성이 감정이입적 내부성으로 발전해가는 모습이라고 볼 수 있다.

감정이입적 내부성은 장소에 관한 관심이 감성적, 정서적으로 발전되는 단계이다. 랄프는 "한 장소의 내부에 감정이입적으로 들어간다는 것은 그 장소를 의미가 풍부한 곳으로 이해하며, 따라서 그곳과 자신을 동일시하는 것이다."라고 말하고 있다. 교사가 처음에는 아이들 교육을 위해서 나들이 다니다가 자기가 좋아서 다니게 된 경우 감정이입적 내부성이라고 할 수 있을 것이다. 무장소성 상태에 있던 아이들이 자기 마을에 관심을 가지고 하나둘 찾아가는 과정도 여기에 해당한다.

실존적 내부성은 그 장소에 본인이 소속되어 있을 뿐만 아니라 스스로를 장소의 일부라고 느낄 때 발생하는 것으로 참다운 장소성이라고 볼 수 있다. 아이들이 자기가 좋아서 마을 나들이를 하고 친구를 찾아다니고, 그 안에서 문제를 발견하고 해결하기 위해 나선다면 그 아이는 실존적 내부성을 형성하고 있다고 말할 수 있다. 한솔초의 모든 실천은 아이들이 가지고 있는 실존적 내부성을 중심으로 이야기를 발전시키려는 것이다. 아이들이 자신이 사는 공간을 교사들에게 안내하고 그 안에서 자부심과 정체성을 표현하는 것이야말로 실존적 내부성을 표현하는 가장 좋은 방법이라고 우리는 판단한다. 교사는 타지에서 오는 사람이기 때문에 그 첫 번째 실천이 행동적 내부성일 수밖에 없다. 교사가 감정이입적 내부성, 실존적 내부성을 형성하려면 실존적 내부성을 이미 가지고 있는 아이들의 도움이 절대적으로 필요하다.

실존적 내부성이 형성되고 또래 아이들끼리 공유된다면 그리고 부모나 교사들이 그것을 존중한다면 아이들의 탐구 능력은 마을을 벗어나서 지역으로 향한다. 그런 모습을 잘 보여주는 사례가 있다. 동아리 활동을 통해 자기 마을을 탐구하면서 마을에 대한 애착과 장소성을 더욱 발전시켜가는 아이들의 이야기이다.

우리 학교에는 5학년 아이들 10여 명이 참여하고 있는 걷기 동아리가 있다. 4학년 때부터 시작해서 벌써 2년이 다 되어 간다. 일과시간 중에 걷다 보니 시간과 장소에 제약이 많았다. 더 멀리 걷고 싶고, 더 많은 친구와 함께하고 싶은 마음에 매주 토요일마다 걷기로 했고, 모인 아이들끼리 장소를 정했다. 학교 바로 뒷산인 매봉산, 수곡동의 경계길, 무심천 둑길, 육거리 시장, 산남동 두꺼비 생태문화관, 남주동 소공원 등 누구든 제안할 수 있고, 여러 곳이 제안되면 단체 대화방에서 투표해서 결정했다. 오전에는 친구들과 걷고, 오후에는 돌나르기, 오징어진놀이, 발짝뛰기 등 놀이를 했다.

걷기 동아리 전과 후의 수곡동에 관한 생각을 물었더니 한 아이가 이렇게 말했다.

"전에는 그냥 수곡동은 작은 동네라고 생각했어요. 근데 지금은 학교가 초등학교부터 대학교까지 네 개나 되고 참 갈 곳이 많은 제법 큰 동네라는 생각이 들어요. 우리 수곡동이 자랑스러워요."

아이들은 마을의 하천을 걸으면 그 발원지가 어디인지 궁금해하고 교회나 사찰을 보면 그것이 언제 생긴 것인지, 우리나라에 언제 처음 교회나 사찰이 생겼는지 궁금해한다. 팔레스타인 땅에서 발생한 기독교, 인도에서 발생한 불교가 우리나라까지 오게 된 과정을 공부한다면 세계사에 대한 깊이 있는 탐구가 가능한 주제가 된다. 철새를 보면 저 새가 어디서 와서 어디로 가는지 자연스럽게 질문이 형성된다. 우리 주변에서 보이는 모든 사물이 그러한 질문이 가능한 대상이라고 할 때 마을은 세계를 향하는 창이라고 볼 수 있지 않을까?

그러면 유럽의 장소기반교육이 과연 이러한 실존적 내부성을 갖게 하는 실질적 프로그램을 포함하고 있을까? 아무리 자료를 찾아보아도 그렇다고 보기는 어려웠다. 왜냐하면 장소기반교육은 관계 맺기로부터 출발하지 않고 연구로부터 출발한다. 그 연구는 문화연구, 자연 연구, 실생활 문제 해결, 인턴십과 취업 기회, 지역사회 과정으로 유도 등 크게 다섯 가지로 정하고 있다.

이렇게 학술연구로부터 시작되면 공동체 일상적 삶으로부터 출발할 수 없다. 어떠한 주제부터 연구한 다음에 관계가 심화된다는 것인데, 이것은 공동체 구성원의 관점이 아니라 학자 또는 외부에서 온 교사의 관점이다. 어른들의 관점이 중심이 되면 아이들 세상에 대한 이해가 부족해지며 왕따 문제라든가 놀이 그리고 공동체의 관계에 대한 안목이 형성되기 어렵다. 여전히 일상적 장면이 아니라 수업 장면이 중심이 된다. 보기를 들어보자. 제주도의 한 교사가 장소성 교육을 시도하면서 우리 고장 10경을 선정하기 위한 수업을 진행한 적이 있다. 관광지의 특수성을 반영한 교육프로그램이겠지만 진짜 중요한 것은 아이들이 마을에 대한 장소성을 어떻게 형성하고 있는지, 그 장소성을 어떻게 형성해왔는지, 마을 아이들이 장소성을 어떻게 공유하고 있는지를 먼저 살펴봐야 하는 것이 아닐까?

개인주의적 장소성 교육도 문제다. 예를 들어 학습자의 의미 있는 장소에 관해 이야기하는 수업 사례[4]를 살펴보자. 1차시에는 교사의 의미 있는 장소를 소개하고, 2차시에는 학습자의 의미 있는 장소에 대한 사진 준비와 글쓰기, 3차시는 학습자의 의미 있는 장소에 대한 발표 시간을 갖는 것으로 수업이 진행된다. 이 안에 개인들의 장소성에 대한 이야기는 되지만 공동체로서의 경험과 그 장소가 가지는 문제에 대한 비판적 검토는 없

---

4 임은진, 「장소에 기반한 자아정체성교육」, 한국지리환경교육학회지 19(2) 107-121, 2018

다. 우리가 함께 문제를 해결한 경험, '우리'라는 개념이 존재하지 않는다. 요즘 장소기반교육에서 개인주의적 장소 경험을 중심으로 한 전달 위주의 수업방식이 아닌 비판적인 장소이해 교육에 관한 내용이 강조되고 있는 것은 이러한 문제의식이 반영된 결과이다.

그에 비해 마을배움길에서는 놀이를 기반으로 관계 맺기와 일상적 삶의 장면에서 참여자의 관계, 권리, 경험, 요구로부터 출발하는 원칙을 가지고 모든 연수와 수업을 진행한다. 보기를 들어, 놀이 연수에서는 부모로부터 배우기, 어릴 때 놀이했던 장소, 그 장소에 대한 느낌, 그리고 어릴 적 함께 놀았던 놀이 친구 등에 대해서 이야기하는 시간을 갖는다. 또, 그러한 경험이 자기에게 어떤 의미가 있는지, 지금의 자신을 형성하는 데 어떤 도움이 되었는지를 이야기하는 시간을 갖는다.

세시풍속, 나들이, 놀이는 바로 그러한 장소성을 형성하는 중요한 실천이다.

이렇게 마을배움길은 수업 시간이 아니라 교사와 아이가 일상적 삶의 관계를 만들어가면서 배움을 형성한다. 그러한 배움의 과정을 통해 장소성이 공유되면 지역의 문제를 함께 발견하고 해결할 힘을 갖게 된다. 학교 뒷산과 앞산인 매봉산과 잠두봉을 지키기 위해 교사, 학생, 학부모와 지역사회가 함께 힘을 합쳐 싸울 수 있었던 것은 우리가 모두 장소에 대한 애착을 공유하고 있었기 때문이다. 다음은 한솔초 아이들이 지역사회 문제를 발견하고 해결해가는 힘을 보여주는 사례이다.

"얘들아, 우리 마을에서 해결해야 할 시급한 문제는 무엇이 있을까?"
순간 아이들은 이구동성으로 말했다.

"잠두봉이랑 매봉산 개발 문제요!"

"왜?"

평소 얌전한 진성이가 또박또박 분명하게 말했다.

"매봉산이랑 잠두봉을 개발한다고 해요. 거긴 우리 가족이랑 산책도 하고 청솔모랑 새들도 보는 추억이 있는 장소예요. 그러니까 없어지면 안 돼요."

수연이도 두 눈을 동그랗게 뜨고 말했다.

"우리 할머니랑 자주 가요. 그래서 할머니 병도 고쳤거든요."

아이들에게 잠두봉과 매봉산은 좋아하는 사람과의 추억과 이야기가 가득 담겨 있었다. 이 문제 말고도 교통 문제, 학교폭력 문제 등의 이야기가 나와 전교 학생들의 의견을 묻기로 했다. 급식소 앞 게시판에 어떤 문제가 가장 시급하게 해결해야 할 문제인지 스티커를 붙이도록 했다.

놀랍게도 잠두봉과 매봉산 개발 문제가 압도적으로 많았다.

이 일을 계기로 우리 반에는 '매잠(매봉산과 잠두봉 지키기) 동아리'가 생겼다. 아이들은 주말에도 친구들과 산에 올랐고, 가서 쓰레기를 줍기도 하고 산에서 본 동물 친구들 사진을 밴드에 올려 친구들과 공유했다. 과학 시간에는 전담 교사와 협력하여 잠두봉 노두를 찾아 암석 공부를 했다. 그즈음 잠두봉이 먼저 개발이 된다는 소식을 듣게 되었다.

등교하던 수연이가 몇 그루의 나무가 베어졌다는 이야기를 듣고는 우리가 무엇을 할 수 있을지 학급 회의를 열어서 여러 가지 실천 방안을 이야기했다. 우선, 잠두봉을 오르는 주민들에게 알리는 것이 시급하다는 생각에 나무마다 '잠두봉을 지켜주세요.'라는 선전물을 붙였다. 이 선전물이 잘 있나 궁금해서 몇몇 아이들은 거의 매일 잠두봉에 올라 상황을 알렸다. 또, 동영상도 제작하여 다른 반에도 알리고, 부모들에게도 보여주었다. 매잠 동아리 아이들은 잠두봉 개발 반대 대책위원회가 있다는 소리를 듣고 찾아가기도 했다. 아이들은 대책위 활동을 하는 분과 함께 현장도 가보고 그동안 힘든 점은 없는지 묻기도 했다.

"난 두진아파트에 사는 그냥 평범한 사람이었어요. 그러던 어느 날 베란다 창문으로 잠두봉 그 아름드리 소나무들이 쓰러지는 걸 봤는데 정말 하늘이 무너지는 것 같았어요. 그래서 대책위가 있다고 해서 나도 뭔가를 해야겠다는 생각에 같이 시청도 쫓아가고 개발업자도 찾아가 항의하고. 처음엔 가슴이 두근거리고 떨렸는데 지금은 내가 생각해도 당당해졌어요. 이렇게 어린 친구들이 관심을 가지니 더 지켜야겠다는 다짐을 하게 돼요. 고마워요."

아저씨의 이야기가 모두를 숙연하게 했다. 아이들이 예쁘다며 자장면도 사주시고, 맹꽁이를 찾기 위해 포획 장치를 고민하며 시도했던 모든 것을 이야기하시는데 정말 열정이 넘쳐 보였다.

교실로 돌아온 아이들은 친구들에게 제안하여 청주시청에 잠두봉 개발은 안 된다는 편지를 쓰자고 제안했다. 반 아이들은 흔쾌히 편지를 썼고, 2주 후에 청주시청에서 보낸 답장을 받았다. 그런데 행정 봉투에는 달랑 공문 한 장이 들어 있었다. 규정대로 진행하고 있고, 아무 문제가 없다는 말이었다.

이 문제는 지역사회가 함께 참여하게 되어 학교 앞 2단지 목요 놀이터에서 촛불문화제가 매주 열렸고, 관심 있는 아이들은 부모님과 함께 참여하기도 했다.

5년이 지난 지금 매봉산은 아파트를 짓기 위해 30% 이상이 깎여 나갔지만, 그래도 아이들은 매봉산 나들이를 가장 좋아한다.

"그래도 우리가 싸워서 이만큼은 지킨 거죠?"

한 아이가 아쉬움과 자부심이 뒤엉킨 얼굴로 말했다.

잠두봉도, 매봉산도 결국 많은 부분이 파헤쳐졌다. 잠두봉에는 아파트가 들어섰고, 매봉산은 한창 공사가 진행되고 있다. 그 과정에서 함께 싸웠던 대다수 어른은 상처받고 힘들어했다. 하지만 그 과정이 패배는 아니었다. "그래도 우리가 싸워서 이만큼은 지킨 거죠?"라는 아이의 말처럼 아이들은 자신들이 소중히 여기는 장소를 지키기 위해 공동체가 함께 했던 그 과정을 소중하게 생각할 뿐만 아니라 승리로 인식하고 있기 때문이다.

* 마을과 함께 꾸는 꿈

"아이 하나를 키우는 데, 온 마을이 필요하다는 속담이 와닿아요. 아이를 위해 열심인 엄마, 선생님들이 있어 참 다행이라고 생각합니다. 아이들이 있어 웃을 일이 더 많아지고 행복한 수곡동이 되면 좋겠어요."

"사실 처음엔 아무것도 모르고 나섰어요. 하루, 일주일 그리고 한 달이 지나면서 '우리를, 우리 아이들을 도와주는 많은 분이 계시는구나'라는 생각이 들었어요. 혼자의 힘으로는 할 수 없던 일들이 이뤄지고 함께하면서 많은 감사함을 느낍니다."

'수곡동 교육 살리기 대책위원회'(이하 수곡동 대책위)에 참여하고 있는 사람들의 목소리이다. 충북도교육청의 일방적 결정으로 한솔초는 내부형 교장공모제에서 배제되었지만, 서로에 대한 신뢰, 우리가 스스로 만들어가고 있다는 자부심으로 가득 차 있다. 그 자부심이 수곡동의 미래 교육 비전을 만들기 위한 힘이 되고 있다. 이제 앞으로의 과제는 교사, 부모, 지역사회 각 주체의 역량을 강화하고 연대 활동을 심화하여 지역사회 모든 단위가 배움의 주체가 되는 것이다.

이를 위해서는 학구 안에 있는 각급 학교의 연계가 필요하다. 이 연계를 아래로부터 진행하기 위해 유·초·중 교사들의 네트워크를 만들어야 한다.

한솔초등학교에서는 유·초 연계를 통해 지역의 유치원, 어린이집과 연계하고 있어 그 잠재적 씨앗은 이미 뿌려져 있다. 수곡동에 있는 또 다른 초등학교인 수곡초에서 유·초 연계가 진행된다면 유·초 연계는 더욱 튼튼해질 것이다. 중학교 아이들이 초등학교와 유치원에 와서 놀이와 학습 지도를 할 수 있다면 이러한 연계는 더욱 확장된다. 다행히 이번 수곡동 대책위에 중등교사들이 참여하여 문제 해결의 실마리가 보인다. 유·초·중 교사가 함께 협력하여 마을배움길을 만들기 위한 연구도 진행할 수 있을 것이다. 학교폭력 문제 같은 사안이 생겼을 때도 유·초·중 교사들이 서로 같은 원칙과 방법을 가지고 해결할 수 있다면 생활지도의 어려움 역시 공동체의 힘으로 풀어갈 수 있게 된다.

다음으로 마을 속 사회적 부모 모임이 필요하다.

한솔초 부모들은 내 자식만 바라보는 것이 아니라 우리 아이들 전체를 생각하는 사회적 부모의 본보기를 만들어왔다. 부모 놀이 동아리를 만들어 목요놀이에 참여하는 아이들과 놀고 보살폈으며 단오나 정월대보름 축제에 아낌없이 지원하였다. 이렇게 학교 차원의 부모들 활동은 한계가 있을 수밖에 없기 때문에 수곡초, 수곡중 부모들과의 연대가 절실한 상황이었다. 이 또한 수곡동 대책위에 한솔초와 수곡중 두 학교의 부모가 열성적으로 참여하고 있어 해결의 가능성이 열리고 있다. 이제 수곡초 부모들이 대책위에 참여하면 넓고 깊은 연대의 뿌리가 만들어지는 것이다.

수곡동 대책위에 참가하면서 열정적인 부모들 모습에 놀랄 때가 한두 번이 아니다. 한솔초 근처에 CCTV가 필요한 곳이 많다며 시청에 민원을 넣기도 하고, 아이들의 안전한 등하굣길을 만들기 위해 서명운동을 하며 지역의 여론을 형성하고 있다. 또 정월대보름 쥐불놀이에 쓸 나무도 주변에 수소문해서 구해보겠다고 했다. 이런 부모들과 대화를 나누다 보면 누구보다 마을을 잘 알고 있고, 정말 많은 자원과 관계를 맺고 있다는 것을 확인할 수 있었다. 학교에서 부모와 교사의 만남, 부모와 부모의 만남은 어딘가 어색하고 조심스럽기 마련인데, 교실이 아닌 마을에서 마을 아이들 전체를 바라보며 만나니 서로에게 힘이 되고 든든하다.

마지막으로, 배움과 나눔의 주체인 지역사회 기관들과 관계를 맺고 협력하는 것이 중요하다.

초등학교 과정은 1학년은 가족, 2학년은 마을, 3학년은 시·군, 4학년은 시·도, 5학년은 우리나라, 6학년에서는 세계를 중심으로 배움을 구성하고 있다. 주제만 보아도 교사 혼자서 가르치기 어려운 내용이다.

아이들이 마을을 이해한다는 것은 마을의 자연환경과 사회환경, 거기에 사는 사람들 그 전체를 이해하는 것을 말한다. 그러한 이해는 교사들의 활동만으로는 가능하지 않다. 마을에 있는 모든 사람이 관심을 가지고 서로 배울 때 가능하며, 마을에 있는 기관과 단체들이 자료 생산과 교육에 있어서 중심적 역할을 담당해야 한다.

한솔초에서 지역기관을 방문하여 교육에서 일정한 역할을 담당해 달라고 요청하는 것은 그러한 까닭이다. 문제는 지역기관들의 역할을 위해서 지방자치 단체나 국가에서 지원해야 하는데, 단체장이나 의원들의 인식이 거기에 미치지 못하고 있다. 하지만 마을이 함께하면 그들을 움직일 힘이 생긴다. 우리 수곡동에서는 이제 그런 힘이 만들어지고 있다. 그리고 그러한 힘이 곧 좀 더 좋은 배움을 위한 토대가 되어줄 것이라고 확신한다.

마 을 을
걷 는
교 사

서 영 자

✵ 백 일 동안의 기다림처럼

2022년 가을볕이 따사로운 어느 날 오후, 교실 소독을 한다고 해서 주섬주섬 짐을 챙겨 중앙현관으로 나갔다. 다른 교사들도 소독을 피해 하나둘 모였다. 소독 덕분에 잠시 컴퓨터에서 벗어난 교사들은 가벼운 마음으로 이야기를 나누었다. 구름 한 점 없는 파란 하늘은 높고 햇볕은 따가웠다. 햇빛을 피해 소나무 그늘을 찾았는데 배롱나무가 눈에 띄었다.

"저기, 간지럼나무 아세요?"

"간지럼나무요?"

모두 처음 듣는다고 해서 교사들을 배롱나무 아래로 이끌었다. 교사들은 아이들처럼 호기심에 부푼 표정으로 내가 배롱나무 가지를 간지럼 태우는 모습을 지켜보았다. 흥미로운 표정으로 배롱나무 이파리를 쳐다보다가 정말 흔들린다며 신기해했다. 한 교사가 진짜 이름이 뭔지 궁금하다고 해서 '배롱나무' 또는 백 일 동안 꽃이 피는 나무라서 '목백일홍'이라 한다고 이야기하는데 나도 모르게 어떤 기억이 소환되었다. 그 기억은 바로 7년 전 한솔초 이야기로 이어졌다.

한솔초에서 2학년 아이들과 했던 배롱나무 백일잔치. 정말 100일 동안 꽃이 피는지 궁금해서 아이들과 날마다 세어 보며 확인하고, 배롱나무를 보며 시를 짓고 그림을 그렸다. 100일이 되면 백일잔치도 열어주기로 했다. 드디어 100일이 되던 날, 역시 꽃은 계속 피어 있었다. 배롱나무 아래 돗자리를 깔고 잔치에 맞게 먹을 것을 준비하고 축하 공연을 했다. 아이들은 자기가 쓴 시를 낭송하기도 하고 노래를 부르거나 리코더, 멜로디언을 연주했다. 태권도 시범을 보이는 아이도 있었다. 배롱나무는 정작 듣지도 보지도 못할 테지만, 아이들은 부모님 앞에서 자기가 새롭게 배우고 해낸 것을 선보일 때처럼 긴장하는 모습이었다. 저마다 축하하는 방식은 달랐지만 한 명도 빼지 않고 진심을 담아 공연했다.

어디에 있건 배롱나무를 만날 때마다 그때의 하늘과 바람과 잔잔하고 따뜻한 기운이 함께 떠오르면서 행복해진다. 이 이야기와 느낌을 이야기했더니 교사들도 어느새 입꼬리가 올라가고 즐거워했다. 그 기분이 나만의 것이 아니라서 더욱 좋았다.

한솔초를 떠난 후에도 가끔 한솔초 교사들을 만날 때마다 배롱나무는 즐거운 이야깃거리가 되었다. 한 선생님이 전해 준 말이다.

"아이들이 배롱나무 근처에만 오면 정말 말이 많아져요. '여기서 우리가 과자 파티도 하고, 리코더도 불고요' 하면서 엄청 행복한 표정이 돼요."

나랑 경험을 같이한 아이들이 6학년이 될 때까지 해마다 그 이야기를 했다고 한다. 배롱나무를 매개로 백 일이라는 긴 시간 동안 함께했던 공통경험이 공통감정과 감각을 만들어주고 우리를 단단하게 이어주고 있었다. 배롱나무의 꽃이 피고 지기까지 백 일 동안의 기다림처럼 공동체를 만드는 데는 그만큼의 시간이 필요하다는 너무나 당연한 명제가 새삼 떠오른다.

올해로 교직 생활을 한 지 25년째다. 여러 학교에서 근무했지만, 배롱나무처럼 추억이 많은 학교는 단연 한솔초등학교다. 물론 배롱나무 백일잔치처럼 마냥 행복한 기억만 있었던 것은 아니다. 고립과 좌절, 절망부터 함께 하는 기쁨과 연대감, 소속감을 역동적으로 다 경험했기 때문에 더 특별한 것 같다.

한솔초에 처음 왔을 때는 섬처럼 외로웠다. 그때 한 줄기 빛처럼 나에게 힘이 되어준 사람들이 있었다. 바로 마을에서 만난 사람들이었다. 바로 그 사람들의 따뜻한 지지가 있었고 덕분에 나는 혼자서 춤출 수 있었다. 함께하는 사람들이 늘어나면서 공동체 안에서 살아가는 맛을 느낄 수 있었다. 이런 것이 어떻게 가능했는지 곰곰이 다시 생각해 보니 그 출발은 관계 맺기였다. 많은 이야기 가운데 스냅사진처럼 선명하게 떠오른 순간들, 사람들과 함께 공동체를 만들어가는 과정에서 빛났던 장면들을 소개하려고 한다.

❉ 상준이와 눈 맞춤

지역아동센터에서 만난 아이

　한솔초로 처음 발령이 난 때는 2012년이었다. 내가 희망해서 가게 된 학교라 한껏 기대하고 방문했는데, 생각과 달리 무척 낯설었다. 교직원들은 무표정하고 서로 말이 없었다. 일과시간과 출퇴근 시간은 교장이 정하는 대로 운영되고, 경력이 적은 교사들에게는 업무 폭탄이, 문제 제기하는 사람이라고 꼬리표가 붙은 나 같은 사람에게는 업무를 거의 주지 않았다. 관리자들은 권위적이고 비민주적이고 독선적이었다. 아마 문제를 제기해도 달라지지 않는 상황이 교사들을 움직일 수 없게 한 것 같았다. 나는 오자마자 관리자들의 이런 학교 운영에 대해 문제를 제기하면서 학교운영위원회 교원 위원에 출마했는데 투표로 당선되었다. 아무런 연고가 없는 상황에서 당선되었다는 것은 나를 지지하는 교사들이 있다는 것이었지만, 드러내놓고 같이 이야기하려는 사람은 없었다. 그래서 학교 안에서 나는 외로운 섬 같았다. 하지만 달리 생각해 보면 이 시기는 내가 아이들에게 진짜 집중했던 시기였다.

그 무렵 마을에서 가출 청소년들 문제를 해결하기 위해 동분서주하던 마을활동가 신동명 씨가 나에게 지역아동센터장을 소개하고 싶어 했다. 한솔초 아이들의 어려움을 잘 아는 분이고 아이들을 돕기 원한다면 꼭 만나야 할 사람이라고 했다. 지역아동센터는 방과 후에 맞벌이 가정의 아이들을 돌봐주는 곳 정도로만 알고 있었기 때문에 굳이 가야 할 곳이라는 생각이 들지 않았다. 게다가 수녀님이 센터장으로 있다고 하니, 유난히 더 엄숙한 분위기일 것 같은 생각에 내키지 않았다.

3월 말, 내가 차일피일 미루자 거기 우리 반 아이들이 있을 수도 있으니 꼭 같이 가보자고 했다. 그래서 퇴근길에 신동명 씨와 함께 지역아동센터 '사랑의 울타리'로 가게 되었다. 사랑의 울타리는 학교 정문에서 길 하나만 건너면 바로 있는 아파트 상가 2층에 있었다. 2층 입구에는 산남종합사회복지관에서 운영하는 방과후교실 '꿈초롱방'이 있었는데, 복도에서 우리 반 소영이와 마주쳤다. 놀란 듯 원래도 큰 눈을 동그랗게 뜨고 인사하는 소영이 얼굴에서 반가움과 함께 웬일로 내가 여기에 왔는지 의아해하는 표정이 보였다. 내가 웃으며 사랑의 울타리에 볼일이 있어서 왔다고 하니 고개를 끄덕이고 꿈초롱방으로 들어갔다. 예상치 못한 만남 덕분에 이번엔 또 어떤 아이가 있을까 궁금해졌다.

신동명 씨가 안내하는 대로 사무실로 갔더니 센터장인 안느마리 수녀님이 밝은 목소리로 우리를 환대해주었다. 수녀님 복장이 아니라 우리와 같은 평상복을 입고 있었는데, 그 모습이 익숙하고 편안했다. 수녀님은 센터를 소개해주겠다며 아이들이 생활하는 공간으로 나를 데려갔다. 학년별로 공부할 수 있게 공간을 아기자기하게 분리해두었고 작은 도서관도 있었는데, 전체적으로 아늑하고 잘 꾸며져 있었다. 아이들이 모여 있는 방으로 갔더니 아이들의 눈은 모두 나를 향했다.

"학교 선생님이 오셨어."

"상준이 형 선생님이다."

나를 알아본 아이들이 놀라며 소곤거리는 소리가 들렸다. 그 소리와 아이들 시선을 따라가니 우리 반 상준이가 보였다. 그때 상준이와 내 눈이 딱 마주쳤다. 모든 아이가 자기만 쳐다보는 것이 쑥스러웠는지 상준이는 평소와 달리 어색한 미소를 지었다. 낯설어하면서도 부러워하는 다른 반 아이들과 반갑게 맞아주는 수녀님을 보며 오길 잘했구나 싶었다.

아이들을 만난 후 사무실에서 수녀님하고 마주 앉아 이야기를 들었다. 그 무렵 센터에서는 4, 5학년 남자아이들이 성인 동영상을 보고 그 행위를 흉내 낸 사건이 있어서 외부 강사를 초청해서 성교육을 하는 중이라고 하였다. 수녀님은 교육 중에 아이들이 그린 그림과 글을 내게 보여주며 걱정스럽게 말했다.

"초등학교 4학년인데 낮에 집에 어른들이 없어요. 아이들끼리 누구네가 빈집인지 아니까 거기서 한 거죠. 민수는 고모랑 사는데 자기들도 어떻게 못 하니까 알아서 하라고 하고. 그리고 정작 부모가 알아도 관심이 없으세요."

아이들의 글과 그림을 보고 나도 깜짝 놀라서 학교에도 알리고 함께 해결해야 하지 않냐고 했더니 수녀님이 한숨을 내쉬었다.

"하고 싶은데 하기가 어려워요. 학교는 아휴…."

수녀님은 학교의 벽이 너무 높다고 했다. 아이들 문제가 생겨서 학교에 찾아가도 모를 때가 많고, 학교생활이 궁금해서 물어도 이야기를 잘 안 해준다고 했다. 무슨 일이 생기면 연락을 달라고 해도 소식이 없다 보니 아예 기대하지 못한다고 했다. 그동안 학교 밖, 마을에서 이렇게 노력하는 분들이 있는지도 몰랐고, 학교를 이렇게 높은 벽으로 느끼는지도 몰랐다. 이야기를 듣는 내내 미안하고 몸 둘 바를 몰랐다. 그리고 수녀님이 현재 가장 마음 쓰는 아이 이야기를 했다.

"우리 울타리가 처음엔 공부방으로 시작했어요. 그때 수정이랑 애들이 2학년이었어요. 이 애들이 학교랑 동네서 물건 훔치며 사고를 치고 다니니까. 그 아이들을 보살피려고 시작한 거죠. 처음엔 초등학생들뿐이었어요. 그런데 그 아이들이 커서 중학생이 되니까 중학생도 받고, 지금은 그 친구들이 고등학생이 되고 취업을 고민해야 하는데, 부모들은 달라지지를 않아요. 그 부모가 자립해야 아이들도 자립할 수 있을 텐데, 요즘은 그게 고민이에요."

수녀님은 수정이가 자라는 10년 동안 공부방에서 시작해서 지역아동센터로 오기까지 고군분투하면서 보람도 느끼지만 지치는 날도 있었다고 했다. 학교에서는 전혀 알 수 없는 아이들의 이야기를 들으며, 온몸으로 아이들의 울타리가 되어주시려고 하는 수녀님의 열정과 헌신이 느껴졌다. 아이들 곁에 이런 어른이 있다는 것이 참으로 고마웠다. 학교 안에서 말 붙일 데도 없었던 내가 학교 밖에서 이렇게 따뜻하게 환대받으니 얼마나 든든한지 몰랐다.

수녀님과 이야기를 하다 보니 시간이 어떻게 가는지 모르게 금방 흘렀다. 밖에서 아이들의 왁자지껄한 소리가 들려 복도로 나갔다. 아이들이 나를 바라보며 부러워하는 눈빛과 표정 덕분인지 상준이는 평소의 생기를 찾았을 뿐 아니라 자부심이 생긴 듯했다. 그런 상준이의 모습을 보면서 지역아동센터에 자주 가야겠다고 생각했다.

내가 더 놀란 것은 다음 날부터 학교에서 보인 상준이의 태도였다. 작고 가녀린 체구의 상준이는 거친 말과 심한 욕을 하며 아이들에게 '멈춰'를 많이 받는 아이였다. '멈춰'는 괴롭힘을 당하거나 본 사람 누구나 가해자에게 괴롭히는 행동을 멈추라고 말하는 평화샘의 공동 행동이다. 상준이는 하루에도 몇 번씩이나 친구들에게 '멈춰'라는 말을 듣던 아이였다. 그런데 그날 이후로 "멈춰!" 소리에 놀라 돌아보면 상준이가 진지하면서도 해맑은 표정으로 아이들 사이에서 다툼을 말리고 있었다.

사랑의 울타리에서 만난 수녀님의 헌신과 열정, 나를 바라보던 아이들의 표정이 너무나도 깊게 각인된 상태에서 상준이의 태도가 180도로 바뀌게 되자 울타리에 자주 방문하게 되었다. 울타리에서는 밤 9시까지 프로그램을 운영하면서 아이들 저녁밥도 챙기고 있었는데, 나도 울타리에서 저녁 먹는 일이 종종 있었다. 수녀님이 먹고 가라며 붙잡으시고 아이들과 같이 먹으면서 더 친해지는 느낌이 좋았기 때문이었다. 그렇게 자주 가다 보니 아이들끼리 하는 말을 듣게 되었다.

"우리 반 선생님은 안 오시나?"

자기들 담임을 기다리는 그 아이의 말을 듣는 순간 살짝 미안한 마음이 들었다. 하지만 동료 교사들에게 같이 가보자고 이야기할 엄두가 나지 않았다. 그래서 우리 반 아이들이 다니고 있는 지역아동센터만이라도 다 다녀봐야겠다고 마음을 먹었다. 꿈초롱방은 울타리에 갈 때마다 빼놓지 않고 들렀고, 다른 지역아동센터들도 어디에 있는지 확인하며 한 군데씩 찾아갔다. 첫발 떼기가 어려웠지, 그다음 지역아동센터를 방문하는 일은 어렵지 않았다. 아이 담임이라며 인사를 하고 찾아갔을 때 처음에는 아이가 무슨 문제를 일으켰냐며 놀라기도 했다. 하지만 그냥 우리 반 아이가 어떻게 지내는지 궁금해서 왔다고 하며 계속 들리면 반갑게 맞아주었다. 우리 반 아이들 역시 갑작스러운 방문에도 언제나 반가워했다. 다른 아동센터에 다니는 아이들이 상준이처럼 극적인 변화를 보이지는 않았지만, 아이들이 오후와 저녁 시간에 어디서 누구와 무엇을 하고 지내는지 알게 된 것만으로도 마치 비밀을 공유한 사이처럼 가까워졌다. 고민이 있을 때도 더 편안하고 살갑게 이야기할 수 있는 사이가 되었다.

마을에서도 평화샘 프로젝트

"수녀님!"

"응, 무슨 일이야?"

사랑의 울타리 사무실에서 수녀님과 이야기하다 보면 수시로 아이들이 들락거렸다. 아이들은 크고 작은 사건이 생길 때마다 조르르 달려와 수녀님한테 안긴 채 투정을 부리기도 하고, 어떨 땐 관련된 아이들이 다 쫓아와 서로 속상한 이야기를 풀어놓았다. 그럴 때마다 수녀님은 일일이 들으며 해결해주느라 바쁘셨다. 그 모습을 보면서 우리 교실에서 운영하는 평화샘 프로젝트를 말씀드렸다. 놀이를 기반으로 관계를 형성하고, 괴롭힘 상황을 목격한 누구라도 멈춰라고 외치고, 멈춰가 나오면 모두가 둘러앉아 역할극으로 상황을 확인하면서 해결하는 과정을 설명해드리자, 관심을 보였다. 먼저 울타리 교사 교육을 제안했는데 이미 여러 프로그램이 꽉 짜여 있어 일정을 잡지 못하였다. 마침 수녀님은 울타리에서 초등고학년과 중·고등학생들이 주도하는 청소년 캠프를 준비하고 있으니 거기서 큰 아이가 어린아이를 보살피는 환경을 만들어보자고 제안하였다. 그때, 수안보에서 열린 청소년 캠프에서 만났던 아이들의 반응은 지금도 생생하게 기억난다.

처음엔 내가 참여한 것에 대해 의아해하고 신기해했다. 게다가 학교폭력 이야기를 할 거라고 하니 시큰둥했다. 하지만 폭력에 대한 자기 경험을 이야기해보게 하자 분위기는 진지하고 치열해졌다. 소선이가 생각난 것이 있는지 지환이를 가리키며 말했다.

"예전에 네가 누나한테 욕했잖아."

"내가 언제?"

그 상황을 알고 있던 다른 아이들이 다 이야기하자 지환이는 마지못해 인정했다. 그래서 그 상황으로 역할극을 하기로 했다. 1단계 상황 재연은 큰 무리 없이 할 수 있었다. 2단계로 역할을 바꾸자, 소선이는 신이 났지만 지환이는 인상을 쓰고 어찌할 줄 모르더니 이내 욕이 튀어나왔다.

"지환아, 지금 욕이 나올 정도로 기분이 나쁘지?"

지환이는 눈으로만 끄덕였다.

"바로 그 기분이야. 누나가 그 욕을 들었을 때. 누나 기분을 이해하겠니?"

지환이가 고개를 끄덕였다. 역할극을 하면서도 욕을 하는 지환이를 보고 흥분했던 다른 아이들도 지환이 표정이 바뀌자 "어이구" 하며 웃었다.

그리고 왕따예방역할극을 다 같이 해보았다. 모든 아이가 역할극인데도 왕따당하는 그 순간에는 어찌할 줄 모르고 무척 힘들어했다. 왕따예방역할극을 끝내고 소감을 물어보자 아이들이 이구동성으로 말했다.

"이렇게 당해봤는데 어떻게 괴롭혀요? 앞으로는 못 괴롭히겠어요."

"학교에서 선생님들이 말로만 하지 말라고 할 때는 그런 생각 안 들었는데 이렇게 역할극을 직접 해보고 나니까 못 괴롭히겠어요."

"너무 가슴이 아파요. 이렇게 힘들 줄 몰랐어요."

캠프를 끝내고 달라진 아이들의 태도에 놀라며 수녀님이 나에게 이야기했다.

"거칠던 아이들이 한결 부드러워지고, 다른 사람들을 대하는 데 배려하는 모습이 보여요. 좋은 프로그램 소개해줘서 고마워요."

사랑의 울타리 청소년 캠프 이후엔 신동명 씨의 주선으로 꿈초롱방 아이들과도 평화샘 프로젝트 이야기를 할 기회를 얻었다. 이때는 꿈초롱방 교사뿐 아니라 산남복지관에서 아동 프로그램을 운영하는 실무자들과 왕따예방역할극을 먼저 하게 되었다. 처음에는 조금 시큰둥했던 꿈초롱방 교사나 실무자들도 왕따 역할을 하고 나서는 하나같이 말했다. 역할극인 줄 알고 하는 거라 괜찮을 줄 알았는데 이렇게 심한 고통일 줄 몰랐다며 실제로 당하는 아이들의 심정을 조금이나마 이해할 수 있겠다고 했다. 또 왜 교사 교육을 먼저 하자고 했는지도 이해할 수 있었다며 고마워했다. 덕분에 아이들 교육 시간도 넉넉하게 확보해주어서 첫 시간에는 놀이를 먼저 했다. 신나게 놀고 나서 한 아이가 물었다.

"학교폭력예방교육을 한다면서 왜 놀아요?"

"아, 학교폭력을 예방하기 위해 중요한 것이 먼저 친해지는 것이거든. 서로 친한 사이에서는 괴롭힘이나 폭력이 덜 일어나기도 하고, 서로 친한 사이가 되는 건 즐거운 일이잖아. 놀이는 서로 친해질 수 있게 도와주거든. 오늘 우리 반에서 이런 일이 있었어. 점심때 두 친구가 서로 다투었어. 급식소에서 줄 서는 것 때문에 서로 말싸움이 생긴 거야. 친구들이 '멈춰'를 했지. 그래서 다툼을 멈추긴 했는데, 둘이는 마음이 다 풀리지는 않았어. 그래서 밥 먹고 따로 싸울 생각을 하고 있었거든. 그런데 점심때 친구들이랑

'달팽이진놀이'를 하다가 서로 웃고는 싸울 마음이 없어져 버렸어. 어때? 왜 우리가 먼저 놀았는지 이해가 돼?"

아이는 수긍한다는 듯 고개를 끄덕였다. 이렇게 평화샘 프로젝트에서는 놀이와 놀이하는 관계를 무척 중요하게 생각한다. 우리나라에서 왕따는 '너랑 안 놀아'로 나타나기 때문에 함께 논다는 것은 학교폭력을 예방하는 것을 넘어 공동체를 만드는 것이므로 평화샘에서는 첫 만남을 놀이로 시작한다. 이렇게 신나게 놀고 나서도 왕따 역할을 할 때 센 척하는 아이가 있었지만, 꿈초롱방 교사의 한마디로 아이들은 눈 녹듯 부드러워졌다.

"나도 해봤는데, 정말 가슴이 답답하고 눈물이 나려고 하더라."

아이들이 믿고 의지하는 어른이 자신들의 심정에 공감하는 말 한마디를 하자 아이들이 "진짜요?"하고 되물으면서 표정이 아주 편안해졌다. 왕따가 자기 개인의 문제가 아니라는 것을 알게 되니 스스로 치유되는 과정을 경험한 것이다. 학교폭력을 예방하고 문제를 해결하기 위해서는 아이들의 아픔에 공감하고 함께 해결하려는 어른들의 존재가 전제되어야 한다는 것을 다시 실감하는 순간이었다.

또 학교에서는 우리 반에서만 놀이와 멈춰, 역할극을 하고 있었는데, 학교 밖에서 아이들을 만나게 되니 여러 반, 여러 학년, 여러 학교 아이들과 평화로운 공동체 이야기를 공유할 수 있어서 무척 뜻깊은 시간이 되었다.

관계의 접착제 '놀이'

꿈초롱방과 사랑의 울타리에서 놀이를 기반으로 하는 평화샘 학교폭력예방교육을 한 다음부터 일상적으로 놀이하는 시간을 가지면 좋겠다고 여러 번 이야기했다. 선생님들도 아이들이 놀면 좋을 것 같다고는 했지만, 그건 자투리 시간에 허용하는 정도였다. 어떤 어려움이 있기에 놀이 시간을 못 내는지 여쭤보니 학원에 보낼 형편이 안 되는 부모들이 그나마 숙제를 봐주고 공부시켜준다는 생각에 보내고 있는데, 아이들이 놀다가 왔다고 하면 아예 안 보낼까 걱정된다고 하였다. 또 아이들을 놀게만 하면 자신들의 할 일을 하지 않는다고 느끼는 것 같기도 했다. 평화샘 교사들도 초기에는 비슷한 고민을 했던 터라 학교 밖에서 프로그램을 운영하는 분들의 심정이 이해되기도 했다. 그러다 울타리에 다니던 우리 반 아이가 놀이하면서 긍정적으로 바뀌는 모습을 본 수녀님이 놀이 시간을 만들어보겠다며 나에게 같이 놀아달라고 부탁했다.

울타리에서 처음 놀이를 하던 날은 2013년 12월 중순이었다. 평소엔 서른 명 가까운 아이들이 있었는데, 그날은 열 명 남짓 되는 아이들만 모여 있었다. 그 가운데 우리 반 성구는 반가운 듯 부끄러운 듯 배시시 웃으며 다른 아이 뒤로 숨었다. 다른 아이들은 무덤덤한 표정으로 나를 바라보았다. 우선 교실에서 운영하는 멈춰를 간단히 소개하고 놀이를 시작했다. 무표정한 아이들의 표정을 보며 재미없어하면 어쩌나 걱정이 되기도 했다. 준비해간 여러 놀잇감 가운데 우리 반 아이들이 가장 좋아하는 비석치기를 골라 집었다.

울타리의 놀이 담당 교사인 미숙샘의 도움으로 편을 나누고, 금을 그었다. 비석을 하나씩 나눠 가진 다음에 멀리서 비석을 맞추어 쓰러뜨리는 1단계를 했다. 대다수 아이가 놀이 방법을 몰랐기 때문에 알려줄 겸 내가 먼저 시범을 보이기로 했다. 모든 아이가 지켜보는 상황이라 못 맞추면 어쩌나 살짝 긴장되었다. 숨을 크게 들이마시고 비석을 던졌다.

"딱!"

경쾌한 소리를 내며 비석이 쓰러졌다. 나도 모르게 좋아서 소리를 질렀다. 그 모습을 본 아이들 표정이 풀리면서 관심을 보이기 시작했다. 하지만 처음 하는 아이들이 비석을 맞추기가 쉽지 않았다. 그러다 성구가 비석을 맞추자 활기가 생겨났다. 상대편 비석을 못 맞추고 공격 수비가 바뀔 때마다 아이들은 다음 단계가 궁금했는지 성구에게 물었다. 그럴 때마다 성구는 열심히 알려줬고, 아이들은 1단계를 넘어서기 위해 틈틈이 연습했다. 그러면서도 상대편이 맞추려고 할 때는 자기 비석을 뚫어져라 보며 '제발'이라고 두 손을 모아 넘어지지 말라는 바람을 담아 외쳤고, 공격 차례가 되면 서로에게 '할 수 있어!', '괜찮아!' 같은 말을 하며 힘을 주었다. 1시간 넘게 비석치기를 했지만, 처음이라 1단계의 벽을 넘지 못했다. 사실 그렇게 오랫동안 1단계만 하고 있었는지도 모를 정도로 시간이 금방 갔다. 이렇게 첫 시간을 끝내자 아이들은 기대에 찬 표정으로 다음 주에도 같이 노는지 물었다. 나는 앞으로 목요일마다 와서 같이 놀겠다고 이야기했다.

이렇게 울타리에서 놀이를 시작하고 나와 아이들 사이에 변화가 시작되었다.

"선생님, 오늘은 무슨 놀이할 거예요?"

아침에 교문 앞에서 만난 6학년 수경이가 나를 보자 반갑게 인사하며 물었다.

"비석치기."

3학년 복도를 지날 때는 진경이가 불쑥 고개를 내밀더니 또 물었다.

"선생님! 오늘도 비석치기 할 거죠?"

나는 진경이에게도 반갑게 손을 흔들며 그럴 거라고 대답했다. 사랑의 울타리에서 같이 놀기 전에는 학교에서나 마을에서 오가며 만나도 가볍게 눈인사를 하거나 모르고 지나치기도 했다. 그런데 놀이를 시작하고 얼마 지나지 않아 아이들은 나를 만날 때마다 먼저 인사했다. 말도 걸어오고 언제 오는지, 뭘 하고 놀지 물었다. 그런 아이들을 보면서 울타리에서 놀기를 참 잘했다 싶었다. 놀이가 아니고서 무엇이 이렇게 서로 기대하는 사이로 관계를 깊어지게 할 수 있었을까?

놀이의 재발견

우리는 목요일 저녁마다 비석치기를 했다. 4개월쯤 지났을 무렵에는 울타리에서 청소 자원봉사를 하는 고등학생들도 동생들과 비석치기를 했다. 처음엔 동생들이 하는 놀이를 지켜보기만 했던 고등학생들이었는데, 어느새 동생들에게 묻고 배워서 같이 놀았다. 놀이를 시작하고 거의 6개월 동안 울타리 아이들은 비석치기를 계속했다. 다른 놀이를 시도해봤는데 아이들은 계속 비석치기를 하자고 졸랐다. 그동안 나는 아이들이 한 가지 놀이를 오랫동안 하지 않고 싫증을 내기 때문에 교사가 여러 가지 놀이를 알고 있어야 잘 놀 수 있다고 생각했다. 하지만 울타리에서 아이들은 비석치기 한 가지 놀이로 거의 6개월 이상 신나게 놀았다. 물론 아이들이 비석치기만 한 것은 아니었다. 간혹 내가 일이 바빠서 못 가는 날도 있었는데, 그때는 울타리의 놀이 담당 미숙샘과 사방치기나 고무줄놀이 같은 놀이를 했다. 하지만 내가 오면 아이들은 나를 보고 똑같은 목소리를 냈다.

"선생님, 오늘도 비석치기 하실 거죠?"

그러면 미숙샘도 웃으며 말했다.

"아이들이 선생님 오시면 비석치기 하자고 목이 빠지게 기다려요."

비석치기의 새로운 매력도 확인했다. 비석치기는 아이들끼리 자연스럽게 연대감을 만들어주었다. 한 단계에서 내가 죽어도 우리 편의 누군가에 의해서 살아났다. 그래서 잘하는 사람은 시기의 대상이 아니라 나를 살려주고 공동체에 이바지하는 사람으로 존중받았다.

"난 여기서는 약해, 무릎부터는 잘하는데."

"사람마다 잘하는 게 다 달라요."

아이들의 말처럼 잘하는 것이 서로 달라서 내가 못 했다고 해서 기가 죽지도 않으면서 새로 도전할 힘을 주었다. 저마다 최선을 다하고, 진심으로 팀을 응원하고 팀의 성패에 따라 함께 울고 웃었다. 그 가운데 혜수의 토끼뜀이 특히 인상적이었다.

"괜찮아, 괜찮아. 다음번에 하면 되지. 누나는 토끼뜀을 잘하잖아."

동생들의 응원에 힘을 얻은 5학년 혜수는 토끼뜀을 할 때 발목으로

비석을 꽉 잡고 뛰느라 복숭아뼈 근처가 헐어서 피가 나는데도 계속 연습해서 팀을 다음 단계로 넘겨주었다. 혜수가 열심히 연습하는 모습은 다른 아이들에게 자극제가 되었다. 상대편이 공격할 때 자기들끼리 비법을 공유하고 연습하면서 잘하기 위해 노력했다. 처음에는 깨금발이 안 되고 균형을 잡지 못해서 금방 죽었는데, 점차 균형감각을 갖게 되었다.

비석치기는 처음부터 완벽한 기능을 갖추지 않고 할 수 있으면서도 너무 쉽지도 어렵지도 않았다. 그래서 단계가 올라가면서 새로운 도전을 하도록 하는 것도 오랜 시간 아이들의 흥미를 지속할 수 있는 요인이기도 했을 것 같다.

무엇보다 오랜 시간 모두가 하나의 놀이를 하는 과정에서 공동체가 단단해지는 느낌을 받았다. 공동체가 된다는 것은 너와 내가 같은 느낌, 같은 감정을 공유하고 서로 하나 되는 마음자리를 갖는 것이다. 비석치기라는 놀이를 모두가 여러 날 같이 하면서 비석을 맞췄을 때의 쾌감과 성취감, 실패했을 때의 아쉬움, 우리 편이 나를 살려줬을 때의 고마움과 내가 살려줬을 때의 뿌듯함 같은 그 느낌을 모두가 공유하게 되었다. 이것이 바로 공동체에 필요한 공통감각, 공통감정이라는 것을 추상적인 이론이 아니라 삶의 실제로 깨닫는 순간이었다.

그동안 보살핌을 받지 못하는 아이들 한 사람, 한 사람에게 서로 집중해주고 응원하고 격려하는 과정에서 아이들은 자아존중감, 책임감, 보살핌의 감각을 경험하게 되었다. 물론 이것이 비석치기만의 매력은 아닐 것이다. 다른 전래놀이 역시 자기편을 서로 살려주는 과정에서 이런 공통감각을 만들어내는 사회적 기능을 가지고 있기 때문이다.

놀이로 하나 되는 울타리

　내 느낌만이 아니라 늘 아이들과 생활하는 수녀님과 미숙샘의 목소리로 아이들의 변화를 듣고 싶어서 물었다. 수녀님이 잠시 생각하더니 대답했다.

　"음…. 우선 다툼이 줄었어요. 다툼이 생겨도 빨리 해결되고요."

　"어떻게요?"

　"울타리에서 다툼이 생기면 저한테 오잖아요. 그럼, 전에는 양쪽 이야기 듣고 이런저런 이야기가 길었는데, 요즘은 이미 오면서 다 풀려서 올 때도 있고, 제가 '무슨 일이야?'하고 물으면 '에이 됐어.' 하면서 서로 툭 치면서 풀려요. 그리고 무엇보다 관계가 형성된다는 느낌이 들어요."

　아이들과 주로 놀았던 미숙샘도 이야기를 거들었다.

　"여유가 생겼어요. 서로 배려할 줄도 알고요. 새로 들어온 아이들이 빨리 적응한 게 놀이 덕분인 것 같아요. 처음에 비석치기를 할 때 1학년 애들이 새로 왔었잖아요. 그때 왜 제가 1학년 아기들 번쩍 들어서 앞에 내려다 주고, 깍두기는 아니었는데 그 비슷하게 했잖아요. 그래도 언니 오빠들이 다 이해해주고 그러면서 새로 온 1학년들이 빨리 적응한 것 같아요. 그리고 올해 새로 들어오는 아이들이 많았어요. 그때마다 놀이하면 새로 온 애들은 금을 밟거나 비석을 떨어뜨리기도 하고 잘하지 못하잖아요. 그러면 저희끼리 그래요. '쟤 이번에 왔지?' 하면서 서로 찡긋하면서 봐줘요. 그러니까 새로운 애들이 쉽게 배우고 빨리 친해지는 것 같아요."

　수녀님이 흥분한 목소리로 덧붙였다.

　"맞아요. 그리고 놀이하는 것을 너무 좋아하고, 다른 프로그램에서도 집중력이 높아졌어요. 이번에 목요일 놀이를 다른 프로그램으로 바꾸게 되었잖아요. 그러니까 애들이 난리가 났어요. '아니, 수녀님은 1주일에 하루 노는 것도 못 하게 하냐.'라고 저한테 항의한 거죠. 그런데 그 프로그램이 재미있으니까 바로 몰입해서 참여하고 있어요."

아이들이 항의했다고 이야기할 때 수녀님의 목소리가 높아졌는데, 그런 아이들이 너무나 자랑스럽고 이뻐죽겠다는 표정이었다. 그 모습을 본 미숙샘이 수녀님께 물었다.

"그나저나 목요일에 놀이를 못 하면 무슨 요일에 해야 할까요?"

일정표를 이리저리 보더니, 수녀님이 말했다.

"화요일이 어떨까요?"

그 뒤로 울타리에서 놀이는 없어서는 안 될 프로그램이 되었다. 그리고 놀이 시간이 더 늘었다. 아이들이 회의를 통해 놀이 시간을 더 늘려달라고 요구했고, 관철한 덕분이었다. 그리고 더 큰 변화가 생겼다. 그전에는 빈둥대거나 한쪽 구석에서 책을 읽던 아이들이 언제든 같이 노는 문화가 만들어졌다. 아이들은 울타리에 오자마자 가방을 풀고 자기들끼리 놀았고, 쉬는 시간에도 모여서 고무줄놀이나 사방치기 등 아이들이 알고 있는 놀이를 했다. 이런 변화는 울타리의 다른 선생님들도 이야기했다.

"초등학생들 스마트폰 사용이 눈에 띄게 줄었어요. 전에는 쉬는 시간에 스마트폰 들여다보는 아이들이 많았는데, 지금은 거의 없어요. 다들 뭔가 놀이를 하고 있거든요."

또 하나 중요한 것은 울타리 교사들이 놀이 감각을 되찾고, 서로 협력하게 된 것이다. 전에는 내가 없는 놀이 일정을 잡지 못했는데, 이제는 울타리의 힘만으로 놀이 시간을 운영하게 된 것이다. 미숙샘이 자신이 갖고 있던 놀이 경험을 떠올려냈고, 놀이 경험이 없는 수녀님은 잘 모르면 미숙샘이나 아이들에게 묻기를 주저하지 않고 배우면서 놀이하는 문화가 만들어졌기 때문이다. 이것은 무척이나 뜻깊은 변화였다. 옛날에 아이들이 언제나 놀 수 있었던 것은 어른들도 공동체를 이루어 언제든 놀았고 놀이하는 아이들을 지지하고 부추겼기 때문이었다. 울타리에서 어른들이 아이들과 어울려 함께 놀 수 있다는 것은 아이들에게 언제든 놀 수 있는 든든한 울타리가 생겼다는 것이기 때문에 무척이나 기뻤다.

울타리에서 배웠대요!

그러던 어느 날, 내가 사랑의 울타리에서 놀기 시작한 이후 가장 기쁘고 가슴 벅찬 순간이 찾아왔다.

2014년, 2학기부터 일주일에 한 번씩 3학년이 합동 체육 시간에 운동장에서 놀이를 시작했다. 두 번째 놀이 시간을 마치고 교실로 들어가려는데, 3반 남자아이들 여섯 명이 고무줄놀이를 계속하는 것이 눈에 띄었다. 보통 고무줄은 여자아이들이 더 좋아했는데 남자아이들이 하는 것이 신기한 데다 무엇보다 어떻게 알고 하는 건지 궁금했다. 가까이 다가가니 작년에 우리 반이었던 진수가 보이길래, '아, 진수가 알려줬나 보다'라고 생각하며 교실로 뛰어가는 아이를 붙들고 물었다.

"고무줄은 누가 하자고 했어?"

"재영이가요."

재영이는 우리 반이 아니었다. 그런 재영이가 어떻게 알고 하는지 무척 궁금했다.

"재영이는 어떻게 알게 되었대?"

"울타리에서 배웠대요!"

그 말을 듣는 순간 가슴이 벅차올랐다. 너무 반갑고 벅찬 마음에 멈춰 서서 숨을 가다듬었다. 학교가 아니라 울타리에서 배운 걸 학교에서 친구들과 하다니! 생각해 보니 5학년 김 선생 반 여자아이들이 조회대에서 고무줄놀이하는 모습을 자주 봤는데, 거기에 울타리에 다니는 아이가 두 명 있었다는 게 떠올랐다. 학교에서는 우리 반이 놀고, 평화샘의 김 선생과 이 선생 반 아이들이 각각 놀았을 뿐인데 여러 학년이 함께 생활하는 울타리에서 놀이가 되니 마을과 학교가 마치 씨줄과 날줄처럼 엮여서 이러한 효과가 생겼다는 생각이 들었다. 울타리 선생님들에게도 빨리 알리고 싶었다. 퇴근하자마자 울타리로 달려가 미숙샘에게 재영이가 친구들에게 고무줄 알려주는 걸 봤다고 했다.

"어머머 정말요? 재영이가 엄청 열심히 했어요. 복도에서 누나들이 하는 거 보고 저도 하겠다고. 그거 울타리에서 엄청 열심히 한 덕분이에요!"

미숙샘도 손뼉을 치고 팔짝팔짝 뛰면서 함께 기뻐했다. 미숙샘도 나와 같은 마음자리였다. 놀이로 울타리가 들썩이고 학교와 마을이 들썩거리며 함께 넘실대는 꿈이 마치 실현된 것 같은 기분이었다. 아니 반드시 이루어질 것이라고 확신하게 된 순간이었다.

❈ 침묵의 목소리를 듣고

보살핌 네트워크, 그 첫발

2012년 6월 어느 날이었다. 사랑의 울타리를 내 집처럼 드나드니 수녀님과도 친해졌다. 사무실에 들러 인사를 하니 수녀님이 반기면서 말했다.

"선생님, 이것 좀 보세요. 우리 수정이가 그린 거예요."

수녀님이 내민 그림은 초등학생의 그림일기 같았다. 아파트 정자 주변에 술병이며 담배꽁초가 나뒹굴고 대낮부터 술 마시고 싸우는 어른들이 있어서 무섭다고 하는 아이들의 눈에 비친 마을 이야기가 담겨 있었다. 초등학생 때부터 울타리에 다니다 이제는 고등학생이 된 수정이가 그리고 쓴 것이라는데, 어린 수정이가 보고 겪은 일상이라는 것에 마음이 아팠다.

"이번에 우리 마을 사람들이 마을 사람들을 스스로 보살피고 돌보는 건강한마을만들기수곡동주민네크워크 발족식을 준비하고 있잖아요. 제가 우리 아이들 상황을 발표하기로 했어요. 그래서 아이들한테 뭐가 좋을까 물었는데, 이렇게 그림으로 그려온 거예요. 이걸로 영상을 만들려고요."

10년 가까이 사랑의 울타리나 산남복지관 등 개별 기관이나 개인이 상황을 바꿔보려고 해도 쉽지 않았는데, 마을 문제에 서로 나서서 해결해 보자고 마음을 모으는 자리가 만들어지니 수녀님은 원래도 열정이 넘치는 분이었는데 가속도가 붙어 새로운 제안을 쏟아냈다.

얼마 지나지 않은 7월 초, 마을 사람들의 기대 속에 네트워크 발족식이 열렸다. 나는 수업 시간이라 참석할 수 없었는데, 울타리 아이들이 만든 영상은 참여한 사람들 모두를 울렸다고 했다. 보는 내내 "맞아, 맞아.", "우리 이야기야." 하는 작은 소리가 끊이지 않았고, 영상이 끝났을 때는 모두 숨죽이고 아무 말을 하지 못했다고 했다. 사람들 마음이 진정되고 나서야 박수와 함성이 터져 나오고, 발족선언문 낭독이며 거리 행진까지 마을 사람들 모두 한마음으로 힘있게 진행했다는 이야기도 들렸다.

발족식 이야기를 들으면서 내가 큰일은 할 수 없겠지만, 수곡동에 살고 있으니 주민의 한 사람으로 참여해야겠다 마음먹었다. 그래서 네트워크 아동청소년 분과 회의가 있을 때마다 참석하기 시작했다. 당시 학교는 네트워크 참여 기관으로 이름을 올리긴 했지만, 형식일 뿐 실제로는 관심도 없고 담당자도 분명하지 않은 상태였다. 그 상황에서 내가 학교 이름을 걸고 참여할 수 없었기 때문에 개인 자격으로 조퇴를 내고 가야 했다. 하지만 내게 그런 건 전혀 문제 되지 않았다. 그저 어떤 이야기들이 펼쳐질까 궁금하고 기대가 되었다. 사람들은 학교 교사가 마을 일에 참여한다는 것 자체를 신기해하면서도 반가워했다. 그런 마음들을 알게 될수록 미안한 마음이 많이 들었다. 게다가 마을 사람들과 여러 기관에서 협력하며 문제를 풀어나가는 과정을 듣고 보는 것은 나에게 엄청난 배움이기도 해서 더 열심히 참여하게 되었다.

사례회의에서 같이 이야기해보자!

"팀장님, 저희 반 아이 집에 좀 가보고 싶은데, 같이 가주실 수 있을까요?"

"무슨 일이신데요?"

"아이가 학교에 안 와서 집에 가보려고 나왔는데, 길에서 술을 사 가시는 어머니를 만났어요. 아이가 잘 있는지 보고 싶다고 했더니, 싫다고 하시며 가버렸어요. 지금 저 혼자 아이 집 근처까지 오기는 했는데 이미 술에 많이 취해 있으셔서 혼자 가기가 엄두가 안 나서요."

2013년, 2학년인 우리 반 아이와 4학년 형이 이틀째 학교에 오지 않았다. 엄마가 알코올중독인 것을 알고 있던 터라 또 술을 드시느라 아이들을 방치하고 있구나 싶은 생각에 걱정이 되어 퇴근길에 들러보려고 나섰다. 그런데 길 한중간에서 아이의 어머니와 형을 만났다. 퇴근 후라 학교에 연락하기도 어려워서 네트워크에서 실무를 맡은 산남복지관의 팀장에게 연락했다. 팀장은 혼자 오지 않고, 주민센터의 복지 담당 공무원과 함께 와주었다. 전화 통화로 내가 파악한 아이의 가정 상황을 듣고, 연계할 복지망을 설계할 수 있었다.

가정방문 후 네트워크 차원에서 사례회의를 하면서 각 기관이 할 수 있는 일에 너나없이 손발을 걷어붙였다. 사례회의는 도움이 필요한 사람이나 가정을 위해 관련된 기관의 전문가들이 함께 모여서 상황을 진단하고 어떻게 도움을 줄 것인지 의견을 나누는 체계였다. 보통 관련 기관의 담당자들이 참여하는데, 수곡동 네트워크에서는 누구나 도움을 줄 수 있거나 정보를 나눌 수 있도록 열려 있는 점이 달랐다. 네트워크에 참여하는 사회복지 관련 기관에서는 아주 익숙한 개념이었지만, 학교에서는 처음 듣는 것이라 무척 생소했다.

"실제로 한부모 가정이던데, 신청을 못 하고 있었더라고요. 이번 기회에 주민센터에서 한부모 가족 신청을 도와주고 개입할 수 있을 것 같아요."

"어머니가 알코올중독인데, 치료도 필요하지 않을까요?"

"그 어머니가 예전에도 저희 병원(알코올전문병원)에 입원한 경험이 있는데, 어려움이 많았어요. 입원을 거부할 수도 있어서 걱정입니다."

"우리 복지관에서는 중년 여성들 상담 프로그램이 있어요. 어머니에게 참여를 권해볼게요."

"혼자서 세 아이를 보살피는 게 쉽지 않을 텐데, 지역아동센터에서 맡아주실 수 있을까요?"

"당연히 받아야지요. 그런데 그 아이들이 지금 어딘가를 다니고 있지는 않나요?"

여러 기관이 아이와 가정에 대한 정보를 나누고 각 기관의 특성에 적합한 프로그램들은 무엇이 있는지 이야기하면서 사례관리를 담당할 기관과 담당자를 정하고, 정기적인 회의를 하면서 피드백했다.

마을의 여러 기관과 사람들이 마음을 모으고 협력하는 과정에서 아이들은 눈에 띄게 밝아졌다. 수곡동에서 같이 이야기 나누고 협력할 수 있는 이웃이 있다는 것은 나에게도 어두운 하늘에서 햇살이 비치는 것 같았다. 예전 학교에서도 이 정도는 아니지만 비슷한 가정의 아이들을 담임했던 적이 있었다. 그때는 가정폭력이 명백해 보였지만 신고하기조차 어려웠다. 왜냐하면 신고하고 나서 부모의 폭언에 시달려야 했던 경험부터 아이를 가정과 분리해서 아동보호기관으로 보내고 나서 아이의 부모나 친척들에게 온갖 원망만 듣고 결국 원가정으로 되돌아갔던 경험담들을 들려주면서 말리는 교사들이 대다수였기 때문이었다. 그렇게 어찌할 바를 몰라 마음만 졸이거나 외면했던 경험이 있다 보니 처음엔 너무 놀라고 어떻게 해야 할지 몰라 손을 놓고 있었다. 하지만 사례회의에서 이야기를 나누는 과정에서 점차 안정을 찾고 학교에서 아이들을 도울 수 있는 일을 찾을 수 있었다. 그 과정을 알고 있었던 교감 선생님도 지지자가 되어주었다.

"사실 방과 후, 가정의 일이라 학교가 개입하기도 어렵고 할 수도 없었는데, 얼마나 든든한지 모르겠어요."

학교는 그동안 네트워크 참여 기관으로 있으면서도 교류가 없었는데, 이 가정의 문제를 함께 해결하는 과정에 참여하면서 비로소 진정한 네트워크 협력 기관이 되었다. 그 뒤로 학급에서 어려움을 겪는 아이로 인해 고민하는 동료 교사들을 보면 마을에서 함께 방법을 찾는 사례회의에서 같이 이야기를 해보자고 내 경험을 자신 있게 말하고 제안할 수 있게 되었다. 이렇게 몇 차례의 사례회의를 경험하고 나서 한솔초에서는 이런 정도의 심각한 사례가 아니더라도 가정과 연계해서 도움이 필요한 경우 교사들이 이렇게 말하게 되었다.

"사례회의에서 같이 이야기해보자!"

여전히 한솔초에서는 도움이 필요한 아이와 가정이 많다고 듣고 있다. 하지만 사례회의라는 지역사회와 협력 체계로 서로 의지하며 어려움을 헤쳐 나가고 있다.

자기보호아동? 그게 뭐지?

사례회의를 하고, 위기가정 문제를 함께 해결해가는 과정에서 네트워크는 더 끈끈해지고 촘촘해졌다. 기관들뿐 아니라 통장이나 노인회원 등 마을 사람들은 보살핌이 필요한 곳을 찾아다니며 움직였다. 마을이 살아서 꿈틀대는 것 같고 생기가 느껴졌다. 하지만 나는 이상하게도 위기가정이 계속 재생산되는 것 같은 생각에 조금씩 지치기도 했다. 네크워크에서 아동청소년 분과 일을 총괄하며 발로 뛰고 있던 신동명 마을활동가 역시 비슷한 느낌을 받고 있었다.

사전 예방 차원에서 보살핌 체계를 만들 수는 없을까를 함께 고민하던 차에 마을배움길연구소 문재현 소장님한테 자기보호아동이라는 개념을 듣게 되었다. 만 13세 이하 아동이 보호자 없이 하루에 1시간 이상 혼자 있는 상황을 말하는 것인데, 보호받아야 할 아이들이 자기 자신을 스스로 보호하기 때문에 붙은 이름이었다. 우리나라 아이들의 1/3 이상이 자기보호아동이라고 했다. 깜짝 놀랐다. 그렇게 많다고? 곰곰 생각해 보니 핵가족화로 인해 조부모 없이 부모와 자녀만으로 이루어진 가정이 대다수라 맞벌이 가정이라면 부모가 퇴근하기 전까지 아이들은 혼자 있거나 형제자매와 있을 수밖에 없다. 바로 자기보호아동이었다. 보호자의 빈 자리를 메꾸기 위해 학원을 몇 개씩 보내기도 하는 건 부모들 나름의 교육지책인 셈이었다. 우리 마을이 전국 평균보다 훨씬 더 많을 것 같다는 생각이 들었다.

실태조사를 해보면 좋겠다는 문 소장님의 제안에 2013년에 네트워크 차원에서 학교에 요청해서 시도해봤으나 자기보호아동이라는 개념이 생소

했던 터라 제대로 진행되지 않았다. 하는 수 없이 우리 반 아이들 생활시간 조사를 해보았다. 하루 24시간 동안 아이들이 어디에서 누구와 무엇을 하는지 알아보는 조사였다. 나는 2학년 아이들이 생활시간조사에 잘 응답할 수 있을지 걱정했는데, 그것은 기우였다. 오히려 아이들이 작성한 내용을 보며 실상에 깜짝 놀라고 걱정이 되었다.

나의 1주일 생활

학년 반 이름(   )

어디에서 누구와 무엇을 하는지 간단히 기록해주세요~

		월	화	수	목	금	토	일
오전	6시							
	7시							
	8시							
	9시							
	10시							
	11시							
	12시							
오후	1시							
	2시							
	3시							
	4시							
	5시							
	6시							
	7시							
	8시							
	9시							
	10시							
	11시							

우리 반 진아도 저녁 7시부터 아침 7시까지 혼자 있었다. 2학년 여자 아이가 밤에 혼자 있다는 이야기에 진아와 이야기를 나눠봤지만, 속사정까

지 알 길이 없었다. 마침 퇴근길에 코끼리 놀이터에서 출근하는 진아 엄마를 만나게 되어 궁금한 것을 물어볼 수 있었다. 진아 엄마는 혼자서 아이를 키우고 있는데, 경제적으로 여유가 없다 보니 월급이 많은 직장을 찾다가 야간 택배 분류일을 시작했다고 하였다. 다행히 진아는 산남복지관에서 운영하는 꿈초롱방에서 저녁을 먹고 집에 가지만, 외동이기 때문에 밤에는 혼자 있어야 했다. 처음엔 진아가 무서워서 칭얼대기도 하고 떼를 쓰기도 했지만, 어떻게 해줄 수 없다고 여긴 엄마는 모진 방법을 쓰기로 했다고 하였다. 엄마의 직장에 데려가 늦은 밤 어떤 일을 하는지, 왜 전화를 받을 수 없는지 여덟 살 딸에게 있는 그대로 보여주었다. 마음이 찢어지는 고통이었지만, 딸에게 희망 고문을 하기 싫었다고 했다. 그날 이후로 진아는 엄마에게 매달리지 않고 잘 버텨주었다고 했다. 어차피 집에서 급하게 전화할 데라곤 엄마뿐인데, 엄마는 전화를 받을 수가 없으니 집 전화도 아예 없앴다고 했다. 그런데 어느 날 아침, 위험할 뻔한 상황이 생겼다. 엄마가 퇴근하고 집으로 돌아왔더니 진아가 배를 잡고 떼굴떼굴 구르고 있었다. 놀라 병원으로 달려갔는데, 급성 맹장염이라 조금만 늦었어도 큰일 날 수 있는 상황이었다. 그때 생각만 하면 지금도 아찔하다며 진아 엄마는 눈시울을 붉혔다.

이럴 때 돌봐줄 이웃이 있다면 얼마나 좋을까? 내가 어릴 때는 부모님이 늦게 오시면 골목에 있는 이웃집에서 저녁을 얻어먹기도 하고, 언니들이 같이 놀아주기도 했는데….

이렇게 자기보호아동 문제의 심각성을 느끼게 된 나는 다음 해인 2014년에 돌봄 업무를 자원했고, 학교 차원에서 자기보호아동 실태를 조사했다. 내가 전교생의 생활시간을 조사하고 확인하는 것은 지나친 개인

[참고] 자기보호아동 조사지 (2014)

1. 자녀가 주로 혼자 있는 시간대가 언제인가요?
   ① 등교 전 ② 방과 후 2~4시 ③ 방과 후 4~6시 ④ 야간 6~8시 ⑤ 야간 8~10시

2. 자녀가 혼자 있는 시간은 얼마나 되나요?
   ① 1~2시간 ② 2~3시간 ③ 3~4시간 ④ 5~6시간

3. 자녀가 혼자 있지 않다면 누구와 함께 시간을 보내나요? (여러 곳 표시 가능)
   ① 부모 ② 친구 ③ 형제자매 ④ 조부모 ⑤ 기타 (   )

4. 자녀가 혼자 있을 때 주로 무엇을 하는지 기록해주세요.
   (   )

5. 자녀가 친구 또는 형제자매와 함께 있을 때 주로 무엇을 하는지 기록해주세요.
   (   )

정보 수집이 될 수 있었다. 그래서 생활시간조사는 아이들 생활지도를 위해 담임교사가 하고, 나는 하교 후 혼자 있는 시간이 언제인지, 얼마나 오랫동안 혼자 있는지 경향을 조사하기로 했다.

조사 결과 2011년에 전국 평균 29.6%인데, 2014년 한솔초는 자그마치 47.9%, 180명이 나왔다. 우리 학구의 특성상 전국 평균보다 훨씬 높을 것이라고 예상은 했지만, 정말 깜짝 놀랐다. 자기보호아동 문제는 우리 마을에서 해결해야 할 큰 과제라는 생각이 들었고, 이웃이 이웃을 서로 보살필 수 있는 체계에 대해 고민하게 되었다.

방과 후 2~6시가 가장 많기는 했지만, 야간에도 혼자 있는 아이들이 있었기 때문에 지자체의 지원 체계를 알아보았다. 가정으로 파견해서 아이들을 돌봐주는 서비스가 있었지만, 부모들은 비용 부담으로 활용하기를 꺼리고 있었다. 국가나 지자체가 더 촘촘하게 돌봄 공백을 메워야 한다고

생각했지만, 마냥 기다리고 있을 수만도 없었다. 그렇다고 해서 학교나 네트워크에서 모든 걸 할 수 있는 상황은 아니었다.

대안을 찾지 못하고 고민만 하고 있을 때 아이들을 보살피는 가장 좋은 방법은 놀이라며 마을 놀이터를 열어보면 어떻겠냐는 문재현 소장님의 제안을 듣게 되었다. 좋다는 생각이 들면서도 목요일마다 사랑의 울타리에서 놀이하는 상황에서 평일에 이틀을 아이들 놀이에 시간을 내는 것이 부담스러웠다. 내가 주저하자 신동명 씨가 말했다.

"목요일에 학교 앞 2단지 놀이터에서 놀면 어떨까요? 울타리 아이들도 실내에서만 노니까 답답하기도 할 테고, 놀이 목록도 한정되잖아요. 밖에서 놀면 더 많은 아이와 다양한 놀이를 할 수 있지 않을까요?"

그 이야기를 듣자 마음이 놓였다. 그렇게 신동명 씨와 한솔초에 있는 평화샘 교사들이 마음을 모으자, 신동명 씨는 울타리 수녀님에게도 제안했다. 수녀님도 좋을 것 같다고 해서 울타리 아이들도 왔다 가기 좋은 학교 바로 앞 놀이터에서 놀면서 아이들을 보살피는 목요놀이가 열리게 되었다. 초기에는 적은 인원이었지만 점차 아이들이나 마을 어른들의 관심이 높아졌고, 놀이하면서 어른들이 아이들을, 아이들이 아이들을 보살피는 목요놀이 공동체를 만들어가게 되었다.

그리고 2014년에 시작한 자기보호아동 조사는 해마다 진행했다. 바로 옆 수곡초로 옮긴 뒤에도 조사를 이어가면서 자기보호아동에 대한 관심을 높여나갔다. 그리고 2017년에는 네트워크 차원에서 수곡동에 있는 한솔초, 수곡초, 수곡중 3개 학교 공동으로 조사를 하고, 지역사회 의제로 만들기 위한 토론회도 열었다. 토론회에는 학교 교육복지사부터 지역아동센터, 학부모, 청주시건강가정지원센터 등 돌봄 체계에 책임과 역할이 있는 기관이 토론자로 참여하였다. 교육청부터 지자체의 담당자들까지 초대하여 각 기관에서 해야 할 역할을 촉구하고, 고민을 던지는 데 의미가 있었다. 그 후 청주시 담당 공무원과 시장을 직접 찾아가서 만나 청주시 차원의 자기보호아동 및 지역 돌봄 체계 마련을 위한 전수조사를 하고 돌봄센터건립 등을 검토하겠다는 약속을 받았으나 지금까지도 의미 있는 움직임이 보이지 않아 안타깝다.

☼ 함께하면 문화가 된다

저는 다 그렇게 하는 줄 알았어요

학교에서 동료 교사들과 함께 실천하는 꿈은 늘 가지고 있었다. 하지만 2012년 한솔초로 처음 왔을 때는 선뜻 무엇을 같이 하자고 말하기 어려운 분위기였다. 그런데 뜻밖의 사건으로 여러 교사와 함께 마을로 나가게 되었다.

2013년 가을, 평화샘 이 선생이 퇴근길에 우리 학교 운동장에서 중학생들이 하는 생일빵을 목격한 것이었다. 이 선생이 찍은 사진을 함께 본 교사들은 퇴근 후 학교 운동장에서 중학생들이 친구를 철봉에 청테이프로 칭칭 묶어놓은 모습에 충격을 받았다. 그때 교사들과 처음으로 학교 밖, 아이들이 사는 마을의 거리를 함께 걸었고 지역아동센터도 방문하게 되었다. 마을에 아이들을 돌보는 지역아동센터가 있고, 그분들이 헌신적으로 아이들을 보살핀다는 것을 알게 된 교사들은 학급에서 도움이 필요하다고 여기는 아이가 있을 때 적극적으로 연결해주려고 노력했다. 그래서 나뿐 아니라 지역아동센터에 찾아가는 교사들이 늘어나게 되었다. 그러던

2014년 어느 날 사랑의 울타리에서 한 아이가 내게 다가와 말했다.

"우리 반 선생님이랑 같이 오시면 안 돼요?"

예전에도 아이들끼리 하는 말을 들은 적이 있었는데, 이번엔 내 손을 붙잡고 눈을 보며 간절하게 말하는 아이를 보니 꼭 담임교사랑 와야겠다 싶었다. 그래서 동학년인 3학년 선생님부터 같이 가보자고 했다. 옆 반 두 선생이 흔쾌히 동의해서 1반 아이가 있는 사랑의 울타리를 먼저 방문했다. 같이 밥도 먹고 비석치기 놀이도 했다. 3반 아이는 비추리에 다니고 있었기 때문에 다음에 같이 가기로 하고 헤어졌다. 그런데 며칠 후 3반 신규 교사는 자기 반 아이가 다니는 지역아동센터를 혼자서 다녀왔다고 했다. 나는 처음 지역아동센터에 갈 때 '내가 그것까지 해야 하나?' 라고 생각하며 귀찮아하고 차일피일 미루다 나갔는데, 신규 교사 혼자서 다녀왔다는 것이 신기하고 놀라웠다. 궁금한 마음에 물었다.

"선생님, 어떻게 혼자서 지역아동센터에 찾아갈 생각을 했어요?"

신규 교사는 멋쩍은 듯 머리를 긁적이며 말했다.

"저는 다 그렇게 하는 시스템이 있는 줄 알았어요. 선생님이 그렇게 하시니까."

신규 교사의 말을 들으면서 문화의 힘이 이런 거구나 싶었다. 아무도 하지 않을 때는 마치 내가 엄청 큰일을 하는 것처럼 부담스러웠는데, 여럿이 하니 문화가 되고 처음 하는 사람에게도 당연한 일이 되는 것이었다.

지역아동센터장들을 학교로 초대했어요

"어머! 학교에 얼마 만에 와보는지 몰라요. 요즘 학교가 이렇게 바뀌었

군요!"

"학교에서 보자고 했을 때 얼마나 좋았나 몰라요. 지역아동센터장들은 자주 봤지만, 학교에서 모이는 것은 처음이에요!"

한솔초 교육복지실에 모인 지역아동센터장들은 공간을 둘러보며 연신 감탄사를 쏟아냈다. 한솔초 아이들이 다니는 지역아동센터가 다섯 곳인데 센터장들이 모두 모였다. 서로 잘 아는 사이였지만 학교에서 한자리에 모인 것은 처음이었다. 감격스럽기는 나도 마찬가지였다. 내가 사랑의 울타리 지역아동센터에 갔을 때 안느마리 수녀님이나 다른 선생님들이 하나같이 학교 벽이 너무 높아서 아이들 이야기를 할 수 없다고 안타까워했었다. 그나마 사랑의 울타리는 한솔초와 교육복지 사업으로 가끔 만나는 사이라 덜했지만 다른 센터에서 느끼는 벽은 더 높았다.

그런 상황에서 2013년 늦은 가을, 학교 주변 순회를 계기로 한솔초 교사들이 센터를 방문하는 일이 늘었고 2014년에는 내가 돌봄 업무를 맡게 된 것과 2월 말 박근혜 정부의 돌봄 정책 덕분에(?) 좀 더 긴밀한 사이가 되었다. 3월 개학하기 전 아무런 준비도 없이 언론을 통해 맞벌이 가정의 모든 초등학생을 돌봄교실에 다닐 수 있게 하겠다고 발표하는 바람에 입학생들이 거의 다 돌봄교실을 신청하는 사태가 벌어졌다. 그 결과 학교 돌봄교실에는 대기자가 늘어나는데 지자체에서 예산을 지원하는 지역아동센터에서는 아동을 모집하는 데 어려움을 겪게 되었다. 그래서 학교 돌봄교실에 대기하는 아이들의 부모를 설득해서 집 가까운 센터와 연계해주면서 좀 더 실질적인 협력 관계가 만들어졌다.

그리고 자기보호아동 조사를 하는 과정에서 많은 아이가 혼자 지내는 시간이 많다는 것을 알게 되어 센터에 다니는 아이들 현황도 파악하고 연계가 필요한 아이들을 찾고 싶었다. 또 아이들의 학교생활이 궁금한 센터에서는 학교로 와서 관계를 좀 더 편안하게 열어놓고 싶어서 한자리에 모이는 기회를 마련했다.

우리 학교의 어떤 아이가 어떤 센터에 다니고 있는지 한눈에 파악하고 보니 조금이나마 체계적인 접근을 시도할 수 있을 것 같았다. 학교의 교육복지사도 같이 있었는데 센터에 다니는 아이들은 거의 교육복지에서 챙겼기 때문에 자연스레 서로 연락하고 지내기로 하였다. 구체적으로 담임과 대화가 필요하면 이어주기로 했고, 참여한 센터장들은 무척 만족스러워했다. 자연스럽게 다음 해에도 센터장들을 학교로 초대해서 이야기 나누는 자리는 이어졌다.

이런 기반이 마련되자 센터에서 생긴 어려움도 학교로 연락해서 문제를 해결하기 쉽게 되었다. 그전에는 학교에서 생긴 일은 학교에서, 센터에서 벌어진 일은 센터에서 따로 대응하다 보니 아이를 제대로 돕기 어려웠는데, 관계가 형성되어 서로의 어려움을 진솔하게 이야기하면서 네트워크와 연계해 아이와 가정을 다각도에서 지원할 수 있게 되었다. 내가 한솔을 떠나 수곡초에 있을 때는 사랑의 울타리에서 센터에 다니는 아이들의 담임을 초대해서 센터 생활과 학교생활을 공유하는 자리를 갖기도 했다. 아이 한 명 한 명에 대해 더 깊게 대화할 수 있어서 참으로 좋았다. 아이를 둘러싼 어른들의 관계망도 상황에 맞게 진화하고 있다는 것이 반가웠고, 또 어떻게 발전해갈지 기대가 되었다.

❉ 마을 속으로 어떻게 들어갈까?

　　한솔초를 떠난 지 꼬박 7년이 되어간다. 한솔에서의 경험 이전과 이후에 내가 아이들과 관계 맺는 것의 차이를 다시 생각해 보게 되었다. 나는 한솔초에 근무하기 전에도 아이들과 놀았고 아이들이 사는 마을로 나가 함께 걸었다. 처음 신규 발령을 받은 때부터 되도록 학구에 살려고 했는데 아이들이 사는 마을이 궁금하고 더 친하게 지내고 싶어서 아이들이 사는 마을에 다녔다. 그리고 마을로 가게 되면 아이의 부모를 만나는 일도 종종 있었는데, 여러모로 아이를 이해하는 데 도움이 되었고, 아이에게 도움이 필요할 때 같이 이야기를 나누기에도 좋았다. 그것은 한솔초에서도 마찬가지였다.

　　한솔에서 달랐던 것은 아이와 부모만이 아니라 아이를 둘러싼 마을 사람들과 직접 관계를 맺고 지속했다는 점이다. 2013년부터 아이들이 사는 수곡동으로 이사를 와서 살게 되었다는 것도 있었지만, 무엇보다 아이들이 다니는 지역아동센터에 지속적으로 가고, 건강한마을만들기수곡동 주민네트워크에 참여한 것이 그것을 가능하게 했다. 거기서 뻗어나간 관계가 마을의 여러 현안에 관심을 기울이게 했고 좀 더 적극적으로 참여하게 되었다. 또 수곡동에 사는 이명순 선생네 가족, 마을 토박이분들과 숲골 배움길모임에서 수곡동을 공부하며 함께 걷고 마을 사람들과 나누는 과정에서 마을에 대한 애정이 깊어졌다. 수곡동 새텃말에서 만난 토박이 어르신의 마을 이야기는 내게 깊은 인상을 남겼다. 그분의 표정에서 고향에 계신 부모님을 떠올리게 된 것은 내 삶에 있어서 또 다른 전환점이 되었다. 대학에 가면서 고향을 떠난 이후 부모님과 대화가 거의 없다시피 했는데 그 토박이 어르신 덕분에 아빠의 고향이자 삶 자체인 내가 태어난 마을이 궁금해졌다. 내가 여쭤보자 바로 오토바이에 나를 태우고 마을을 잘 볼 수 있는 곳으로 데려가 알려주셨다. 교육학을 전혀 모르는 아빠지만 어떻게 해야 가장 잘 배울 수 있는지 이미 알고 계셨다. 학교 교사들에게 들었던 시골 무지랭이라는 소리에 은연중에 농사를 지으며 사시는 아빠를 무시했던 것이 떠올라 죄송하고 아빠의 등이 어느 때보다 따뜻하게 느껴졌다. 아빠가 들려준 이야기들은 책에 나오는 것도 아니었고 할머니나 큰할아버지, 이웃 아저씨들에게 들은 것이었다. 또 이분들이 돌아가시면 그 이야기들과 토박이말과 억양을 어디에서 다시 듣고 전할 수 있을까 싶어 함께 이야기 나누는 순간이 너무나 소중하고 어느 때보다 신나게 이야기하시는 아빠를 보며 왜 이제야 묻게 되었을까 안타까웠다.

사람이 소중해지니 그 사람들이 사는 장소에 대해서 호기심을 갖고 탐구하는 마음자리를 갖게 되었다. 그리고 아이들은 그런 나를 보면서 자부심을 느끼고 자신들의 마을을 궁금해하고 알아가려고 했다. 지금은 청주 지역 만기로 영동군의 소규모 학교에서 3년째 근무하고 있다. 그 가운데 올해 아이들은 학교 주변 도랑을 걷다가 쓰레기가 너무 많다며 같이 줍자고 했다. 자주 하기 어려워서 한 달에 한 번씩만 하기로 했다. 첫 번째 날 혹시나 하는 마음에 50L짜리 쓰레기봉투를 두 장 들고 나갔는데도 모자랄 지경이었다. 아이들은 쓰레기 줍기를 마치 놀이하듯 즐겁게 했다. 마을에서 하는 모든 활동은 이렇게 아이들에게 동기와 호기심을 불러일으켰다. 그래서 학교 밖, 마을로 나갈 때마다 오늘은 어떤 새로운 만남이 펼쳐질까 궁금한 마음으로 언제나 설렌다.

한솔에서의 4년이 내게 의미를 지닌 것은 바로 그렇게 한 인간으로서 살아가는 것에 대해 눈뜨고 감수성을 갖게 된 것이다. 몸에 익은 것은 쉽게 지워지지 않는다. 무엇을 아는 것은 잊어버릴 수 있지만 무엇을 할 수 있게 내 손발에, 몸에 익은 것은 잊어버리지 않는다. 우리 아버지의 아버지, 어머니의 어머니들이 자식에게, 손자 손녀에게 가르쳤던 방법이야말로 우리가 다시 되살려내야 하는 가장 현대적인 배움길이라는 것을 새롭게 깨닫게 되었다. 마을에서 찾은 새롭고도 오래된 배움길. 그 길의 시작은 멀리 있지 않고 자신이 사는 마을을 걷고 궁금해하고 나누는 것이다.

물론 해결해야 할 일들도 적지 않다. 교사들이 불안해하는 안전 문제에 대한 해법이나 복무 처리 같은 문제들도 있을 것이다. 그러다 어느 학교에서나 교사들이 아이들과 배우는 장소를 마음 편히 정하고 마을로 나갈 수 있게 하려면 어떻게 해야 할까 하는 것으로 생각이 흘렀다. 교육지원청이 마을 속 아이로 키우겠다는 비전을 구호로만 제시할 것이 아니라 학교와 교사들을 믿고 마을에서 가르치고 배울 수 있도록 자율권을 주고, 학교 밖, 마을에서 배울 때 생기는 여러 안전 문제나 복무 등의 행정 처리를 간소화할 수 있는 여러 방법을 찾아 도와주면 좋겠다. 도시의 다인수 학급이라면 교사 혼자 여러 아이와 나가기 힘들 텐데, 그럴 때 동행하는 어른이 있다면 금상첨화일 것 같다. 이미 한솔초에서는 지역의 시니어클럽의 어르신들이 아이들의 나들잇길에 함께한다는 소식을 들었다. 어느 학교에서나 그렇게 된다면 세대 통합은 물론이고 문화 전승도 보장할 수 있고 고령화 사회의 문제까지 해결하는 꿩 먹고 알 먹는 격이 아닐까 생각했다. 교사와 아이들이 마을에서 함께 마음껏 걷고 배우는 날을 꿈꾸며 오늘도 아이들이 사는 마을로 한 걸음씩 뚜벅뚜벅 걷고 있다.

마을과 함께
만들어가는
교사 문화

이 명 순

✱ 새로운 도전

1989년, 나는 꿈 많은 새내기 교사였다. 특히 대학 때 읽은 서머힐은 내게 부푼 꿈을 갖게 했다. 아이들이 자유롭게 뛰어놀며 배움을 탐색할 수 있도록 교사들이 서로 협력하고 지원하는 따뜻하고 열린 학교! 그런 꿈을 안고 첫 학교에 부임할 때 얼마나 설렜는지 모른다. 그러나 그 꿈은 이내 깨졌다. 모든 것이 낯선데 따뜻하게 맞이하고 하나하나 친절하게 알려주는 선배 교사는 없었다. 늘 곱지 않은 시선으로 거리를 두고 잘못하면 나무라기 일쑤였고, 수업이나 아이들 생활지도, 업무도 모두 알아서 해야 했다. 그때부터 나는 서로 협력하지 않는 교사 문화에 대해서 항상 문제의식을 느껴왔다. 서로 일을 미루고 책임을 지려고 하지 않는 개인주의적이고 보수적인 문화가 항상 답답했기 때문이다. 그래서 나만 그렇게 생각하는지 다른 선생님들의 생각을 물은 적이 있다.

"가장 먼저 생각나는 건 교실 사이에 마치 국경처럼 큰 장벽이 있어서 넘나들기 힘들다는 거예요. 옆 반 아이들 문제가 보여서 얘기하면 무시당한다고 생각하는지 아주 기분 나빠할 때가 많아요. 그러다 보니 저도 반에서 힘든 아이들이 있어도 얘기하기 어려워요. 그런 것도 해결하지 못하는 무능한 교사라고 할 거 같아서요."

"선배들이 후배를 도와주는 것이 아니라 오히려 후배들한테 일을 떠넘기는 거요. 억울하지만 울며 겨자 먹기로 했죠. 그리고 신규 때 아이들과 지내기도 벅찼는데 일을 배워야 한다면서 업무를 많이 줬어요. 그때 정말 힘들었어요."

"우리 반에서 뭔가를 한다고 하면 선배 교사들이 튄다고 뭐라 하죠. 그리고 새로운 시도를 하면 꼭 냉소적인 말이 나와요. 우리도 옛날에 다 해봤는데 안 된다고 하며 후배들의 기를 죽이는 거예요. 또 어떤 걸 제안하면 같이할 생각이 없다고 하고. 그래서 우리 반만 하면 다른 학부모들이 비교한다면서 기분 나빠하죠."

교사 문화에 대한 문제의식이 나에게만 있던 것이 아니라 누구나 느끼는 문제였다는 것을 알 수 있었다. 다행히 나는 운이 좋게도 한솔초에서 여러 경험을 통해 이러한 문제를 어떻게 해결할지 생각하고 실천할 기회가 있었다.

우선 한솔초가 있는 수곡동은 내게 무척 익숙한 장소였는데 교대 4년 동안 이 마을에서 살았고, 아들을 낳아 키우던 2003년부터는 마을 주민이 되었기 때문이다. 그러다 2005년에 한솔초로 처음 부임하게 되었고, 2013년 다시 한솔초로 오면서 교사 인생의 전환점을 맞게 되었다.

2013년 한솔초는 앞의 글에서 서영자 선생이 얘기한 것과 다르지 않았다. 대다수 교사들은 무표정하게 지나가 말을 걸기도 어려웠고, 체육 전담을 하게 된 터라 아이들 문제로 상의할 일이 생겨도 그 반 교실 문을 열고 들어가려면 몇 번이고 망설여야 했다. 그랬던 한솔초의 변화는 아이들의 아픔에 교사들이 함께 공감하면서 시작되었다.

한솔초에서 벌어지는 일진 중학생들의 일탈 문제를 해결해보자고 교사들이 마음을 모았고 아이들이 어떻게 일탈하고 있는지 파악하기 위해 학교 밖 위험지구를 함께 알아보고 학교 주변 마을을 같이 걸었다. 서로 이야기가 통하고 분위기가 풀리자 교사들에게 놀이 모임을 제안했고 그 뒤부터 교사들은 웃는 일도, 할 말도 많아졌다. 그렇게 마음이 열리자 교사들을 갈라놓았던 불공정한 인사에 대해서도 허심탄회하게 이야기가 오고 갔다. 그 결과 공정하고 민주적인 인사 규정을 만들어 관철할 수 있었다. 교사들이 자신의 요구를 표현하고, 서로 배려하며 학교의 운영에 적극적으로 참여하는 과정에서 교사 문화가 바뀌기 시작한 것이다.

이런 교사 문화를 유지하기 위해서는 새로 전입하는 교사들과 함께하는 것도 중요했다. 그래서 새학년 준비 워크숍 기간에 새로운 교사들을 놀이로 환대하고 함께 학구를 둘러보았다. 이런 과정을 통해 서로 친밀해지자 학급에 문제가 생겼을 때도 부담 없이 서로 이야기할 수 있었다.

교사들과 협력하며 여유가 생기자 부모들과 새로운 관계 맺기를 고민하게 되었다. 그래서 놀이로 부모들을 만나고 반 모임도 하고, 학교 엄마들 동아리까지 만들었다. 엄마들 동아리가 활성화되자 아버지들도 참여하게 되어 자발적인 아버지회가 만들어졌고, 그렇게 모인 부모들은 아이들과 교사들의 가장 든든한 협력자가 되었다.

더 나아가 마을 속 교사가 되기 위해 노력했다. 수곡동에 산 지는 오래되었지만, 마을은 그저 잠자는 곳에 지나지 않았다. 그런데 아이를 알고 부모를 알고 마을 사람들을 알아가게 되면서 점점 관심이 가고 궁금해져서 공부도 하고 마을의 여러 문제 해결 과정에 참여하면서 마을 사람이 되었다.

한솔초에서의 경험은 좋은 시민일 때 좋은 교사가 될 수 있다는 말의 뜻을 깨닫게 해준 시간이었고, 2013년부터 한솔초에서 보낸 6년 6개월은 내 교직 생활 가운데 가장 빛나고 행복한 순간이었다. 그래서 민주적이고 협력하는 교직 문화에 대해 고민하는 교사들에게 도움이 되기를 바라는 마음에서 부족한 글솜씨나마 내 경험을 정리해보았다.

❋ 엉킨 실타래와 같은 관계를
놀이로 풀어가고

아이들을 위해 마음을 모은 교사들

2013년, 9월 중간발령으로 한솔초에서 체육 전담을 하게 되었다. 학기 중에 갑작스럽게 발령이 나서 조금 당황했지만, 예전에 근무하기도 했고 마침 평화샘 모임을 같이 하던 후배 서영자 선생이 있어서 위안이 되었다. 학교 분위기가 무겁고 냉랭했지만 둘이 서로 마음이 맞았기 때문에 여러 가지 새로운 시도를 할 수 있었는데 첫 시작은 아이들의 안전을 위해 교사들의 마음을 모은 것이었다. 그것은 중학교 일진 아이들이 우리 학교에서 벌인 생일빵 사건에서 비롯되었다.

10월 어느 날, 퇴근하려는데 중고생들로 보이는 아이들이 운동장 철봉 근처에 모여 있었다. 마침 현관을 나서는 남교사 두 명이 보여 같이 가보자고 했다. 가까이 가서 보니 대여섯 명이 무리 지어 한 아이를 청테이프로 칭칭 감아서 철봉에 묶어놓고 낄낄거리고 있었다.

"너희 지금 뭐 하는 거니?"

"아, 예. 애 생일이라 축하하는 거예요. 그냥 장난이에요."

　말로만 듣던 생일빵을 보는 것이라 잠시 할 말을 잃었다. 정신을 차리고 사진을 찍어도 되냐고 물으니 아이들은 재미있어하며 연출까지 해주었다.

　다음 날 후배 서 선생에게 사진을 보여주자 깜짝 놀라며 이 사건을 학교 차원에서 공유하는 것이 어떻겠냐는 의견을 말했다. 서 선생 말대로 직원회의에서 빔프로젝터로 크게 띄워 보여주자 여기저기서 웅성거리는 소리가 났다. 학교 운동장에서 이런 일이 버젓이 벌어진다는 사실에 모두 놀랐다. 그리고 무엇이라도 해야 하는 것 아니냐는 이야기들이 나왔다. 교사들의 반응이 적극적이어서 아주 반가웠다. 교무회의가 끝나고서도 몇몇 교사들이 더 모여서 이야기했다.

　한 교사가 학교 주변을 순회하자고 제안해서 먼저 마을의 놀이터나

피시방 등 위험지구를 둘러보기로 했다. 그러자 서 선생은 나한테 안내를 부탁했다. 내가 지역 주민이고, 작년에 남편과 같이 위기청소년 문제를 해결하고자 위험지구를 다녀본 경험이 있으니 적임자라는 것이었다. 희망하는 교사들과 함께 나가 1단지 코끼리 놀이터를 지날 때 이곳을 아이들이 '코놀'이라고 부른다고 하자 백 선생이 '아하!' 하는 느낌으로 말했다.

"아, 여기가 코놀이에요? 애들이 '코놀'에서 무슨 일이 있었다고 하면 무슨 말인가 했는데. 늘 차로 다니니까 집과 학교밖에 몰랐는데 이렇게 걸으니까 아이들 사는 데가 보이네요."

그러자 옆에 있던 신 선생이 웃으며 말했다.

"저 어릴 때 이 아파트에서 살았어요."

복도에서 가끔 지나칠 때 늘 표정이 없어 다가가기 쉽지 않은 교사였는데 자기가 살았던 마을을 이야기하자 마음이 열린 것 같았다.

서 선생은 내친김에 지역아동센터도 가보자고 했다. 수곡동에 다섯 개의 센터가 있는데 먼저 학교 가까이 있는 '사랑의 울타리'에 가기로 했다. 2007년 교육복지사업을 하며 알게 된 센터장 안느마리 수녀님은 오랜만에 보는 나를 무척 반기셨다. 그리고 여러 교사와 함께 온 것을 무척 놀라워하며 사무실로 안내한 뒤 울타리 아이들의 이야기를 해주었다. 지역아동센터를 처음 방문했던 6학년 백 선생은 수녀님이 이야기하는 내내 놀라워하고 안타까운 심정을 표현했다. 그리고 센터를 나오며 우리에게 말했다.

"이렇게 헌신하시는 분들이 계시는지 몰랐어요. 이런 곳이 있다는 것도 그렇고. 진즉에 알았다면 예지 같은 아이도 연계해서 도와줄 수 있었을 텐데, 너무 안타까워요."

백 선생은 그 학년에 50일 넘게 등교 거부하며 학교에 오지 않는 예지를 떠올리며 좀 더 어릴 때 도와주지 못한 것을 못내 아쉬워했다. 그 뒤로 백 선생은 학급에 보살핌이 필요한 아이들을 적극적으로 지역아동센터로 연결해주었고, 다른 교사들도 지역아동센터에 대해 알게 되면서 연계하여 보살피는 일이 많아졌다. 이후 한솔초에 교사들이 새로 전입해 오면 학구 나들이를 하며 지역아동센터를 찾아가는 일은 자연스러운 일이 되었다.

동학년이 함께 만드는 합동 체육

2014년에는 4학년 담임을 맡게 되어 학급 아이들과 본격적으로 놀이를 했다. 처음에는 교사 중심으로 이끌어가는 시행착오도 겪었지만 놀아주는 것이 아니라 아이들과 함께 노는 것이란 관점이 생기자 부담이 사라져 내가 먼저 신나게 놀기 시작했다. 그런 내 모습을 본 아이들도 점차 놀이에 빠져들었다. 서 선생이 있는 3학년은 2학년 때부터 지역아동센터와 학급에서 놀이를 해서 학년 전체가 놀이하는 분위기였다. 우리 4학년도 그렇게 되면 좋겠다고 생각하고 있었는데 마침 서 선생으로부터 여름방학에 2학기 교육과정 재구성을 위해 3학년 교사들이 모인다는 말을 듣게 되었다. 그래서 동학년 교사들에게 우리도 교육과정 재구성을 위한 모임을 해보자고 제안하자 모두 흔쾌히 동의했다.

8월, 개학을 앞두고 교무실에 3학년과 4학년 교사들이 하나둘 모여들었다. 자리에 앉아 교과서를 살펴보니 4학년 체육 교과에 전래놀이가 있어서 학습준비물 예산으로 놀잇감을 같이 구입하기로 했다. 그때 옆 반 최 선생이 걱정스러운 표정으로 말했다.

"학교에서 놀이를 가르치라고 되어 있어서 놀랐어요. 저도 어릴 때 고무줄이나 비석치기도 하고 놀았는데 생각이 잘 안 나요."

30대 최 선생은 놀이 경험이 있었지만, 막상 아이들과 놀려고 하니 막막하다고 했다. 어찌할까 이야기를 나누다가 체육 시간 한 시간을 합동 체육으로 하기로 했다. 그렇게 하면 학년 아이들이 함께 놀며 서로 친해질 수 있고 무엇보다 놀이를 알지 못하는 교사의 어려움도 해결할 수 있기 때문이다. 25년 교직 생활에서 교육 내용을 주제로 동료들과 방학 때 미리 모여 본 적이 처음이었다. 그래서인지 교사 협력을 생각할 때마다 나는 이 장면이 가장 먼저 떠오른다.

2학기가 시작되고 첫 합동 체육 시간, 가장 먼저 괴롭힘을 예방하고 갈등 상황이 발생했을 때 세 반이 모두 같은 원칙으로 대처할 수 있도록 평화샘의 '멈춰'를 알려주고 함께 약속했다. 처음이라 같이 노는 경험, 일체감을 공유하기 위해 강강술래의 남생이놀이와 대문놀이를 짧게 했다. 곧이어 달팽이놀이, 사방치기, 땅따먹기 등 자신이 하고 싶은 놀이를 자유롭게 하도록 안내했다.

"달팽이놀이할 사람 여기여기 붙어라!"

"사방치기 할 사람 여기여기 붙어라!"

아이들은 자신이 하고 싶은 곳에 가서 놀기 시작했다. 처음에 교사들은 자신들이 놀이를 이끌지 않고, 놀잇감을 펼쳐놓기만 해도 되는지 무척 걱정되는 눈치였다. 하지만 아이들이 잘 노는 모습을 보면서 편안한 얼굴이 되었다. 달팽이놀이를 처음 해보는 최 선생도 아이들에게 규칙을 묻고 해맑게 웃으며 함께 놀았다.

그 뒤로 교사들은 아이들과 놀기도 하고, 알고 있는 놀이를 가르쳐주며 신나는 합동 체육 시간을 보냈다. 특히 아이들과 놀며 고무줄 감각을 되찾은 최 선생 이야기가 인상적이었다.

"같이 놀다 보니까 생각이 나는 게 신기했어요. 우리 반, 옆 반 아이 할 것 없이 저한테 와서 고무줄을 알려달라고 하는데, 그것도 좋았어요."

최 선생 말에 백 선생도 환하게 웃으며 말했다.

"사실 선생님이 아이들에게 맡겨보자고 할 때 걱정이 많았죠. 교사가 이끌지 않아도 60명이 넘는 아이들이 알아서 논다는 것이 믿기지 않았거든요."

합동 체육으로 놀이를 하니 예상치 못한 효과도 있었다. 우리 반 아이들이랑 놀 때는 온전히 자신이 하고 싶은 놀이를 다 하기가 어려웠다. 한 반의 아이들이 20명이 조금 넘는 정도였기 때문에 서로 다른 놀이 요구를 담기엔 인원이 부족했기 때문이었다. 그런데 합동 체육으로 60명 넘는 아이들이 모이게 되니 놀이 목록의 다양성이 확보될 수 있었다. 그만큼 아이들의 만족도는 높았다.

놀이로 하는 합동 체육은 스포츠 강사도 좋아했다. 처음에는 상이 잘 잡히지 않는지 갸우뚱했지만, 아이들이 여기저기에서 즐겁게 노는 모습을 보고는 자기도 구슬을 집어 아이들과 함께 어울려 놀기 시작했다. 스포츠 강사에게 놀이로 하는 자율적인 체육 시간에 대해 어떻게 생각하는지 물었다.

"처음에는 제가 하는 게 없어서 좀 그랬죠. 그런데 평소 제가 하던 체육 수업보다 운동량이 훨씬 많더라고요. 제가 수업할 때는 보통 한 가지 기능을 익히려고 시범 보이고 줄 서서 자기 차례 기다리면 몇 번 안 해도 끝나거든요. 그런데 이렇게 노니까 곳곳에서 한 시간 내내 움직이더라고요. 그것도 하고 싶어서 하는 거니까 더 좋죠. 저도 어렸을 때 생각나고요."

새로운 문화 창조, 교직원 놀이 워크숍

2014년에 내가 적극적으로 놀게 된 것은 여러 계기가 있었다. 놀이에 대한 내 관점이 바뀐 것과 더불어 평화샘 프로젝트를 실천하는 교사 세 명이 함께 근무하게 된 점이 크게 작용했다. 3월 첫 만남 때 늘 우리 반만 운동장에서 놀기 일쑤였는데 세 반이 나와서 놀게 되니 든든하고 학교생활에 대한 기대가 커졌다. 3, 4학년에서는 합동 체육으로 반을 넘나들며 함께 놀고 아이들 문제도 허물없이 이야기 나누는 사이로 발전해갔고, 고무줄놀이를 잘하는 김 선생이 있는 5학년에서도 동학년이 함께 놀이하고 협력하는 분위기가 만들어지고 있었다. 놀이하는 학년이 늘면서 우리는 학교 차원에서 모든 교사와 아이가 함께 노는 것을 고민하게 되었다.

그래서 2학기 컨설팅 장학의 주제를 놀이로 하고, 외부 전문가에게 배우는 방식이 아니라 우리 안의 자원을 나누는 형태로 제안해보기로 했다. 마침 합동 체육을 하며 놀이의 힘을 느낀 신 선생이 연구부장이라 쉽게 추진되었다. 저학년에서는 서 선생이, 고학년에서는 김 선생이 운영했고 교과서에 나오는 놀이 목록을 활용해서 자신이 알고 있는 놀이를 표시하고 이야기를 나눴다. 각자 알거나 해본 놀이 이야기를 해보니 50대 선배 교사들은 거의 대다수 종류의 놀이를 알고 있었다. 반면 20대 젊은 교사들은 이름만 들어봤거나 전혀 모르는 놀이가 대부분이었다. 이야기를 나누며 4~50대 교사들은 젊은 교사들이 이렇게까지 놀이 경험이 없는 줄 몰랐다며 깜짝 놀랐다. 여러 세대에서 공유하던 경험이 단절된 이런 상황을 평화샘에서는 '세대 간 기억상실'이라고 한다. 그래서 선배 교사들이 놀지 않으면 아이들이나 젊은 교사들이 놀 수 없다는 것을 알게 되었고, 이 문제를 해결하기 위해서 놀이 워크숍을 제안하게 되었다.

10월 14일 화요일, 첫 놀이 워크숍이 열렸다. 이날 고무줄놀이를 했는데, 50대 여교사가 "우리는 이렇게 했는데." 하면서 팔짝팔짝 뛰었다. 그 모습을 보자 참석한 모든 교사가 박수와 환호를 보냈다. 그리고 너도나도 배우겠다며 따라 하고 물어보면서 자연스럽게 놀이판이 펼쳐졌다. 고무줄놀이를 처음 보는 젊은 남교사도 펄쩍펄쩍 뛰며 따라 배웠다.

"너무 신기해요."

"이거 운동 엄청나게 되는데요. 체육 시간에 하면 좋겠어요."

젊은 교사들은 신기해하며 따라 배웠고, 놀이를 알려주는 선배 교사들도 흐뭇해하며 모두가 즐겁게 놀았다. 신나게 놀고 나서 2주에 한 번씩, 화요일마다 교직원 놀이 워크숍을 하기로 결정했다.

두 번째 놀이 워크숍, 자치기를 하기로 한 날이었다. 교장 선생님이 한 손에 톱을, 다른 한 손엔 어미자와 새끼자를 들고 나타나 교사들을 깜짝 놀라게 했다. 오전에 교장실에 찾아가서 놀이 방법을 여쭤봤던 나 역시 놀라기는 마찬가지였다. 두 번째 워크숍에서 자치기를 하기로 했지만, 어렸을 때 제대로 놀아봤다는 사람이 없었다. 그래서 우리 학교에서 가장 연장자인 교장 선생님은 하지 않았을까 짐작하며 찾아갔던 것이었다. 그런데 예상 밖으로 교장 선생님은 기억이 안 난다며 손사래를 쳤다. 하는 수 없이 서로의 기억 조각을 맞춰 놀아볼 생각을 하고 있었다. 그런데 교장 선생님은 내가 나간 뒤 인터넷에서 자치기 방법을 찾아보면서 어린 시절 놀이가 기억이 났다고 했다. 그래서 창고에서 톱을 챙겨 학교 옆 손바닥 공원에 가서 직접 어미자와 새끼자를 잘라 온 것이다. 조금 멋쩍어하면서 등장한 교장 선생님은 어렸을 때 놀던 방법으로 자치기 시범을 보였다.

"우리는 날리기 전에 물었어요. '해여?' 그러면 수비가 '해여!' 하면 자를 날렸어요."

교장 선생님의 충청도 말투가 재미있었다. 우리는 그저 놀이 방법을 배우려고 했는데 공격과 수비가 서로 구수한 사투리로 대화하며 놀이했다는 것을 알게 되니 신기한 느낌이 들었다. 그렇게 배운 방법으로 편을 나누어서 놀이를 시작했다. 교장 선생님이 공격할 차례가 되었다.

"해여?"

그러자 수비팀이 다 같이 대답했다.

"해여!"

교장 선생님이 새끼자를 날렸다. 수비팀에서 물었다.

"몇 자?"

교장 선생님은 새끼자가 날아간 위치까지 거리를 가늠하더니 같은 팀과 상의했다. 수비였던 우리는 거리보다 넘치는 수를 부르며 상대 팀을 꾀었지만, 교장 선생님은 안전하게 점수를 내기로 마음을 정했는지 "두 자!" 하며 크게 외쳤다. 그러자 나를 포함한 수비팀이 교장 선생님을 향해 다 같이 외쳤다.

"처먹어!"

'처먹어!'라는 말은 공격팀이 거리를 넉넉하게 남기고 점수를 부르면 수비팀에서 굳이 거리재기를 하라고 하지 않고 점수를 가져가라는 뜻이라고 교장 선생님이 알려준 말이었다. 교장 선생님을 향해 "처먹어!"를 외치던 그 순간은 아주 특별했다. 놀이하면서 교장과 교사, 교사와 직원이라는 거리, 선배와 후배의 거리가 사라진 순간이기 때문이다. 평등한 우리가 된 순간, 관계의 전도가 만들어내는 해방감을 모두 경험하는 계기였다. 덕분에

자치기를 처음 하는 교사들이나 자치기를 많이 해본 배움터지킴이 선생님까지 신나게 함께 놀면서 웃음꽃이 끊이지 않았다. 놀이 워크숍을 마치고 교실로 들어오며 한 교사가 아쉬운 듯 말했다.

"일주일에 한 번씩 이렇게 놀면 좋겠어요. 운동도 되고, 서로 친해지기도 하고."

2014년 2학기에 시작한 교직원 놀이 워크숍은 2015년까지도 계속 이어졌다. 이렇듯 놀이하는 어른들의 공동체가 만들어지니 학교에는 많은 변화가 생겼다.

가장 눈에 띄는 것은 교사들이 서로의 교실을 부담 없이 드나들게 된 것이다. 그러자 학교 구성원들의 마음을 모아 결정해야 그 과정이 빨라졌다. 행복씨앗학교 준비교 신청 여부 결정이나 인사위원회 규정을 만드는 과정 등에서 특히 그랬다. 서로의 마음이 열리고 편안해지자 학교생활에서 신이 날 때가 많았다. 한 해 마무리와 시작을 놀이로 하자는 흐름도 만들어졌다. 겨울방학을 앞두고 교직원들이 모두 체육관에 모여 한 해 마무리를 윷놀이로 했고 새로운 교사가 오는 2월에는 같이 놀며 환대하는 문화도 시작되었다.

교사들의 힘으로 바꾼 인사위원회

학교에서 교사들을 가장 힘들게 하는 것 중 하나가 불공정한 인사이다. 그래서 한솔초에서는 바람직한 인사위원회 구성을 위해 인사로 인한 상처에 대해서 먼저 이야기했다.

"한솔로 오던 첫해에는 젊은 교사들에게는 거의 폭탄 수준의 업무를 줬어요. 동학년 부장이나 다른 사람들한테 괜히 미안하고 불편했어요. 다음 해에는 교장이 당사자들의 의견을 묻지도 않고 마음대로 바꾸는 바람에 교사들 불만이 엄청났죠."

"2월 교직원 워크숍 하러 오는 차 안에서 교감 선생님께 전화를 받았어요. 생활부장 할 사람이 없다고 무조건 해야만 한다고 하는데 거절할 수가 없었어요. 그런데 일이 힘들어지면 괜히 선생님들 원망을 하게 되더라고요."

속에 담아두었던 이야기를 하며 상처를 드러내자 자연스럽게 문제해결의 방향이 보였다. 인사위원회 규정을 확인하고 기준과 원칙을 분명하게 짚었다. 하지만 부족한 내용이 있었다. 그래서 신규 교사는 되도록 힘든 학년이나 과중한 업무를 주지 말자거나 임신한 교직원의 모성보호를 고려하자는 약자를 위한 내용 등 규정에 항목도 새로 넣었다. 그렇게 초안을 만들어 전체 교직원 회의를 통해서 논의했는데 결정하는 데 긴 시간이 걸리지 않았다. 인사위원도 나이, 학년, 남녀 비율 등을 고려하여 고루 들어가도록 했고, 인사위원회에 참여하는 원칙도 합의하여 누가 인사위원이 되어도 지키자고 했다. 인사위원회는 교사들의 희망을 최우선으로 고려하고, 조절해야 할 경우는 당사자의 의견을 최대한 듣기로 했다. 그리고 인사위원들도 내 밥그릇만 챙기는 것이 아니라 가능하면 다른 사람이 맡기 어려운 업무를 한다는 생각으로 들어가자고 마음을 모았다. 교장도 이런 제안을 적극적으로 받았다. 이렇게 사전에 조율하자 2015년 2월, 인사위원회를 30분 만에 끝낼 수 있었다. 그때 얼마나 상쾌하고 시원했던지.

이때 바꾼 민주적 인사위원회는 한솔초의 문화가 되어 지금까지 이어지고 있다. 이런 분위기에서 2017년에 전입했던 한 선생님은 한솔초의 첫날 느낌을 이렇게 말했다.

"전에 근무했던 학교에서는 이미 결정된 사항을 전달받는 것이라 내 이야기를 들어주거나 반영될 거라는 기대가 없었어요. 그런데 모두 같은 무게로 결정하고 이야기를 할 수 있는 분위기가 충격이었어요."

이처럼 한솔초에서 달라진 교사 문화 가운데 교사들은 자신의 목소리를 내고 반영되는 것이 가장 좋았다고 했다. 특히 다른 학교로 전근 갔을 때 다시 부딪히는 학교 안의 숨 막히는 권위주의와 관리, 통제가 너무 힘들었다고 했다. 그러면서 모든 학교가 한솔초처럼 되기를 바란다고 했다.

아이들의 목소리에 반응하는 교사

인사위원회를 바꿔본 교사들은 학교 안에 문제가 생기면 모여서 의논

하고 해결하려고 하는 것이 자연스러워졌다. 그중에서도 새로 전입한 교사까지 포함해서 젊은 교사들이 폭력 교사로 힘들어하는 아이들의 아픔에 공감하며 해결하려고 나섰던 일은 지금도 잊을 수가 없다.

2016년 2학기 개학 날, 교감 선생님이 5, 6학년 교사들을 모이라고 하더니 1학기에 휴직했던 강 선생이 5, 6학년 체육 전담으로 오게 되었다고 말했다. 갑작스러운 교감 선생님의 말에 교사들은 무척 당황했다. 왜냐하면 강 선생은 3학년 반 아이들에 대한 폭력 문제로 1년 동안 휴직한 후 다른 학교로 가기로 했기 때문이다. 그것은 교장 선생님이 학부모들에게 한 약속이었다. 그런데 난데없이 5, 6학년 전담으로 온다니 교사들은 반대하고 나설 수밖에 없었다. 더구나 6학년 아이들은 4학년 때 강 선생의 폭력으로 무척 힘들어했던 아이들이었다. 교사들이 반발하자 교감은 난처해하며 다른 학년으로 돌리려고 했다. 그러나 그 학년도 마찬가지였다. 결국 이 문제는 몇몇 학년만의 문제가 아니기에 교장 선생님까지 참여한 교무회의에서 논의하기로 했다. 6학년 부장인 김 선생이 말문을 열었다.

"지금 6학년 아이들도 강 선생님에게 상처가 많아요. 애들도 힘들 것이고 학부모님들 반발이 만만치 않을 거예요."

김 선생의 말에 다른 6학년 교사들도 아이들이 강 선생 때문에 엄청 힘들었다면서 복직을 반대했다. 그러자 4학년 교사들도 그 선생님 때문에 아이들이 1학년 때 너무 힘들어했다는 이야기를 많이 들었다고 했다. 그런데도 교장 선생님이 굽히지 않고 무조건 밀어붙이자 6학년 교사들은 어떻게 하면 좋을지 의논했다. 아이들이 이 문제의 당사자들이니 이 상황을 알리고 자신이 겪은 일, 그리고 그때 들었던 마음, 느낌을 충분히 표현할 수 있도록 하자고 했다.

학교에서 동료 교사와 문제가 생기면 대다수 회피한다. 늘 얼굴을 봐야 하는 사람들끼리 문제 제기하는 것이 쉬운 일이 아니기 때문이다. 그러나 한솔초 6학년 담임교사들은 용기를 내어 자신들의 곤란함보다는 아이들의 아픈 목소리에 귀를 기울였다. 새로 전입한 교사도 함께 나설 수 있었던 것은 누군가 목소리를 낼 때 서로를 지지할 것이라는 믿음이 형성되었기 때문일 것이다. 이러한 교사들의 연대와 협력은 아이들에게도 영향을 주었다. 담임과 교장 선생님에게 강 선생이 체육 전담으로 온다는 소식을 들은 아이들은 복직에 반대하고 나섰다. 그리고 몇몇 아이들이 나서서 6학년 전체 친구들의 서명을 받고, 교장실로 찾아가 자신들의 의견을 전달했다. 그 상황을 한 아이의 부모한테서 들을 수 있었다.

"교장 선생님과 이야기할 대표를 각 반에서 1명씩 선출했대요. 각 대표가 질문하고, 누구는 녹음하고, 누구는 영상을 찍자며 역할을 나눴고, 교장 선생님과 대면할 때 원칙도 이야기했다고 해요. '아까 민준이가 이야기를 할 때 또 다른 애가 질문을 하니까 교장샘이 말 못 했잖아. 그러니까 질문 끝나고 교장 선생님이 답변이 끝나면 질문하기로 하자.'라고. 그렇게 준비한 뒤 교장실에는 3명의 대표와 20여 명의 아이가 들어가고 30여 명의 아이는 복도에서 상황을 지켜봤대요. 그런데도 교장 선생님이 꿈쩍 안 하니까 언론 담당 아이가 그랬나 봐요. 언론에도 알리겠다고.

그랬더니 교장 선생님이 창피하니까 밖에다 얘기하지 말라고 했다는 거예요. 교장 선생님이 아이들한테 할 말인가요? 결국 아이들은 밖으로 나왔고 여기저기 흩어져서 분한 마음에 다 울었대요. 딸아이도 울면서 저에게 전화했어요. '선생님도 반대하고, 우리도 반대하는데, 선생님들이 얘기해도 안 되고, 우리도 안 되고. 엄마가 도와줘. 학부모가 희망이야.'

그때 제 마음이 무너졌죠. 막무가내인 교장 선생님에게도 화가 났지만 무엇보다 그동안 아이가 힘들다고 할 때마다 네가 잘못해서 그런 거니 더 잘하라고 채찍질했던 나에게 너무 화가 났어요. 그래서 지금이라도 아이를 돕기 위해 나섰어요."

이 말을 들으면서 나도 가슴이 먹먹해져 눈물이 났다. 이 아이들이 4학년 때 우리 반 민국이가 전담실에 가기 싫다고 하면서 운 적이 있었다. 그래서 강 선생을 찾아갔지만 '당신과는 교육관이 다르다'라며 내 얘기를 받아들이지 않았고 더 어쩌지를 못했다. 아이들이 힘들어하는 문제를 해결하기보다는 정면으로 나설 때 맞닥뜨려질 상황이 더 두려웠다. 그때 상황이 떠오르자 너무 미안해서 나도 아이들을 위해 뭔가를 하지 않으면 견딜 수가 없을 것 같았다. 먼저 민국이를 찾아가 사과했다.

"그때 도와주지 못해서 정말 미안해."

"그러게요. 도와주셨어야죠."

민국이 말에 가슴이 턱 막히고 눈물이 날 것 같았다.

"내가 지금이라도 어떻게 하면 좋겠니?"

"그 선생님은 오실 것 같고요. 조금이라도 잘못을 하면 법대로 할 건데, 그때 도와주세요."

그 말에 나도 이제는 외면하는 일은 없을 거라고 약속을 했다. 엄마들의 심정도 그랬을 거다. 그 뒤 엄마들은 아이들과 함께 교장실에 찾아가 요구사항을 이야기했다. 아이들, 교사, 부모 모두의 목소리를 외면한 교장은 운영위원장을 움직여 복직을 강행하려고 하다 더 큰 반발을 불러일으켰다. 부모들이 교육청에 항의했고 결국 강 선생은 다시 휴직하는 것으로 결정이 났다. 만약 강 선생이 오게 된다면 아이들은 수업거부와 함께 교육청과 인권위에까지 진정할 생각이었다고 했다.

아이들은 평온을 찾았고 학부모들은 운영위원장에게도 당당하게 말하는 교사들에 대해 감사와 신뢰를 보냈다. 이 사건은 가장 가슴 아프면서 가장 자랑스러운 일이었다. 어른들이 제대로 하지 못해 아이들에게 상처를 주기도 했지만 교사들이 소위 동업자 의식에서 벗어나 진짜 교사로서 아이들을 위해 나선 역사적 사건이기 때문이다. 부모들도 협력해서 아이들을 보살피는 경험을 갖게 되면서 교육 주체 간에 서로에 대한 믿음을 갖게 된 것이 이 사건을 통해 우리가 얻은 놀라운 성취였다.

✼ 부모와 협력 관계 만들기

놀이로 만난 부모들

"3월 학부모 상담이 있기 며칠 전부터 잠이 안 와요. 아직 아이도 잘 모르는데 뭘 말해야 할지 난감하죠."

"학부모님한테 전화가 오면 가슴이 철렁해요. 또 무슨 일로 꼬투리를 잡으려나 하는 생각이 먼저 들죠."

"아이에게 문제가 생겨 연락을 해야 하는데 전화기 앞에서 몇 번을 망설이다 겨우 해요. 다행히 부모가 우호적이면 괜찮지만 그렇지 않을 때가 많잖아요?"

나이를 먹어가면서 어느 정도 편해지기는 했지만, 학부모를 만나는 것은 늘 긴장되는 일이다. 나뿐만 아니라 교사들 대다수가 그럴 것이다. 부모라고 어렵지 않을까? 그래서 교사와 부모 관계는 마치 살얼음판처럼 불안하다. 그런데 이런 교사, 부모 관계에 변화가 생긴 것은 학부모 상담 때 놀이를 하면서부터이다.

2015년 3월, 5학년 우리 반 부모들과 놀이하기로 마음먹고 부모들을 기다리던 날은 어느 때보다 긴장되었다. 이날 오신 분들은 모두 엄마들이었는데 잘 차려입고 오신 분들에게 오늘 학부모 상담을 놀이로 시작하겠다고 하니 어리둥절한 표정을 지었다. 하지만 비석을 나누어주고 놀이를 시작하자마자 언제 그랬냐는 듯이 놀이에 푹 빠져 환호성을 지르고, 깔깔거리며 웃기도 했다.

"노느라고 시간 가는 줄 몰랐어요."

"비석치기 이름만 기억나고 놀이 방법이 전혀 기억 안 났는데 놀다 보니 새록새록 어렸을 적 기억이 떠오르며 너무 좋았어요."

"어머님들을 다 처음 뵙는데 너무 편하고 즐거운 시간이었어요."

놀이가 끝나고 둘러앉자 엄마들은 너도나도 소감을 말하며 이야기꽃을 피웠다. 그러다 자연스럽게 어릴 때 놀이 경험과 고향 이야기를 하게 되었다. 민지 엄마가 옥산이 고향이라고 하자 현수 엄마가 눈을 동그랗게 뜨고 말했다.

"옥산이요? 나는 강 건너 상대리인데. 그 마을하고 번갈아 다리 놓고 그랬잖아요?"

"맞아요. 저보다 언니이신 거 같은데, 고향 언니를 만날 줄 몰랐어요."

놀이로 마음을 연 부모들은 한 달에 한 번 놀이 모임을 같이하기로 했고, 민지 엄마와 현수 엄마는 같은 아파트 단지에 살면서 언니 동생 하는 사이가 되었다. 다른 엄마들도 '누구 엄마'가 아니라 '언니'라고 부르며 친해졌다.

이렇게 1년을 꾸준히 놀이 모임을 하면서 부모들을 만나는 것이 자연스러워졌고 자신감이 생겼다. 다른 주제로 부모 모임을 할 때는 중간에 모임이 끊기는 경우가 많았는데 놀이로 모임을 하니 교사인 나와의 관계도 쉽게 열리고 부모들끼리도 더 적극적으로 모이면서 학년말까지 좋은 분위기가 계속되었다.

부모들의 놀이 모임에 아이들도 같이 와서 놀았는데 아이, 부모, 교사가 함께 놀게 되니 부모도 '내 아이'에서 '우리 아이들'이란 생각으로 바뀌었다. 아이의 친구들을 잘 알게 되니 아이와 일상적 대화가 가능해졌다고 좋아했다. 놀이하는 모습을 보면서 자신의 아이 문제를 발견하면 나에게 이야기해서 함께 풀려고 했다. 모임을 지속하며 일상적으로 만나는 관계가 되자 부모들도 나를 믿고 편하게 고민을 이야기할 수 있게 된 것 같았다. 그렇게 고민을 나누는 부모들 덕분에 아이를 제때 도울 수 있어 무척 든든했다. 많은 교사가 문제가 생긴 다음에 학부모를 만나는 경우가 많은데, 이렇게 부모와 좋은 관계를 맺게 되면 교사와 아이들과의 관계도 좋아지고 문제가 생겼을 때 서로를 이해하면서 풀어갈 수 있는 장점이 생긴다.

대체로 저학년보다 고학년으로 갈수록 부모 모임이 잘 되지 않는 편인데, 그 어느 해보다 부모들의 든든한 지지 속에서 학급 운영을 할 수 있었고 참 많은 것을 시도해볼 수 있었다. 그 경험을 바탕으로 해마다 학년 초가 되면 부모들과 놀이로 만나고 놀이를 중심으로 한 학급 모임을 제안하여 진행했다. 그리고 부모들에게 마을 놀이터에서 진행되는 목요놀이를 소개하고 함께 놀았다.

학급 차원의 부모 모임 경험을 바탕으로 2017년에는 학교 차원의 부모 동아리도 운영했다. 부모 동아리 엄마들은 어떤 주제로 모일 것인가를 여러 번 논의한 끝에 마을의 목요놀이에 참여하여 아이들과 놀고, 일상적으로 간식을 마련하거나 단오나 추석 등 세시에는 먹을 것도 만들어서 나누기로 했다. 그렇게 열린 공간에서 일상적인 놀이판이 지속되자 아빠들도 오게 되고, 아버지회까지 만들어지게 되었다.

아빠들의 자발적 모임, 아버지회

어느 날, 목요 놀이터에서 놀고 있는 아들을 데리러 온 민규 아빠는 어릴 때 자기가 가장 좋아했던 오징어진놀이로 아이들을 이끌었다.

"오징어!"

"육개장!"

'오징어' 하면 '육지'라고 해야 하는데 수비팀인 민규 아빠가 육개장이라고 하자 모두 어리둥절해했다.

"하하하! 육지 말고 다르게 대답하면 다시 '오징어!'하고 외쳐야 해."

공격팀 아이들이 다시 외쳤다.

"오징어!"

"육지!"

그러자 공격팀이 슬금슬금 움직이고 놀이가 시작되었다.

이날 이후 아이들은 목요놀이에서 민규 아빠만 보면 오징어진놀이를 하자고 매달렸다. 아이들과 놀이 친구가 된 민규 아빠는 목요놀이에도 꾸준히 나왔다. 그리고 뒤이어 참여한 은진이 아빠와 서로 마음이 맞아 형, 동생 하는 사이가 되었다. 두 아빠는 엄마들이 동아리를 만들어 단오나 추석 때 목요놀이에 나온 아이들에게 음식을 해주는 것을 보고는 아이들이 좋아하는 떡볶이나 어묵탕 등 간식을 직접 만들어주었다. 그래서 목요놀이는 늘 풍성하고 따뜻했다. 아이들은 떡볶이를 잘 만들었던 은진이 아빠를 '어묵 아저씨', 정월대보름 축제 때 쥐불놀이를 준비했던 민규 아빠를

'불 아저씨'라고 불렀는데, 두 아빠는 아이들이 불러주는 별명을 들을 때마다 입이 귀에 걸렸다.

"이왕 놀 거 밤새워 놀면 어때요?"

신이 난 두 아빠는 학교 운동장에서 1박 2일 캠프를 하고 싶어 했다. 아빠들의 바람은 교장 선생님의 반대로 늦은 밤까지만 노는 것으로 합의되어 〈가족이 함께하는 가을밤 놀이마당〉을 하게 되었다.

가을 햇살이 따사로운 10월 오후, 한솔초 행사 가운데 운동회 다음으로 가장 많은 사람이 운동장에 모였다. 먹을 것부터 놀이 진행까지 모두 부모들이 하기로 했다. 강당 쪽에는 은진이 아빠가 만드는 떡볶이에서 김이 모락모락 올라왔다.

"내 새끼 친구들이 먹는 거니 좀 더 많이 준비해서 가자!"

아빠들은 내 아이 네 아이 모두 잘 먹이고 싶어 푸짐하게 재료를 준비해 왔다.

먹을 것을 나누고 민규 아빠가 큰 소리로 '무궁화꽃이 피었습니다'를 외치자 놀이마당이 시작되었다. 운동장에 가득 모인 200여 명이 동시에 멈췄다가 다시 움직이기를 반복하며 일사불란한 모습은 정말 장관이었다. 그리고 평소 하던 대로 여기저기 흩어져 비석치기, 제기차기, 오징어진놀이를 했다. 놀이마당은 밤이 깊도록 이어졌고 민규 아빠, 은진 아빠 외에도 많은 아빠가 나왔는데, 모닥불이 꺼질 때까지 남아서 뒷정리도 하며 서로 다음 만남을 약속했다.

그때 모였던 부모들은 두 번째 열린 2018년 3월 정월대보름 쥐불놀이도 적극적으로 준비했다. 그리고 나아가 아버지들은 4월에 아버지회를 출범시켰다. 이렇게 놀이하며 친해진 부모들은 힘든 일도 놀이처럼 했다. 부모들이 즐거우니 아이들은 말할 것도 없었다. 이렇게 부모와 아이들이 일상적으로 놀고 단오, 추석, 대보름 등 세시풍속을 함께 챙기자 학교는 살아 숨 쉬는 것 같았다.

부모, 아이들과 교사들의 든든한 동반자

오랜 시간 아이들, 교사, 부모가 함께 협력하면서 학교 문화를 바꾸고 있었던 한솔초에 위기가 왔다. 2018년, 새로 부임해 온 교장은 어려운 지역 아이들의 학력을 높이기 위해 왔다는 이야기를 공공연하게 하면서 부모들의 불안을 부추기고 놀이하는 교사들에 대한 반감을 조장했다. 그리고 세월호 4주기 추모행사를 둘러싸고 심각한 갈등을 만들었다.

당시 전교어린이회에서는 세월호 4주기를 앞두고 예년처럼 전교생과 함께 추모할 세월호 리본 만들기를 하겠다는 안내문을 곳곳에 붙였다. 교장은 교감을 시켜 안내문을 떼게 하고 어린이회 담당 교사 경 선생을 불렀다. 아이들이 스스로 한 것이 맞는지 심문하듯 다그치면서 노란 리본과 현수막은 정치적 산물이니 추모행사에서 빼라고 했다. 경 선생한테 그 이야기를 듣고 안전부장 김 선생과 교무부장인 나는 교장을 찾아갔다.

"세월호 리본을 정치인들이 많이 하고 다니기 때문에 정치적 중립지역인 교육 공간에서는 부적절합니다. 그냥 학급에서 조용히 추모하세요."

교장의 말에 교육청 공문까지 보여주며 교육청에서 정한 안전의 날 행사이고 전교어린이회의 자발적인 회의 결과라는 것을 이야기했지만 막무가내였다. 결국 교장은 전교어린이회 임원들을 불러 정말 스스로 결정한 일이 맞냐고 추궁했다. 아이들은 분노했고 이 사실을 알게 된 부모들은 교장에게 강력하게 항의했다.

교장은 부모들을 이간질하기도 했다. 그동안 협력해왔던 부모들이 서로 반목하게 되어 오랜 시간 동안 만들어 온 한솔초의 협력문화가 흔들리는 순간이었다. 다행인 것은 대다수 부모는 교사들을 지지해서 아이들과 교사 뒤에서 든든한 버팀목이 되어주었다. 그래서 추모행사는 예정대로 진행될 수 있었다. 그리고 바로 있었던 한솔 한마당도 성대하게 진행되었다. 하지만 관리자들은 참여하지 않았다. 교장은 병가를 냈고, 교감은 교무실에서 나오지 않았다. 그 일 이후 관리자들은 한솔 교육 주체로부터 신뢰를 잃었다.

사사건건 교장과 부딪히면서 교사들과 부모들은 조금씩 지쳐갔다. 교장의 영향력이 센 우리나라는 교장에 따라 학교의 많은 것이 달라질 수 있다는 것을 다시 절감하게 되었다. 교장이 교사들을 믿고, 놀이의 힘을 믿고 지지할 때와 그렇지 않을 때의 학교는 너무 달랐기 때문이다. 그래서 구성원들이 추구하는 것을 지지하고 학교와 지역을 연결하는 다리 역할을 하는 교장을 뽑는 방법을 모색했다. 교육청과 협의하여 마을배움길 자율학교를 신청하여 선정되었고, 교장공모제도 진행할 수 있었다. 공모제에 대한 자세한 이야기는 뒤에 윤재화 교장 선생님의 글에서 다룰 것이다.

❋ 목요놀이에서 뿌려진 씨앗이 마을 축제로

"도시 한복판에서 쥐불놀이했다고요? 그게 가능해요?"

마을에서 목요놀이가 시작되고 2년째 되던 2016년 2월 정월대보름날, 한솔초 운동장에 400여 명의 마을 주민, 아이들, 부모들이 모였다. 구호 소리에 맞춰 하늘 높이 불 깡통을 던지고, 손을 맞잡고 빙빙 돌며 강강술 래를 하면서 우리는 모두 하나가 되는 일체감을 느꼈다. 이런 축제가 어떻 게 가능했을까?

그것은 한솔초와 마을이 함께 축적해온 과정이 있었기 때문이다. 교 사, 부모들이 마을에서 놀이하고, 마을의 어른들이 모여 놀면서 아이들을 위해서 가장 좋은 일이 무엇인가를 함께 합의하며 지역을 설득하는 과정 이 있었다.

지역사회 어른들의 놀이마당

2014년 10월 어느 날 오후, 가을 햇살이 유난히 따사로운 날이었다.

어른들 10여 명이 한솔초 운동장에 모였는데 단정한 원피스에 뾰족구두를 신은 분도 있었고, 정장을 차려입은 분도 있었다. 지난 6월 네트워크 워크숍에서 '마을이 공동체가 되려면 놀이가 살아야 하고 그러기 위해서는 먼저 어른들이 놀아야 한다'라는 문재현 소장님의 이야기에 공감해 한솔초 운동장에 모여 놀이마당을 열게 된 것이었다.

처음엔 서로 바라만 볼 뿐 어색함이 감돌았는데 구슬치기가 시작되자 굳어 있던 얼굴에 웃음꽃이 피었다. 구슬치기 놀이를 하면서 몸이 풀렸는지 그 뒤 비석치기와 자치기, 고무줄을 할 때는 펄펄 날아다녔다. 특히 나이 지긋한 여자들의 고무줄놀이는 어른, 아이 할 것 없이 다 모여들게 하는 힘이 있었다.

"금강산 찾아가자 일만 이천 봉~"

5학년 김 선생이 먼저 고무줄을 시작하자 고무줄 옆에 있던 사람들은 자연스럽게 노래를 따라 불렀다. 김 선생이 금강산을 끝내자 모두 손뼉을 쳤다. 박수 속에서 산남종합사회복지관장이 고무줄을 하려고 나섰다. 순식간에 어깨높이까지 이어지는 복지관장의 고무줄 실력에 모두 환호했다.

"관장님, 고무줄 여왕이었죠?"

"호호호, 제가 한 고무줄 했죠."

점잖게 보였던 복지관장이 친근한 언니가 된 순간이었다. 고무줄놀이를 마지막으로 놀이가 끝나자 둥글게 마주 보고 서서 소감을 나누었다.

"정말 맘 편하게 신나게 놀았어요."

"놀다 보니 어릴 적 추억이 새록새록 생각났어요."

"온 동네 안 다닌 데가 없죠. 골목에서 들로 산으로. 마을이 온통 놀이터였죠. 그 속에서 사람들과 살아가는 법을 배운 거 같아요."

"우리는 신나게 놀면서 세상을 배웠으면서 놀이를 잃어버린 요즘 아이들에 대하여 무심했던 것이 너무 미안해요."

표현은 조금씩 달랐지만 모두 우리 마을 아이들을 위해 무엇인가 하고 싶다는 것이었다. 그리고 그다음 해에 부모들이 정월대보름 한마당을 하자고 할 때 모두 팔을 걷어붙이고 나섰다. 그래서 만들어진 것이 쥐불놀이 한마당이었다.

도시 한복판에서 흥겨운 쥐불놀이

"하나, 둘, 셋! 발사!"

진행자가 큰 소리로 외치자 깡통의 불꽃이 포물선을 그리며 날아갔다.

"와!"

2016년 2월, 사람들의 우렁찬 함성과 함께 어둠이 내린 운동장에 작은 불꽃이 여기저기 피어올랐다. 아직 쌀쌀했지만, 한솔초 운동장은 뜨거운 열기로 넘쳤다. 가족들이 함께 오거나 친구들끼리 손을 잡고 오거나, 선생님과 함께 온 지역아동센터 아이들 등 많은 사람이 극단 새벽 단원들의 안내에 따라 질서 있게 깡통을 돌렸다. 사람들은 던진 깡통이 땅에 모두 떨어지면 얼른 달려가 잔불을 껐다. 그러면 다시 뒤편에서 기다리던 사람이 줄을 맞춰 '하나, 둘, 셋' 소리에 맞춰 깡통을 던졌다. 예상보다 훨씬 많이 온 사람들을 보며 어떻게 쥐불놀이를 할까 걱정했는데 그것은 괜한 걱정이었다.

강당 앞에는 따끈따끈한 떡과 어묵탕이 끓고 있었다. 떡은 마을에서 방앗간을 하는 사장님이 협찬했다. 통장님과 마을 분들은 모락모락 김이

나는 솥에서 어묵탕을 연신 퍼주었다.

"이거 그냥 먹어도 돼요?"

마을에서 이런 경험이 처음인 아이들은 공짜로 먹는다는 것이 믿기지 않았는지 몇 번을 물었다. 처음엔 그렇게 묻는 아이들이 이해가 가지 않았다. 그러나 옛날 마을에서 잔치가 벌어지면 당연하게 먹었던 때와 달리 그런 경험이 없던 아이들에게는 낯선 경험이었다는 것을 떠올리자 공동체의 따뜻한 품을 모르며 크는 아이들의 현실에 짠한 마음이 들었다.

안전 문제는 소방대가 나섰다. 소방차가 동원되었고 마을 사람들이 안전요원이 되어 여기저기 서 있었다. 쥐불놀이하기로 하고 준비위원회에서 학교 운동장 사용 허락을 받을 때 교장은 안전 문제를 이유로 들며 난색을 표했다. 하지만 수곡2동 동장, 방범 대장 등이 모두 나서 설득했다. 소방차도 올 것이고, 마을 사람들이 안전요원이 되겠다고 했다. 그러자 주저하던 교장은 쥐불놀이 행사를 허락했다. 운동장에 소방차가 들어설 때 안심이 되었는지 그제서야 표정이 환해지며 교장이 한 말이 지금도 기억이 난다.

"나 어릴 때 불 많이 냈지. 외삼촌 집도 태웠는걸. 저 사람들 중에서 불 안 내본 사람 있으면 나와 보라고 해."

그리고는 혼자 온 아이들에게 다가가 깡통 돌리는 방법을 알려주었다. 교장뿐 아니라 여기저기서 어릴 때 추억을 말하며 깡통 돌리는 법을 알려주는 아빠들의 목소리가 들렸다. 아빠들의 목소리엔 힘이 넘쳐나고 얼굴엔 웃음이 가득했다. 아이들보다 어른들이 더 좋아하는 것 같았다.

어둠이 점점 더 내리고 사람들은 더욱 몰려들었다. 어림잡아 400명은 되는 것 같았다. 그때 갑자기 누군가가 소리쳤다.

"달이다!"

교문 쪽 키 큰 메타세쿼이아 나무 사이로 둥근 보름달이 떠오르기 시작했다. 사람들은 탄성을 지르며 모두 한동안 달을 보았다. 깡통에 불을 붙이기 전 소지에 적었던 소원을 빌 듯이.

다시 불 깡통이 돌기 시작하자 불타는 수레바퀴가 운동장을 가득 채운 것 같았다. 1시간이 넘게 쥐불놀이를 계속했지만, 사람들은 끝낼 줄을 몰랐다. 운동장의 달집을 중심으로 모이자는 진행자의 말에 사람들은 둥글게 모였다. 이어서 아빠들이 소지가 꽂힌 장작에 불을 피우자 소원을 쓴 소지와 함께 불꽃이 하늘로 솟았다.

"와!"

함성이 하늘 멀리 퍼졌다. 환한 불빛을 보며 둥글게 마주 선 사람들 사이에서 서 선생이 강강술래를 선창했다. 그러자 사람들은 자연스럽게 옆 사람과 손을 잡고 돌기 시작했다. 강강술래가 끝나고도 서로 소감을 말하며 한동안 그 자리를 떠나지 않았다. 강강술래가 끝나고 여전히 타오르는 달집을 보며 소감을 말할 때 수곡동 사람으로 자부심이 넘쳤다.

"너무 좋았어요. 학교 운동장에서 쥐불놀이라니…. 내년에도 꼭 했으면 해요."

"다음부터는 같이 준비해요. 뭐라도 맡겨만 주면 할게요."

"동네 사람들이 하나 되는 일에 작은 보탬이 돼서 자랑스러워요. 수곡동에 사는 게 너무 행복해요."

불이 사그라들자 부모와 마을 사람들은 늦은 시각까지 아이들이 쓰는 운동장이라며 남은 재들을 묻고 깔끔하게 마무리했다. 첫 축제를 성대하게 마친 마을 사람들은 다음 단오 때도 축제를 한번 해보자고 마음을 모았다.

학교 대항 씨름판, 단오 한마당

6월 단오를 앞두고 5월 초부터 '수곡동 단오 한마당 준비위원회'가 꾸려졌다. 이 준비모임에는 목요놀이 부모들과 지난 대보름 때 참여했던 단체들이 함께했고 민족 무예 택견전수관, 바름돌 작은 도서관이 더 참여하고 수곡중학교 학생들은 자원봉사로 참여했다.

20여 명의 중학생 봉사팀은 한솔초 졸업생들이 대다수였지만 다른 친구들도 설득해서 함께 오게 했다.

"와, 꿀잼이에요!"

트럭으로 짐을 옮기며 한껏 기분이 좋아진 아이들은 어른들과 손발을 맞춰 천막도 뚝딱뚝딱 치고, 무거운 물건도 번쩍번쩍 날랐다. 아이들의 활기찬 움직임으로 잔치 분위기가 제대로 났다. 옛날 마을에 잔치가 벌어지면 아이들, 청년, 어른 할 것 없이 모두 나서는 그 자체가 축제였겠구나 하는 생각이 들었다.

운동장 여기저기에 다양한 부스가 펼쳐졌다. 통장들이 맡은 수박화채 부스에 아이들이 몰렸고 시원한 단오부채를 그리는 곳도 북적거렸다. 창포물에 머리를 감는 곳에는 아이들은 물론 할머니들도 많았다.

"할머니, 예전에 창포물에 머리 감으셨어요?"

"그럼. 창포물에 머리 감고 머리 땋아서 갑사댕기 드려봐. 얼매나 좋은지."

단오 잔치에 참여하신 할머니가 창포물에 머리를 감고 수건으로 닦으시며 소녀처럼 해맑게 웃으셨다.

가장 뜨거운 1시 30분, 씨름할 시각이 되자 사람들은 하나둘 씨름장으로 모여들었다. 출전하는 선수들은 원형 씨름장에 빙 둘러앉고 응원하는 아이들과 주민들이 그 뒤를 둘러쌌다. 그리고 흰 한복에 검은 조끼를 입은 택견 관장이 씨름장 안으로 들어서자 분위기가 제대로 났다. 씨름 규칙을 설명하고 상품은 황소 대신 쌀 한 말이라고 하자 모두 환호성을 질렀다.

"자, 먼저 어린이 선수들부터 하겠습니다."

그러자 샅바를 맨 한솔초와 수곡초 6학년 아이가 나왔다.

"와!"

두 선수가 서로의 샅바를 잡고 힘을 쓰자 양쪽 학교 아이들의 응원 소리가 하늘을 찔렀다. 남자아이 씨름이 끝나자 여자아이들이 했다. 여자 아이들의 씨름도 만만치 않았다.

이어서 아빠들이 나왔는데 둘 다 건장해서 마치 씨름 선수를 보는 듯했다. 세기의 대결같이 긴장감마저 감돌았다. 그런데 한 판 하더니 두 아빠 모두 고개를 절레절레 흔들며 더 못하겠다고 했다. 싱겁게 끝난 씨름에 잔뜩 기대하며 구경하던 사람들이 한바탕 웃었다. 남자들의 씨름을 보며 흥이 났는지 여자도 하자며 바름돌 작은 도서관 정 선생이 나왔다. 그러더니 목요놀이에서 만난 수연 엄마를 지목했다. 수연 엄마는 당황하며 손사래를 치다가 쑥스러워하며 씨름장으로 들어섰다. 그러나 막상 샅바를 잡는 순간 언제 그랬냐는 듯 정 선생을 냅다 쓰러뜨렸다. 아이부터 어른까지 모두가 참여하는 신명 나는 씨름 대결로 단오 태양의 밝고 힘찬 기운이 전해지는 것 같았다.

도시에서 크면서 마을공동체가 함께 모여 흥겨운 잔치판이 벌어지는 걸 본 적이 없던 나는 이날, 모든 광경이 꿈만 같았다. 경험이 있으면 있는 대로, 추억이 없는 사람도 모두 같은 마당에 모여 같은 음식을 먹고 함께

놀며 우리가 수곡동 사람이라는 충만함과 설렘, 두근거림, 하나가 되는 일체감을 느낄 수 있는 날이었다. 이러한 축제는 점점 확대되어 수곡동에 있는 유치원이나 어린이집 아이들까지 수백 명이 참여하는 성대한 축제가 되었다.

이렇게 축제를 통해서 연대감과 정체성이 형성되자 동네를 공부하고자 하는 욕구가 생겼다. 다행히 수곡동에는 마을 공부를 진행할 수 있는 역량이 준비되어 있었다. 수곡동 옛날 이름이 숙골인데, 그 역사와 자연환경을 공부하기 위해 교사와 부모들이 숙골배움길 모임을 만들어서 2년 동안 함께 공부를 해왔기 때문이다. 이 모임 주최로 〈가족이 함께하는 동네 한 바퀴〉 프로그램을 진행하였다.

2015년 4월부터 한 달에 한 번씩 한솔초 주변의 작은 산인 잠두봉, 매봉산 그리고 옛날 수곡동의 물길을 따라 함께 걸었다. 늘 다녔던 곳이지만 새롭게 발견한 신기함과 즐거움을 나누며 시간 가는 줄 몰랐다. 그러다 교대 운동장처럼 넓은 공간에서 모이면 고무줄이며 술래잡기를 하며 신나게 놀았다. 각자 싸 온 도시락을 펼쳐 함께 먹으면 마치 한 식구가 된 것 같았다. 이때 마을을 걸었던 경험과 마을의 땅 이름 유래, 마을의 역사를 정리했는데 그때 자료를 바탕으로 한솔초 교사 마을 동아리에서 아이들이 쉽게 볼 수 있는 형태로 『우리 마을 수곡동 이야기』를 2022년 12월 출간했다. 자기 땅을 공부하고자 하는 부모들과 마을을 공부하고자 하는 교사가 함께 만들어낸 위대한 성과물이다. 앞으로 이 책은 수곡동 아이들이 자기 마을을 공부하고, 교사들이 아이들을 가르치는 중요한 안내서가 될 것이라 믿는다.

✽ 진정한 마을 속 교사를 꿈꾸며

한솔초에 있을 때 늘 꿈꾸던 것이 수곡동 차원에서 초중등 유치원 교사들이 함께 만나고 협력할 수 있는 연대의 장이었다. 그런데 그 꿈이 실현되는 실마리가 마련되고 있다. 요즘 '수곡동 대책위'가 만들어지면서 한솔초 교사뿐 아니라 수곡중 교사도 참여하고 있다. 내가 수곡동에 있는 또다른 초등학교인 수곡초등학교에 올해부터 근무하기 때문에 개인 자격으로 수곡동 대책위에 참가하고 있으니 학교 간 교사 협력의 기반이 만들어지고 있는 셈이다.

40만 교사들이 이렇게 학구 단위에서 서로 협력할 수 있다면 우리 교육이 얼마나 많이 달라질 수 있을까? 한솔초에서 학교와 마을을 변화시켜온 힘은 마을을 향한 한 교사의 첫걸음에서 시작되었고, 그 과정에 교사들이 하나, 둘 참여하면서 가능했다. 40만 교사 모두가 아니더라도 한 학교에서 세 명만이라도 마음을 모을 수 있다면 한솔초와 같은 변화가 가능할 것이라고 나는 믿는다.

나는 곧 퇴직을 앞두고 있다. 한솔초의 경험을 통해서 마을 속에서 사는 법을 배우면서 퇴직 후의 삶에 대한 꿈도 생겼다. 아들을 키우면서 가장 후회되는 것이 아이가 어릴 때 눈을 맞추고 발달단계에 맞는 아기 어르는 소리로 키우지 못했다는 것이다. 그래서 아기 어르는 소리를 제대로 배워서 마을의 젊은 엄마·아빠들을 지원하고 싶다. 마침 충북놀이사회적협동조합이 만들어졌기에 회원으로 활동하며 마을의 놀이, 이야기 할머니가 되어 마을 놀이터 지킴이나 유치원이나 어린이집에 가서 자원봉사도 해보려고 한다. 학교를 떠나더라도 마을배움길을 통해 가르치고 배우는 일을 계속할 힘을 갖게 되었다는 것이 내 삶의 가장 큰 행운이라고 생각한다.

수업 장면이 아니라 생활 장면이 배움의 출발점이다

김미자

❋ 따뜻한 환대

전입하기 전에도 한솔초 이야기는 마을배움길 모임을 같이하는 선생님에게 여러 번 들었다. 어려운 상황에서도 마을 사람들과 교사, 부모, 아이들이 함께 협력하며 여러 문제를 해결하는 이야기는 정말 감동적이었다. 그래서 나도 한솔초에서 근무하고 싶어 내신을 냈고, 2017년에 발령이 났다.

매번 새로운 학교에 가는 것은 항상 낯설고 긴장이 된다. 떨리는 마음으로 새학년 준비 워크숍이 열리는 곳으로 가니 의자가 둥글게 놓여 있었다. 어디에 앉아야 할지 몰라 망설이고 있는데 키가 자그마한 여선생님이 미소 띤 얼굴로 다가왔다. 종이로 만든 분홍 꽃다발을 건네고는 내 팔짱을 끼며 말했다.

"선생님, 저랑 같이 앉아요."

손이 참 따뜻했다. 그 따스함에 긴장된 마음이 봄눈 녹듯 사라졌다. 이전의 학교에서는 새로운 학교에 적응하는 것은 오롯이 전입 교사 개인의 몫이었다. 학교를 안내해주거나 필요한 물건이 어디에 있는지 알려주는 사람이 없어 한동안은 학교의 여러 곳을 아이들에게 물어서 가거나 필요한 물건을 찾아 헤매야 했다. 그런데 낯선 환경에서 어색해하는 전입 교사를 세심하게 배려하는 한솔초 교사들의 환대를 받으니 앞으로 어떤 일이든 잘 풀릴 것 같은 예감이 들었다.

간단한 인사가 끝나고 다 같이 강당으로 자리를 옮겼다.

두 편으로 나누어 비석치기를 했다. 놀이는 순식간에 신규 교사와 경력 교사, 여자와 남자, 평교사와 관리자를 평등한 놀이 친구로 만들었다.

"이거 진짜 신기해요. 이렇게 노니까 2~3년은 함께 지낸 것 같아요."

"노니까 너무 좋아요. 어제 체육복이나 편한 복장으로 오라는 문자를 받고, 교실 청소하는 줄 알았다니까요."

놀이가 끝나고 나와 함께 발령받은 선생님들의 이야기에 한바탕 웃었다.

더 인상적인 것은 점심식사 후에 전체 교직원이 함께하는 마을 나들이였다. 안내한 사람은 교무부장을 맡은 이명순 선생이었다. 몇 학년 누구누구가 사는지, 아파트마다 아이들이 부르는 놀이터 이름은 무엇인지, 방과 후 아이들 보살핌을 맡고 있는 지역아동센터는 어디인지, 수곡1동 주민자치센터와 여러 기관, 그리고 솔밭공원에서 매봉산으로 이어지는 한솔초의 매력적인 나들잇길까지 마을을 속속들이 이야기해주었다. 골목을 지날 때마다 졸업한 청년, 상점 주인, 할머니, 할아버지 등 마을 사람들이 이 선생에게 계속 말을 거는 모습은 너무 인상적이었다. 이 선생이 마을 사람들과 얼마나 친숙한 관계인지 느낄 수 있었다.

서로 관계 맺는 것부터 시작하는 3일간의 워크숍으로 이미 몇 년을 함께한 느낌이었다. 새로 전입한 교사들 사이에서 자연스럽게 '우리 한솔초는 말이야'라는 말이 나왔다. 교사들이 이렇게 서로 협력하고 시작부터 마을로 나가는 학교라면 그동안 내가 해보고 싶었던 여러 가지 배움길(교육과정)을 마음껏 시도해볼 수 있겠다는 기대도 할 수 있었다.

한솔초에 오기 전에는 아이들과 놀이하고 일대일로 또는 반 아이들 전체와 마을 나들이를 하는 사람은 학교에서 나 혼자였다. 혼자 튀느냐는 싸늘한 시선도 부담스러웠고, 다음 해에도 이어질까 불안해하는 아이들과 부모들의 걱정도 안타까웠다. 그런데 한솔초는 거의 모든 교실에서 놀이하는 모습을 볼 수 있었고, 교사들이 부담 없이 마을에 나갈 수 있는 시스템이 마련되어 있었다. 또, 힘든 상황에 부닥친 아이가 있으면 관련된 사람들이 모두 모여 사례회의를 열어 함께 문제를 해결하고, 학교폭력 문제가 생기면 교실을 넘나들면서 협력했다.

이렇게 협력의 문화가 무르익은 상황에서 전입해 왔기 때문에 어떤 제안과 시도도 부담 없이 해볼 수 있었다. 덕분에 동학년이 함께했던 합동체육과 학년 연합 동아리, 학교 밖 유아교육 기관과 했던 유·초 연계, 중학교와 연계한 초·중 연계, 전담교사와 협력해서 시도했던 통합교육, 아이들과 손꼽아 기다렸던 단오 축제와 진로 축제, 정월대보름 쥐불놀이 축제 등 신나는 배움을 시도할 수 있었다.

그동안 아이들, 동료 교사들, 부모들, 지역사회와 함께 풀어가려고 실천하면서 마을배움길의 속살을 제대로 이해할 수 있었다. 그 과정에서 나는 수업 장면보다 생활 장면이 중요하다는 것을 깨달았고, 아이들과 일상적 만남이 배움의 진정한 바탕이고 속살임을 알게 되었다.

한솔초에서 6년을 지내며 실천했던 마을배움길의 몇 가지 사례를 통해 진정한 배움에 관한 이야기를 함께 나누고자 한다.

관계 맺기의 출발점

첫 만남을 놀이로

교사가 학교를 옮길 때 긴장 상태인 것처럼 아이들도 3월 첫날은 낯선 환경과 낯선 관계로 굉장히 불안하다. 이런 상황에서 불안함을 서로에 대한 기대로 바꾸기 위해서는 아이들의 경험과 요구로 시작하는 것이 좋다. 왜냐하면, 교사가 권위적이거나 일방적일 경우 아이들은 바로 기대를 버리고 회피 반응을 보이기 때문이다. 그래서 평화샘은 첫날 서로의 기분을 나누어 보고 스트레스 상황을 해결할 방법을 대화로 풀어간다.

"우리가 이야기를 나누다 보니 나도 긴장되고 너희들도 불안한 상황이네. 그럼 이 스트레스를 어떻게 날려 보낼까?"

그랬더니 잠을 자자, 바람을 쐬자, 풍선을 터뜨리자 등 다양한 이야기가 나왔다. 그때 은성이가 큰 소리로 말했다.

"바깥 놀이요!"

"나도 같은 생각이야. 나가서 신나게 놀자!"

내 이야기에 신이 난 아이들은 벌써 엉덩이부터 들썩였다. 혹시라도 있을 수 있는 괴롭힘 상황에 대처하기 위한 간단한 약속으로 '멈춰'에 대한 설명과 짧은 역할극을 하고는 신발주머니를 들고 운동장에 나갔다. 내가 새로운 놀이를 알려주기보다는 아이들에게 무슨 놀이를 하고 싶은지 물었다.

"달팽이진놀이요!"

"쌍팔자진놀이도 하고 싶어요."

아이들의 요구대로 먼저 달팽이진놀이를 하고 그다음에 쌍팔자진놀이를 하기로 했다.

달팽이진을 선호미로 그리기 시작하니 너도나도 그려보겠다고 해서 꾸불꾸불 재미있는 놀이판이 그려졌다. 우선 남자 대 여자로 시작했는데 전학을 온 민정이도 바로 놀이에 몰입하는 모습이었다. 모두가 이렇게 적극적으로 참여하니 달팽이진놀이판은 금세 후끈 달아올랐다.

잠시 후 주변을 둘러보니 2반과 3반 그리고 2학년과 5학년도 우르르 몰려나와 운동장 가득 놀이판이 벌어졌다. 그 장면이 어찌나 감격스럽던지 나도 모르게 휴대전화를 꺼내어 사진을 찍었다. 전에 있던 학교에서는 3월 첫날 놀이하는 반은 우리 반이 유일했다. 커다란 운동장에서 우리 반만 놀고 있으면 신경이 쓰였다. 그런데 운동장 가득 놀고 있는 아이들을 보니 내가 놀이하는 학교, 한솔초에 왔다는 사실이 실감 났다. 모두가 하면 문화가 된다고 했는데 바로 이 상황에 딱 맞는 말인 것 같다.

집에 가기 전 첫날 지낸 소감이 어떤지 아이들에게 물었다.

"노니까 재미있어요."

"무서운 선생님이 아닌 거 같아서 다행이에요."

"저는 재미있었는데 솔직히 선생님이 좀 늙어서 실망했어요."

너무도 솔직한 아이의 이야기에 살짝 당황했지만, 기분이 나쁘지는 않았다. 나를 친근하게 느낀다는 거니까.

"아침에 교실에 오기 전에는 진짜 떨렸는데 놀고 나니까 정말 좋아요."

첫날 전학을 온 민정이가 웃으며 말했다. 처음 만났을 때 보였던 긴장감은 사라지고 아이들 얼굴이 편안해 보였다.

'시작이 반이다.'라는 우리 속담이 떠올랐다. 이렇게 시작부터 놀이로 만나니 서로 몸과 마음이 열리며 왕따 문제, 교육과정 운영, 그리고 아이들과 개인적 관계 맺기도 모두 잘해낼 것 같은 자신감이 폴폴 생겼다.

그렇게 시작된 놀이판은 일 년 내내 이어졌다. 복도에서는 돈가스와 사방치기가, 교실 뒤편에서는 비석치기가, 실내놀이터에서는 돌나르기가 펼쳐졌다. 여자아이들, 남자아이들 한마당에서도 놀이는 필수였다. 개학할 때, 방학할 때, 새로운 친구가 전학을 왔을 때처럼 중요한 마디마다 놀이는 꼭 해야 하는 의례가 되었다. 이렇게 놀이로 서로의 관계가 편안해지자 아이들은 수업 시간에도 눈을 반짝였고, 모르는 것이 있으면 편하게 친

구들에게 묻기도 했다. 평화로운 관계가 진정한 배움을 촉진할 뿐만 아니라 신나는 배움의 바탕이 된다는 것을 확인할 수 있었다.

관계의 오솔길, 일대일 마을 나들이

2017년 한솔초에 오자마자 새학년 준비 워크숍에서 학교 차원에서 안전한 하교 지도와 아이와 일대일 관계를 맺을 수 있는 상담 활동의 다른 방법으로 일대일 마을 나들이를 권장한다는 이야기를 듣고 정말 좋았다. 일대일 마을 나들이 가운데 가장 기억에 남는 아이는 준기이다. 준기는 쉴 새 없이 자기 이야기만 해서 이전 담임 선생님이 걱정했던 아이다.

만나기로 했던 학교 현관 앞에 가니 준기가 먼저 와서 기다리고 있었다.

"우리 어디로 갈까?"

"제가 나왔던 ○○어린이집에 갈까요? 거기에 엄청나게 큰 느티나무도 있어요. 아마 200살도 넘었을걸요."

준기는 큰 눈을 깜빡이며 말했다. 학교 정문을 나서더니 준기는 어린이집으로 갈 수 있는 길이 세 가지인데 어떤 길로 가고 싶은지를 물었다. 2단지를 통해 가는 방법, 우체국 앞쪽 길로 가는 방법, 수곡1동 주민센터를 지나가는 방법을 자세하게 설명했다. 각각의 길로 갈 때 장단점도 친절하게 알려주며 마을 주민으로서 새롭게 선생님을 배려하는 태도를 보였다. 하지만 쉴 새 없이 이야기하는 통에 내가 이야기할 틈을 주지 않았다. 앞서가던 준기가 회양목에 쪼그려 앉길래 물었다.

"회양목꽃이 폈어?"

그제야 나와 눈이 마주쳤다.

"네, 이거 꽃 맞죠?"

단풍이 든 붉은 회양목 잎을 가리켰다. 아니라고 대답하고 자세히 보니 연두빛 회양목꽃에 꿀벌이 연신 왔다 갔다 하는 모습이 보였다.

"오, 여기 진짜 꽃이 피었네."

내가 회양목꽃을 손가락으로 가리키자 준기도 자세히 쳐다보았다.

"진짜다. 이 꽃은 처음 봤어요."

"이 나무는 정말 단단해서 옛날에는 도장을 만들었대. 그래서 도장나무라는 별명도 있어."

"이렇게 꽝 찍는 거요?"

이제까지 준기만 일방적으로 이야기했는데, 이제 주거니 받거니 대화가 되는 느낌이 좋았다. 같은 장소에서 같은 것을 함께 보는 공통경험이 생기니 우리가 함께 나눌 이야기가 생겼다. 매화꽃, 생강나무꽃도 보고, 목련 나무 아래에서는 겨울눈이 벗어 던진 껍질을 손톱에 끼워 보니 아주 귀여운 아기곰이 되었다. 나중에 목련꽃이 피면 알려주기로 하고 사진도 찍고 하다 보니 어느덧 준기네 집 앞까지 왔다.

"준기야, 오늘은 우리 둘만 있으니까 준기 얘기도 많이 듣고 좋았거든. 근데 개학하면 우리 반에 스무 명도 넘는 친구들이 있어서 선생님이 다 못 들어줄 수도 있는데 어떻게 하지?"

"괜찮아요. 내가 기다릴게요."

의젓하게 이야기하는 준기가 무척 듬직해 보였다. 준기와 헤어져 교실에 와 보니 준기 엄마가 문자를 보냈다.

'안녕하세요, 선생님. 준기가 다녀와서 너무 행복해하네요. 4학년 때는 공부도 열심히 하고 친구들이 이야기할 때 들어주고 수다도 줄일 수 있

도록 노력한다고 하네요. 개학 전이라 많이 불안해했는데 준기와 좋은 시간 보내주서서 정말 고맙습니다.'

개학 첫날, 준기는 내가 제안하는 모든 일에 적극적으로 반응했다.

"쌍팔자 놀이할 사람 여기여기 붙어라!"

놀이 시간에 쌍팔자진을 그려 놓았더니 자기가 좋아하는 놀이라며 앞장서서 분위기를 만들었다. 준기랑 미리 마을 나들이를 하길 참 잘했다는 생각이 들었다.

일대일 마을 나들이를 하면서 무엇보다 나 스스로 새 학년을 시작할 마음의 준비가 되고 여유가 생겼다. '예열'이라고나 할까? 아이들이 사는 장소도 함께 걷고, 준기의 이야기도 충분히 듣고, 그리고 준기 부모님과도 시작부터 좋은 관계를 맺을 수 있었다. 다른 부모들도 담임교사가 아이와 일대일로 나들이하는 것을 정말 좋아했다.

"우리 아이가 며칠 전부터 선생님하고 데이트하는 날이라고 손꼽아 기다렸어요. 오늘 아침이 그날이라며 흥분해 있더라고요. 그리고 집에 와서는 선생님하고 너무 재미있었다고 또 했으면 좋겠다고 했어요."

물론 준기처럼 모든 아이가 한 번의 나들이로 마음을 열고 다가오는 것은 아니었다. 자기 이야기만 하려고 하는 아이도 있고, 교사와 친해지려고 자신의 이야기가 아니라 교사가 좋아할 만한 이야기를 하는 아이도 있었다. 처음부터 이야기를 잘하는 아이도 있고, 시간이 조금 지나야 말문이 열리는 아이도 있고, 사회적 경험이 부족해서 말을 하지 않는 아이도 있다. 특히 마음에 상처가 있는 아이들은 한두 번 나들이로 마음이 열리지 않았다. 더 많은 보살핌과 더 많은 대화, 함께 놀고 밥을 먹으며 서로가 함께하는 공통경험이 필요했다. 그래서 한솔초에서는 1년 내내 가능한 여러 번의 마을 나들이를 하기를 권한다. 일대일 마을 나들이뿐 아니라 같은 아파트에 사는 아이들과 함께 나들이하면 서로 친해지고, 관계가 확장된다.

이렇게 아이들과 함께 갔던 장소와 이야기들은 배움의 중요한 주제가 되었다. 준기와 함께 보았던 수곡동 느티나무의 나이를 따지며 우리 마을 역사를 배울 수 있었다. 단오 때는 경로당 할머니가 느티나무에 그네를 걸었던 이야기를 해주며 아이들과 함께 그 장면을 상상하기도 했다. 또 우리 반 서정이 친구 나무이기도 해서 새텃말 느티나무에만 가면 아이들은 할 이야기가 많아졌다. 함께 보았던 나무와 풀, 사건들 모두가 아이들과 함께 할 수 있는 생활 장면이었고, 그것을 통해서 이야기를 이어갈 수 있었다.

한솔초에 왔던 한두 해는 일대일 마을나들이를 실제로 진행하는 교사는 많지 않았다. 그래서 한 번의 만남으로 접속되는 이런 경험을 다른 교사들과도 나누고 싶어 제안했지만 많은 교사가 이를 받아들이는 데까지는 시간이 걸렸다.

"마을에 나가서 아이들하고 뭘 해야 할지 모르겠어요"

"6학년 아이들이라서 일대일 나들이를 하자고 했더니, 여러 명이 같이 갔으면 좋겠다는 거예요. 그 말에 여러 명이 같이 갔다가 자기들끼리만 이야기하고 저하고는 별로 이야기를 안 해서 아이들이 수다 떠는 거 구경만 하다가 왔어요."

처음엔 이런저런 걱정으로 나들이하기를 꺼리거나 한두 번 해보고 어려움에 부딪히면 더는 시도하지 않아 평화샘 모임을 함께하는 교사와 그 교사들의 동학년이 주로 나들이를 했다. 그런데 코로나19로 많은 변화가 생겼다. 아이들이 학교에 없으니, 아이들이 있는 마을로 교사들이 찾아가야 했다. 동학년 김 선생이 처음 일대일 마을 나들이를 다녀온 후 했던 말이 지금도 생생하다.

"처음에는 6학년이니까 말을 안 하면 어쩌나, 또 나들이를 싫어하면 어쩌나 많이 걱정했거든요. 근데 아이가 진짜 말을 많이 했고, 학원이랑 지역아동센터까지 같이 가자고 하는 거예요. 아이 집을 찾아 걷는 길이 낯설었지만, 아이들 세계로 들어가는 것 같아 재미있고 설레었어요."

이때부터 교사들이 아이들이 있는 마을로 찾아가 하나둘 일대일 마을 나들이를 하기 시작했다. 코로나19 이후 점차 많아지더니 2022년에는 거의 모든 교사가 일대일 마을 나들이를 다녔다. 4월 전문적 학습공동체 첫 모임에서 일대일 마을 나들이에 대한 이야기꽃이 피었다.

"요즘 일대일 마을 나들이를 다니고 있어요. 스물한 명 중에 이제 일곱 명만 더하면 될 거 같아요. 확실히 나들이를 다녀온 아이들이 더 친근하게 다가와요."

"저는 작년에는 일대일 마을 나들이를 제대로 못 했어요. 시작이 어렵더라고요. 근데 선생님들이 다 하시니까 시작했는데 좋은 점이 많은 것 같아요. 지금 6학년 아이들은 제가 4학년 때 맡았던 아이들인데 그때는 저를 어려워했어요. 그런데 마을 나들이를 하니까 아이들이 자기 이야기를 하더라고요. 그래서 지금까지 좋은 관계를 유지할 수 있어서 뿌듯해요."

동료 교사들의 이야기를 듣고 아직 시도하지 않은 교사도 꼭 해보겠다고 말했다. 이러한 과정을 통해서 나는 공동체를 만드는 데는 시간이 오래 걸린다는 것을 깨달을 수 있었다. 가랑비에 옷 젖듯이 서로에게 스며들기까지 서로에 대한 믿음과 기다림이 필요하다. 어떤 사람이 못 하면 안 하는 것이 아니라 경험이 다르고, 아직 그런 제안에 대한 준비가 되지 않은 것으로 생각하는 여유를 갖게 되었다.

길동무가 좋으면 먼 길도 가깝다

한솔초에 와서 가장 신나는 일은 동료 교사들과 마음이 잘 맞는다는 것이었다. 동료 교사들과의 협력은 이 책의 다른 글에서도 반복되는 이야 기이지만 그래도 내게는 첫 경험이기 때문에 이 이야기를 하지 않고 서는 학교 이야기를 하기 어려운 점도 분명히 있다. 내가 교사들과 협력하면서 느끼는 빛나던 순간을 생각하면 세 가지 장면이 떠오른다.

하나는 2017년에 있었던 교사들 '번개 놀이판'이다.
'선생님, 돌나르기 어떻게 하는 건지 헷갈려요. 가르쳐 주세요.'
점심시간에 6학년 원 선생에게 쪽지가 왔다. 그런데 글로 방법을 알려 주려니 쉽지 않았다. '이런 건 직접 해봐야 하는데…' 하고 혼잣말로 중얼 거리다 번개 놀이가 떠올라 전체 교사에게 쪽지를 보냈다.

> [번개 놀이해요]
> 돌나르기 할 사람 여기여기 붙어라!
> 같이 놀 사람은 오늘 수업 끝나고
> 3시에 느티나무 아래로 오세요.

약속한 시각이 되어 운동장에 나가 보니 원 선생을 비롯한 다섯 명의 교사들이 모여 있었다. 선호미로 돌나르기 놀이판을 그리는데 대여섯 명의 6학년 아이들이 뭐 하는 거냐며 관심을 보였다. 마침 잘 됐다 싶어 아이들도 합쳐 다섯 명씩 편을 나누고 간단하게 놀이 방법을 설명했다. 먼저 공격권을 가질 팀을 결정하는 가위바위보에서부터 팽팽한 긴장감이 느껴졌다.

"돌!나!르!기!"

먼저 원 선생이 돌나르기를 외치며 깨금발로 넘어가는데 수비팀은 그런 원 선생을 잡으려고 안간힘을 썼다.

"선생님, 금 밟았어요."

"내가 언제!"

"여기 선생님 신발 자국 있잖아요."

아이가 손가락으로 가리키는 곳에 뒤꿈치가 살짝 걸쳐 있는 신발 자국이 선명하게 보였다. 원 선생은 좀 봐달라고 하고 아이는 안 된다고 하고. 그 모습이 어릴 적 개구쟁이 모습 그대로였다. 깔깔대는 웃음소리, 이렇게 해라 저렇게 해라 훈수 두는 소리, 크나큰 함성이 운동장을 가득 메웠다. 수업도 연수도 아닌 상황에서 자연스럽게 열린 놀이판이 신기하기만 했다. 이렇게 번개 놀이판에 참여한 교사들은 배우고 싶은 놀이가 생겼을 때 주저하지 않고 도움을 요청하였다.

젊은 교사들은 놀이하고 싶어도 몰라서 못 하는 경우가 많다. 연수 때 놀이를 배워도 어릴 때 했던 놀이가 아니면 암묵지가 없어 규칙이 헷갈리거나 여러 돌발 상황에 대처하기 어려워한다. 그래서 몇 번 시도하다가 포기하는 경우를 많이 봤다. 다행히 40대 이상의 교사들은 놀이 경험이 풍부하기 때문에 집단지성의 힘으로 서로가 가진 놀이 자원을 나누는 일상적 협력으로 해결할 수 있다. 이러한 방식을 현대교육에서는 클라우드 소싱이라고 하는데 대등하게 서로 협력을 하면서 문제를 해결해가는 데 필요한 방식이다.

　다른 하나는 학교폭력 사안을 동료 교사들과 협력해 해결했던 경험이다.

　2019년 우리 학교 6학년 아이가 담배를 피운다는 중학교 아이들의 제보가 있었다. 6학년 담임인 김 선생이 이름이 거론된 아이와 상담을 해보니 아이는 자신이 중학교 일진 아이들로부터 절도와 담배 심부름을 강요당하고, 만날 때마다 형들에게 맞는 등 심각한 괴롭힘을 당한다고 털어놓았다. 관련된 아이들의 일진 계보를 그려보니, 무려 4개 중학교에 걸친 11명의 아이가 연관된 큰 사건이었다. 그래서 공동 학교폭력대책자치위원회를 피해자가 있는 우리 학교에서 개최하게 되었다. 열한 명의 가해 관련 아이들과 부모가 모두 출석해야 해서 할 일이 무척 많았다. 부장 회의에서 이 이야기를 듣고 도움이 필요할 것 같아 옆 반 교사에게 이 상황을 이야기했더니 함께 남겠다고 했다. 그런데 신기한 일은 우리 학년뿐만 아니라 여러 학년에서 이야기가 되어 10여 명의 교사가 남았다. 이심전심이라는 말이 떠오르는 순간이었다.

　회의장 준비부터 중학생들과 부모들을 대기실로 안내하고, 출석 시간에 맞추어 회의장으로 가도록 하는 등 회의가 끝나는 밤 10시까지 함께 남아 있었다. 관련 학생과 부모를 안내하다 복도에서 마주쳤을 때 서로에게 보내는 격려의 눈빛은 큰 힘이 되었다. 이 모습을 본 한 중학교 학교폭력담당 교사가 말했다.

"이렇게 많은 선생님이 밤늦게까지 남아서 함께 돕는 모습, 정말 부럽네요."

중학교 교사가 이렇게 말하는 이유는 대다수 학교에서는 학교폭력 사안 처리는 담당자와 담임의 몫이기 때문이다. 마무리할 때 생활부장은 눈물을 글썽이며 말했다.

"늦은 시간까지 함께해주셔서 정말 감사해요. 안 계셨으면 저 혼자 어떻게 진행해야 할지 막막했을 거예요."

함께한 동료 교사들이 너무도 소중하게 느껴졌다.

나머지 하나는 아동학대 사안을 지역사회와 협력해서 해결했던 경험이다.

2020년 2학기에 접어든 어느 날, 2학년 이 선생이 아동학대 사안으로 교내 사례회의를 요청한 일이 있었다. 교장, 교육복지사, 상담교사, 돌봄전담사 그리고 생활부장인 내가 교장실에 모였다. 눈물을 글썽이며 이 선생이 들려준 연경이의 상황은 아주 심각했다. 우울감이 높은 연경이 엄마가 밤새 텔레비전을 보고 일 년 내내 배달 음식을 먹는다는 이야기는 아홉 살 아이가 겪기에는 힘든 상황이었다. 그나마 다행인 것은 연경이가 이 선생을 믿고 비밀 이야기라며 도움을 요청한 것이다. 이 선생은 연경이 말을 듣고 너무 놀라서 가정방문을 했고, 생각보다 심각한 집 안의 모습을 보고 사례회의를 요청한 것이다. 이 선생의 이야기를 들은 사람들은 학교에서만 해결할 수 있는 문제가 아니니 주민 네트워크에서 하는 통합사례회의를 제안하자고 의견을 모았다.

이후 시청의 드림스타트와 산남종합사회복지관의 복지사 등이 함께 참여한 통합사례회의가 세 차례 열렸고 연경이 엄마의 치료지원과 경제적인 어려움을 해결하기 위한 방법을 찾았다. 이 선생은 처음에는 아이 손을 잡고 함께 울어줄 뿐 막막했는데 학교와 지역이 협력하여 조금씩 해결되는 모습을 보며 점점 기운이 났다고 했다. 연경이도 한결 밝은 모습으로 학교에 왔다.

사례회의가 끝난 며칠 후 이 선생이 환하게 웃으며 내게 말했다.

"한솔초에서 몇 년 지내면 어떤 문제든 겁이 안 날 것 같아요. 특히 아이 문제를 이렇게 협력해서 돕는 시스템은 정말 안심이 돼요."

이 선생의 말처럼 모든 학교가 한솔초와 수곡동처럼 지역사회와 협력하는 시스템이 마련되어 힘든 아이와 그 아이를 도우려는 교사를 지원할 수 있으면 좋겠다.

교직 생활 전체를 돌아보니 이렇게 자연스럽게 서로의 교실을 넘나들었던 경험이 거의 없었다. 공개수업 때 다른 반을 가보기는 하지만 수업하는 사람이나 참관하는 사람 모두에게 부담스러운 일이었고, 운동회나 졸업식 같은 학교의 큰 행사를 할 때 역할을 나누긴 하지만 마음을 주고받는 느낌이 아니라 단순히 일을 나누는 정도였다. 그런데 우리 학교에서 깨달은 것은 문제가 생겼을 때뿐만 아니라 어떤 일이든 서로 마음을 열고 해결해가는 일상적인 협력이 이루어지는 것이 마을배움길 학교를 여는 핵심 열쇠라는 것이다.

✻ 참다운 배움은
아이들의 관계와 경험, 권리, 요구로부터

코로나19 이후 미래 교육에 대한 논의가 뜨겁다. 미래 교육의 키워드 중 하나가 학생의 교육 선택권과 맞춤형 교육이다. 한솔초에서는 이미 10여 년 전부터 아이들이 스스로 배움의 주체가 되고, 놀이와 나들이는 통합 교육의 중요한 바탕이며 매개체가 되었다. 아이들의 관계, 경험, 권리, 요구로부터 시작하는 배움을 시도한 여러 사례 가운데 몇 가지를 소개하고자 한다.

고무줄에 대한 궁금증에서 시작된 배움

해마다 나는 우리 반 놀이 바구니에 고무줄을 항상 준비해 두었다. 어렸을 적에 좋아했던 놀이가 고무줄놀이여서 아이들에게 알려 주려고 부단히 노력했지만, 아이들은 두 줄 고무줄이 '월계 화계'와 '장난감 기차' 정도 하다가 시들해졌다. 그런데 〈오징어 게임〉과 함께 불어온 우리 놀이에 관한 관심은 고무줄놀이에도 봄을 일으켰다. 4학년 새롬이는 선생님이 알고 있는 고무줄놀이를 다 배우고 말겠다며 쉬는 시간, 점심시간, 목요놀이터에서 고무줄놀이 하자고 졸랐다. 그리고 친구들과 고무줄 동아리를 만들었다. 잠시라도 짬이 나면 교실 앞쪽과 뒤쪽 공간, 복도, 계단참에서 고무줄놀이 하는 아이들로 북적였다.

'딱따구리구리 마요네즈', '이상하고 아름다운 도깨비 나라', '아프리카 사람들은 마음이 좋아', '정이월 다 가고 삼월이라네' 등 내가 어렸을 때 친구들과 목청껏 부르며 신나게 뛰어놀았던 노래를 지금 아이들이 부르고 있는 것이 신기하기만 했다. 아이들의 요구로 한동안 음악 시간을 아예 고무줄 노래를 배우는 시간으로 바꾸었다.

어느 날 아침 시간, 교실 앞쪽에서 네 명의 여자아이가 '이상하고 아름다운 도깨비 나라' 고무줄을 신나게 하는 모습이 예뻐 나도 모르게 웃으며 지켜보고 있었다. 그때 막 자기 차례를 끝내고 숨을 헐떡이는 가을이와 눈이 마주쳤다.

"선생님, 근데 고무줄놀이는 누가 만들었어요?"

가을이 질문을 듣고 아이들과 고무줄에 대해 통합적으로 접근해 보면 좋을 것 같아 반가웠다. 마침 마을배움길연구소에서 들었던 '고무줄과 통합교육' 강의가 떠올라 아이들과도 이야기를 나누고 싶었다.

하루 닫기 시간에 가을이와 있었던 이야기를 들려주며 고무줄놀이에 대해 궁금한 것을 생각해 오라고 숙제로 내주었다. 평소에는 숙제라고 하면 야유가 쏟아져 나왔지만, 자신들이 좋아하는 놀이라서 그런지 반응이 흔쾌했다. 나도 강의 때 받았던 자료를 찾아 다시 읽어보며 떠오른 궁금증을 따라 검색하며 공부했다.

다음 날, 아이들의 궁금증을 모아보니 대략 6개 정도였다. '나무로 하는 고무줄놀이가 있느냐'는 아이의 질문에 필리핀의 '티니클링'이라는 대나

【 고무줄놀이, 이것이 궁금해요!! 】

1. 나무로 만든 고무줄놀이도 있나요?

2. 이 세상에 고무줄놀이는 몇 종류나 되나요?

3. 고무줄은 무엇으로 만들어졌어요?

4. 왜 고무줄이라고 불러요?

5. 고무줄놀이는 언제부터 시작되었나요?

6. 고무줄놀이는 왜 이렇게 재미있어요?

무로 하는 놀이가 생각났다. 처음 티니클링을 보았을 때 우리나라 고무줄
놀이와 흡사하다는 생각이 들었기 때문이다. 그래서 아이들을 둘러보며
물었다.

"혹시 대나무로 하는 고무줄이 있다는 거 들어봤어?"

내 말에 준기가 말도 안 된다는 표정으로 되물었다.

"대나무가 늘어나요?"

눈을 동그랗게 뜨고 고개를 갸웃거리는 아이들 모습이 귀여웠다. 그
때 은진이가 혼잣말하듯 작은 목소리로 말했다.

"얇은 대나무 같은 거로 하는 건가? 쌤, 그럼 월계 화계 같은 거는 못
하죠?"

은진이의 이야기를 듣고 필리핀의 티니클링을 검색해서 동영상을 보
여주었다. 두 사람이 한 손에 하나씩 대나무를 들고 음악에 맞추어 바닥
을 치기도 하고 대나무끼리 부딪치기도 하며 잠깐 벌어진 틈 사이로 두 남
녀가 춤을 추듯 호흡을 맞추는 모습에 아이들은 신기한 듯 영상에 빨려들
었다. 점점 빨라지는 음악에 맞추어 신들린 듯 춤을 추는 모습을 보며 아

이들은 '우아!', '대박!'이라고 연신 소리를 질렀다. 잠시 영상을 멈추고, 우리가 하는 고무줄놀이와 무엇이 다른지 아이들에게 물었다.

"우리는 고무줄 잡는 사람이 잡기만 하는데 저기는 박자에 맞춰서 흔들어요."

"우리는 노래를 부르면서 하는데 저기는 음악을 틀어 놓은 거 같아요."

"이상하고 아름다운 같이 감는 거를 할 수는 없어요."

이런저런 이야기를 나누다 또 다른 나라의 고무줄놀이는 어떤지 궁금하다는 이야기가 나왔다. 마침 새롬이가 일본 고무줄놀이를 할 수 있어서 시범을 보여주었다.

'에싸 에싸 에싸 오이 샤샤'

어떠냐고 물으니 엄청 쉽고 단순하다고 했다. 새롬이의 시범을 자세히 보고 있던 은진이는 도는 방향이 다르다는 것을 발견했다. 고무줄놀이가 익숙한 아이들은 우리 놀이와 다른 나라의 놀이를 비교하며 다른 점과 비슷한 점을 찾아내고는 기뻐했다. '나무로 하는 고무줄놀이가 있느냐?'는 엉뚱한 질문에서 시작했지만, 덕분에 여러 나라 고무줄놀이도 찾아 비교해 볼 기회가 되었다.

이 세상에 고무줄놀이가 몇 종류나 되냐는 질문은 우리가 알고 있는 고무줄을 모두 모아보자는 제안이 되었다. 이 말에 은진이가 조금 상기된 얼굴로 말했다.

"좋아요. 할 수 있어요. 그럼 제가 아는 것도 다 해올게요."

은진이 이야기에 여기저기에서 나도 해오겠다며 각오를 다졌다. 그때 시연이가 덤덤한 표정으로 말했다.

"고무줄놀이 종류는 그거 그냥 인터넷에서 검색하면 나오잖아요?"

시연이의 이야기에 모바일로 검색을 해보았지만 제대로 된 정보를 찾기는 어려웠다.

"고무줄놀이에 관해서 연구한 사람이 많지 않아서 검색해도 잘 안 나올 거예요. 재일 교포인 홍양자 선생님이 고무줄놀이를 많이 찾아보고 정리했는데 우리 노래와 민요로 하는 고무줄을 찾을 수 없어 안타깝다고 했어요. 내가 같이 모임을 하는 선생님이 우리나라 사람들은 신명이 많으니까 민요로 하는 고무줄도 있을 거로 생각하고 찾았어요. 그런데 알고 보니 내가 어렸을 때 했던 정이월이 민요로 하는 고무줄이었어요."

내 이야기를 듣고 있던 아이들은 '대박!'이라며 흥분했다. 그리고 약속이라도 한 듯 노래를 부르기 시작했다.

"정이월 다 가고 삼월이라네 강남 갔던 제비가 돌아오면은…"

그 외에도 '고무줄은 무엇으로 만들어졌어요?'라는 질문으로 고무나무와 고무를 발명한 미국의 화학자 찰스 굿이어의 이야기를 할 수 있었다. 아이들의 엉뚱한 상상력으로 만약에 고무가 없었다면 타이어도 없을 것이고 우리 인류는 나무 바퀴를 이용하다 마찰 때문에 엉덩이에 불이 났을 거란 이야기에 한바탕 웃음바다가 되기도 했다.

'왜 고무줄이라고 불러요?'라는 질문처럼 아이들은 항상 근원적인 질문을 했다. '고무'라고 검색해 보니 프랑스어로 고므(gome), 영어로는 검(gum), 일본 말로 고무(ゴム)라는 것을 알고는 신기해했다. 그리고 고무를 생산하기 위해 나일강 일대를 식민지로 만들어 흑인을 강제 동원하고 학살한 이야기에는 다들 분통 터져 했다.

'고무줄놀이는 언제부터 시작되었나요?'라는 질문 덕분에 일제강점기의 역사 이야기를 할 수 있었고, 고무줄놀이의 노래 대부분이 서양음악이라는 말에 우리 노래로 고무줄놀이를 만들어보겠다고 다짐하기도 했다.

'고무줄놀이는 왜 이렇게 재미있어요?'라는 마지막 질문은 누가 답할 수 있을지를 아이들에게 물었다.

"고무줄놀이를 잘하고 좋아하는 사람한테 물어봐야겠지요?"

영민이 대답에 아이들은 약속이나 한 듯 새롬이를 쳐다보았다. 새롬이의 대답이 재미있었다.

"고무줄놀이가 다양해서요. 뛰는 것도 좋아요. 그리고 노래를 부르면서 하니까 재밌어요."

고무줄놀이를 재미있다고 생각하는 다른 친구들의 이야기도 들어보았다. 왜 자신이 고무줄놀이에 더 열광하는지. 늘 점잖게 말하던 은진이가 조금은 들뜬 얼굴로 말했다.

"친구들과 같이할 수 있으니까 좋아요. 그리고 친구가 알려달라고 할 때 가르쳐 주면 뭔가 성취감이 있어요."

수진이도 손을 들었다.

"친구들이랑 딱딱 맞춰서 하는 게 신나요!"

그 말에 다른 아이들이 약속이나 한 듯 말했다.

"맞아요. 아프리카 사람들 할 때 그랬어요."

아이들과 고무줄놀이를 주제로 이야기를 나누다 보니 한 시간이 훌쩍 지나갔다.

"벌써 점심시간이네. 금강산도 식후경이라고 우리 밥 먹고 하자. 마치기 전에 우리가 무슨 공부를 했나 이야기해볼까?"

역사를 좋아해서 역사 동아리를 하는 준기가 말했다.

"역사 배웠어요."

아이들은 과학, 영어, 국어, 사회, 창체, 음악, 체육까지 모든 교과를 다 외쳤다.

"우리 싹 다 배운 거 같은데요!"

상훈이의 말에 아이들은 맞는다며 손뼉을 쳤다.

아이들도 나도 고무줄놀이에 빠져 신명을 경험하지 않았다면 이런 배움이 가능했을까? 진정한 배움은 서로에 관한 관심과 서로의 열정에 공명할 때 가능함을 확인하는 기회였다.

한계도 있었다. 넉넉히 긴 시간을 가지고 대화를 나누는 것이 아니라 짧은 시간에 많은 이야기를 하려다 보니 아이들이 가진 요구와 잠재력을 완전하게 끌어내지 못했다는 것이다. 다음에 진행할 때는 충분한 시간을 가지고 아이들과 아이들끼리, 교사와 아이들이 서로의 경험을 이야기하고 아이디어를 내면서 아이들의 완전한 참여가 이루어지는 배움길을 설계해 봐야겠다.

자연과 관계 맺는 나들이

놀이 못지않게 아이들이 좋아하는 것이 생태 나들이이다. 하지만 우리 학교 교사들에게 생태 나들이는 아직도 어려운 주제이다. 왜냐하면, 대다수 교사가 자연과의 경험이 부족하고 학구에 속한 마을에 살고 있지 않기 때문에 마을의 국지적인 자연과 관계를 형성하기 어렵기 때문이다. 그래서 아이들뿐만 아니라 부모와 교사들도 자연과 새롭게 관계를 맺는 경험이 필요하다. 아이들은 나들이를 좋아하고 쉽게 받아들이기 때문에 무엇보다 부모와 교사들의 변화가 절실하다. 한솔초에서는 새 학년 준비 위크숍이 있을 때 교사들과 생태 나들이도 하고 세시 풍속과 연계하기도 한다. 삼짇날에는 진달래를 찾고, 단오 때는 쑥을 찾고, 중양절에는 국화를 찾는 행위 하나하나가 문화와 생태를 연계하는 중요한 고리이기 때문이다. 생태 나들이 역시 구성원들이 익숙해지기까지는 오랜 시간이 걸린다.

서영자 선생이 배롱나무 아래에서 백일잔치를 열었던 것처럼 나와 몇몇 교사들도 지속해서 생태 나들이를 진행하면서 그 경험을 통합교육으로 확장하기 위해서 노력했다. 아이들과 내가 가장 흥분했던 것이 2018년 1학년 아이들과 함께했던 '매미 프로젝트'이다.

2018년 여름방학을 끝내고 9월 말까지 한 달 가까이 우리 반은 매미 이야기로 넘쳐났다. 개학날이었다.

"선생님, 오다가 매미 봤어요."

어느새 왔는지 영훈이가 내 옷자락을 잡아당기며 말했다. 나도 아이들도 영훈이가 가리키는 메타세쿼이아 나무 아래로 갔다. 이렇게 아침 일찍 울고 있는 것은 참매미이다. 도시에 많은 말매미는 28도 이상이 되어야 울기 때문이다. 참매미가 꼬리를 들썩이며 울고 있었다.

"맴맴맴 매애~"

아이들은 까마득하게 보이는 매미를 자세히 보려고 까치발을 뛰며 목을 길게 늘이고 쳐다보았다. 한참을 보고 있는데 영훈이가 단풍나무에 달린 매미 허물을 발견했다. 영훈이를 따라 다시 쪼르르 단풍나무 아래로 갔다.

"와! 매미 허물이 세 개나 달렸어요."

아이들은 신이 나서 이리 뛰고 저리 뛰며 매미 허물을 찾았다. 그런 친구들의 모습을 보며 영훈이가 웃고 있었다. 1학기 때 영훈이는 말썽을 많이 피웠다. 교실 안의 물건은 자기 것이든 남의 것이든 잡히는 대로 가위로 자르고 찢고 부러뜨려서 늘 아이들의 원성이 끊이질 않았다. 책상 서랍은 물론 책상 위와 바닥까지 발 디딜 틈이 없을 정도로 어지럽혔고, 아무이유 없이 친구들을 건드리거나 약을 올려서 수시로 멈춰를 받았다. 그런데 개학날 영훈이를 보며 자연과의 경험이 아이들에게 얼마나 좋은 힘을 주는지 알 수 있었다.

교실에 들어와 여름방학 동안 어떻게 지냈는지 아이들과 한참 이야기를 나누고 있는데 영훈이가 뜬금없이 말했다.

"학교 오다가 매미를 봤는데 잼 잼 잼 잼 하고 울었어요."

영훈이는 진지한 표정으로 나지막하게 말했다. 옆에서 듣고 있던 정한이도 이에승 이에승 이에승 하며 울었다고 애매미 흉내를 냈다. 이번엔 뒤쪽에 앉아 있던 태영이가 달려 나오며 말했다.

"우리 집에는 이 매미가 잘 울어요. 매애애애애애애애애~ 캑캑캑!"

"아, 말매미구나."

"아, 이게 말매미예요? 아무튼, 이 매미 소리 흉내만 내면 숨 막혀 죽을거 같아요."

얼굴이 발갛게 되어 이야기하는 태영이가 귀여웠다. 다른 매미 소리도 들려주었더니 아이들은 귀를 쫑긋 세웠다. 그날 나들잇길 주제는 온통 매미였다. 매미 허물이 있는 나무 아래를 자세히 보면 매미가 나온 구멍이 있을 거라고 이야기해주었더니 아이들은 기어 다니며 구멍을 찾느라 여념이 없었다.

"찾았다! 선생님, 여기 구멍 있어요."

영훈이가 가리키는 곳을 보니 새끼손가락만 한 구멍이 보였다. 다른 아이들도 너도나도 찾았다며 신나 했다. 교실에 들어와 2학기에 공부하고 싶은 주제를 알림장에 써 보라고 했다. 평소 거의 알림장을 쓰지 않는 영훈이가 뭔가를 열심히 써서 내게 내밀었다. 영훈이가 내민 알림장에는 삐뚤빼뚤 꾹꾹 눌러쓴 글씨들이 보였다.

나는 매미에 대해 알고 싶[에]

영훈이의 새로운 모습이 너무도 반가웠다.

"멋지다! 네가 매미가 있던 곳을 알려줘서 친구들과 나들이할 수 있었고, 아까도 네가 낸 매미 소리 덕분에 친구들도 매미에 관해 관심이 커졌어. 우리 같이 공부해 보자."

영훈이는 빠진 앞니를 드러내고 활짝 웃었다. 옆에 있던 태영이도 같이 하고 싶다고 했다. 영훈이 덕분에 반 아이들과 매미에 대해 더 재미있고 열정적으로 배울 수 있었다.

다음 날, 아이들과 대화를 나누다 아이들이 말매미를 아주 싫어한다는 것을 알게 되었다.

"낮잠 잘 때 울어서 아빠는 짜증 냈어요. 못된 매미라고."

"맞아요. 진짜 시끄러워요."

한두 명의 아이들이 말매미 소리를 흉내 내기 시작하자 교실 안은 금세 말매미 소리로 가득 찼다. 그래서 아이들에게 말매미가 왜 그렇게 시끄럽게 우는지 함께 이유를 찾아보자고 했다. 현장감을 위해서 말매미가 많이 모여 있는 솔밭공원으로 함께 나들이를 갔다.

숲이라 그런지 말매미 소리도 더 크게 들렸다. 가장 크게 들리는 나무 아래로 가서 잠깐 함께 듣자고 했더니 아이들은 이내 귀를 막으며 얼굴을 찡그리고 놀이터로 가 버렸다. 아이들이 말매미에 대해 가지고 있는 편견을 해결하기 위해 고민하던 중에 나와 아이들에게 좋은 기회가 생겼다.

"선생님, 이것 보세요. 아침에 오다가 주웠어요."

수진이가 가방을 멘 채로 무언가를 내밀었다. 두 토막 난 말매미 사체였다. 신기해하는 아이들에게 도서실에 가서 말매미에 대한 모든 것을 찾아보자고 제안했다. 둘씩 셋씩 짝지어서 서로 책을 찾아주는 아이들의 모습이 진지했다. 먼저 책을 찾은 수진이는 몇몇 아이들과 손가락으로 짚어가며 또박또박 읽기도 하고 은진이는 하연이랑 수첩을 가져와 필요한 정보를 쓰기도 했다. 아이들은 한 시간 내내 이곳저곳을 바쁘게 돌아다니며 말매미를 탐구하느라 분주했다. 교실로 돌아와서 말매미에 대한 궁금증을 나누고, 대답해 줄 수 있는 것은 서로 답을 해주기로 했다. 먼저 수진이가 말했다.

"뭐 먹고 살아요?"

그러자 평소 책 읽기를 좋아하는 상우가 대답했다.

"나무즙을 먹고 살아. 암컷한테는 소리 내는 근육이 없어. 그니까 수컷만 울지."

상우의 대답을 듣고 있던 수진이가 다시 물었다.

"여자 매미는 안 울어? 근데 남자 매미는 왜 울어?"

이번엔 현수가 자리에서 일어나 목을 길게 빼며 우스꽝스러운 목소리로 말했다.

"여보, 어디 갔소? 이러면서 짝을 찾는 거지."

현수의 익살에 다들 배꼽을 잡았다. 이렇게 아이들은 매미에 대해 찾은 내용을 친구들에게 알려 주었다. 미국의 17년 매미는 17년 동안이나 탈바꿈을 거듭하며 굼벵이로 지낸다고 얘기했을 때는 아이들은 깜짝 놀랐다. 은진이가 안 됐다는 표정을 지으며 말했다.

"그럼 고등학생이 될 때까지 땅속에 있는 거야? 답답하겠다."

이번에는 왜 도시에서만 말매미가 시끄럽게 우는지 물었다. 정한이가 손뼉을 치며 말했다.

"맞다. 우리 할머니네서는 '맴맴맴맴매앰~' 하고 울던데."

"그건 참매미인데 아마 할머니네도 말매미가 있었을 거야. 말매미는 29도쯤 되면 우는데 도시가 시골보다 더 덥거든. 오염이 더 심하니까. 너희들 열대야 알지?"

"네, 정말 더워서 잠도 못 자요."

"그렇게 밤까지 더우니 말매미가 밤새도록 우는 거지. 어떨 때는 6일 내내 울어대기도 해. 또 시골에는 여러 가지 나무가 많지만, 도시에는 나무도 적잖아. 또 가로수로 벚나무나 플라타너스가 많은데 그게 또 말매미가 좋아하는 나무거든."

"우아, 정말 힘들겠다."

영훈이가 심각한 얼굴로 말했다.

"그럼 결국 우리 사람들이 그렇게 만든 거네요?"

아이들 얼굴이 자못 심각해졌다. 수진이가 가져온 말매미 사체에서 시작된 이야기가 이렇게 확장되었다.

다음 날, 수진이가 교실 문을 열자마자 나를 향해 큰 소리로 외쳤다.

"선생님, 제가 알아왔어요."

수진이는 국어나 수학 시간에는 멍하니 앉아서 친구들이 하자고 하는 활동만 마지못해서 하는 아이이다. 하지만 나들이나 그 밖에 자연에 대한 것이면 누구보다 적극적이고 그때마다 눈을 반짝인다.

일주일 동안 매미에 대해 탐색하며 아이들 생각이 어떻게 변했는지 궁금해서 물었다. 태영이가 눈을 반짝이며 손을 번쩍 들었다.

"전에는 말매미 소리가 엄청 시끄럽고 짜증이 났거든요. 근데 왜 그렇게 시끄럽게 우는지 좀 이해가 됐어요. 말매미가 우리나라에서 잘 살았으면 좋겠어요."

영훈이도 말했다.

"매미가 7년 동안이나 땅속에 있다고 해서 놀랐어요. 근데 새나 두더지의 먹이가 된다고 하니까 걱정돼요. 그러면 너무 불쌍한데."

"말매미 소리가 아름다워졌어요."

하연이의 말에 다은이가 "진짜?"하고 물었다. 하연이는 머리를 긁적이며 입가에 미소를 머금고 말했다.

"어…. 아니 좀 불쌍하게 들렸어. 암튼 전처럼 시끄럽지는 않게 들려."

"그건 나도 그래."

아이들에게 이런 마음을 담아 시로 써 보면 어떻겠냐고 제안했다. 아이들은 매미 소리를 흉내 내기도 하고 친구들과 도란도란 이야기를 나누며 시를 써 내려갔다. 몇 번의 시 쓰기 경험이 있어서 그런지 제법 의젓한 자세로 적어 내려갔다. 아이들이 쓴 시 가운데 말매미와 친구가 됐다는 하연이의 시를 읽으니 마음이 따뜻해졌다. 그 후로도 아이들은 다양하게 매미를 표현했다. 영훈이는 새롭게 알게 된 것을 짤막한 글과 그림으로 그려 '매미 책'을 만들었다. 만들기를 좋아하는 지수는 아파트 재활용 쓰레기장에서 스티로폼을 주워 커다란 매미 날개를 만들어 양팔에 끼고 교실에 나타났다. 가을이는 연필 끝에 투명 테이프 날개를 단 매미를 만들어 달았고, 은진이는 유토로 매미를 빚었다. 연진이는 죽은 매미를 가지고 와서 종합장에 정성껏 그리기도 했다. 영훈이의 호기심에서 시작해서 반 아이들 전체가 매미에 관해 관심을 두는 과정은 마치 화장지에 떨어뜨린 물방울처럼 퍼져나갔다. 내가 수업 시간에 일방적으로 가르치려고 했다면 이 과정이 가능했을까?

몇 년 전 내가 처음으로 아이들과 나들이를 시작할 때가 생각났다. 아이들을 한 줄로 세워 내가 알고 있는 것을 알려주려 애썼다. 그러면, 아이들은 지루해하며 장난을 치기 시작했고, 아이들이 집중하지 않는 것에 속상해하며 점점 자신감을 잃었다. 그만큼 나들이 횟수도 줄어들었다.

이런 고민을 마을배움길 모임에서 이야기했더니 다른 교사들도 나와 비슷한 고민을 하고 있었다. 이런저런 이야기를 나누다 나들이를 좋아하는 윤 선생의 이야기에서 문제해결의 실마리를 찾을 수 있었다.

"저는 아침에 제가 먼저 나들이를 시작해요. 매일 나들이를 하면서 어제 보았던 함박꽃은 어떻게 되었을까, 배롱나무꽃은 피었을까 하는 궁금증이 생겼어요. 그게 좋아서 하다 보니 어느새 아이들도 저를 따라오는 것 같아요. 그럼 어떨 때는 제가 안내하고, 어떨 때는 아이들이 안내해요."

나와 나들이 매력에 빠져 있는 윤 선생의 차이가 무엇인지 알 수 있었다. 그 후로 혼자 학교 뜰을 거닐며 나만의 오솔길을 만들었다. 그렇게 나들이를 지속하니 내게 신기한 변화가 생겼다. 가장 큰 변화는 걷는 것을 좋아하게 되었다. 웬만한 거리는 걸어서 가고, 매일 새로운 길을 찾아 걸었다. 그다음 변화는 비 오는 날을 좋아하게 되었다. 전에는 축축하고 질퍽거리는 땅도 싫었고 비가 내리면 괜스레 기분도 가라앉았다. 그런데 비 오는 날 나들이의 매력을 알게 된 후로 비만 오면 나와 아이들은 '나들이하기 딱 좋은 날'이라며 우산을 챙겨 밖으로 나갔다. 세 번째 변화로 주변에서 들리는 소리에 귀 기울이게 되었다. 그렇게 내가 변하니 어느새 아이들이 내 곁에서 함께 나들이하고 있었다. 어른이 되면서 닫혔던 감각은 아이들의 창조적인 시도와 탄력 있고 민감한 감각 덕분에 서서히 열리기 시작했다.

다시 한번 강조하지만 이처럼 마을배움길에서 생활 장면을 중시하는 이유는 바로 일상적인 놀이와 나들이가 배움의 바탕과 속살이 되기 때문이다. 수업이 아니라 생활 장면이 중시되면 놀이하면서 생겨난 문제를 해결하는 과정에서 학교폭력을 예방할 수 있는 규칙이 나오고, 나들이에서 함께 발견한 자연 친구가 시가 되고, 노래가 되고, 그림이 되어 서로 공감하는 기쁨을 나눌 수 있다. 예전에는 이름난 수목원에 나들이를 가면 아이들이 왜 그렇게 딴짓을 하는지 이해하지 못했다. 그런데 학교와 마을 주변에서 나들이하는 지금은 그 이유를 알게 되었다. 마을에서 나들이한 아이들은 수목원에 가도 자기들이 일상에서 보았던 것을 찾는다. 그럴 때 교사는 아이들이 낯선 상황과 익숙한 경험을 연결할 수 있도록 도와주어야 한다.

그런데 생태 나들이가 더 깊어지려면 학교의 생태가 좀 더 다양해져야 한다. 한국의 문화와 생태를 대표하는 수종이 심겨 있어야 하는데 학교에는 가이스카 향나무, 단풍나무, 소나무 같은 단조로운 수종이 주를 이루고 있어 계절 감각을 느끼기 어려운 경우가 많다. 우리 학교도 소나무와 주목, 향나무 등 상록수가 상대적으로 많아서 아이들이 친구나무로 정해도 1년의 변화과정을 느끼기 어려웠다. 그래서 우리 학교 교사들은 이런 문제들을 토론하며 학교의 수목을 점차 바꿔나가고 있다. 2014년에는 모과나무, 매실나무, 살구나무, 대추나무를 심었고, 지난해에는 진달래를 심었다. 앞으로도 계절의 흐름에 맞는 꽃과 나무, 새들이 좋아하는 유실수, 우리 토종 식물들을 심어 아이들이 풍성한 생태 감각을 가질 수 있도록 할 계획이다.

아이들이 만들어가는 합동 체육

2018년 6학년 아이들과 교사들이 협력하여 합동 체육을 만들어가는 장면은 정말 인상적이었다. 체육은 아이들이 가장 좋아하는 시간이지만 나에게는 될 수 있으면 안 하고 넘어가고 싶은 시간이기도 했다. 일부 잘하는 아이들이 중심이 되기 때문에 체육 시간만 되면 억울한 아이들이 생거 다투기 일쑤였고, 내가 심판을 보았을 때는 그 불만이 나에게로 향하는 때도 있었다. 그런데 6학년에서 체육 시간의 혁명이 일어났다. 한 반이 아니라 세 반이 모여서 합동 체육을 하고 있고 아이들이 중심이 되어서 진행하고 있는데도 갈등이 아니라 협력이, 수동성이 아니라 능동적인 활동이 일어나는 것이 보였다. 아이들 소식에 나도 덩달아 벅찬 마음이 들었다. 나도 해보고 싶어서 6학년 부장인 김명신 선생을 찾아가 합동 체육 진행 과정을 자세히 물었다.

"체육 시간이 있는 날은 아이들이 아침부터 뭐 할 거냐고 계속 물어서 힘들잖아요. 그래서 동학년 선생들은 어떤지 물었더니 다 똑같은 상황이었어요. 한 선생님은 아예 체육을 시간표에서 빼고 싶다고까지 했으니까요. 그때 번뜩 떠오른 것이 아이들이 스스로 해보면 어떨까 하는 생각이었어요. 그래서 각 반 회장들이 아이들 의견을 들어 계획을 짜고 스스로 진행했는데 아이들 사이에서 다툼도 없었고 교사들도 힘들지 않았어요. 무엇보다 그 과정에서 자연스럽게 민주주의 원칙을 배우고 실천하며 성장하는 아이들의 모습을 보면서 저도 많이 배웠어요."

그 이야기를 들으면서 나도 합동 체육을 제대로 해봐야겠다는 마음이 더욱 간절해졌다. 먼저 동학년 교사들과 이야기를 나누어 보았다. 두 사람 모두 남교사여서 나처럼 어려워하지는 않았지만 그래도 흔쾌히 동의해 주었다.

"저는 작년에 체육 전담하면서 했던 흐름이 있어서 올해도 작년처럼 해보려고 했어요. 근데 뭐 한번 해보죠."

"아이들이 스스로 한다고요? 괜찮을 거 같아요."

그리고 아이들과 합동 체육에 관한 이야기를 시작했다.

"너희들이 1학년 때 6학년 선배들이랑 학년 연계했던 거 기억나지? 그 선배들이 서로 의견을 모아서 합동 체육 시간을 스스로 진행했다고 하는데 우리도 해보면 어떨까?"

아이들의 반응은 굉장히 적극적이었다. 질문이 이어졌고, 어느 정도 이해가 되자 재미있겠다며 빨리 해보고 싶다고 했다.

먼저 각 반에서 합동 체육 시간에 하고 싶은 것을 협의했다. 그렇게 이야기된 내용을 가지고 대표들이 점심시간에 만나서 조율하는 과정을 거쳤다. 정리한 내용을 살펴보니 대략 놀이가 70~80%이고 나머지가 스포츠 종목이었다. 어떻게 계획을 짜면 좋을지 아이들에게 물었다. 3반 부회장인 가을이가 말했다.

"보니까 술래잡기, 진놀이, 축구, 다방구는 세 반 모두 공통으로 나왔어요. 이걸 먼저 채워 넣으면 좋을 거 같아요."

공통으로 나온 것을 채우고도 빈칸이 많았다. 그러자 아이들은 단오에는 씨름을 하고, 마무리는 강강술래를 하자고 했다. 아이들이 주고받는 이야기를 들으며 세시에 대한 공통감각을 이미 가지고 있다는 것을 알 수 있었다. 이렇게 한참을 주거니 받거니 신나는 이야기판이 펼쳐졌는데 난관에 부딪혔다. 바로 축구 때문이다.

우리 반 학급 회의 때도 축구를 하고 싶어 하는 아이는 소수였다. 아이들은 축구를 좋아하는 친구들의 간절한 마음을 알기에 종목에 넣긴 했는데 축구를 하고 싶어 하는 아이보다 하고 싶지 않은 아이들이 더 많은 상황을 어떻게 해결해야 할지 난감해했다. 그래서 예전에 평화샘에서 축구 문제를 해결했던 경험을 떠올렸다.

보통 축구를 잘하는 아이들이 이기기 위해 공을 독점하고, 역할을 정해주고, 잘못하거나 실수한 아이들을 비난하면서 축구는 권력을 만들어내는 주된 통로가 될 수 있다. 이러한 문제를 해결하기 위해 평화샘 교사들은 여러 차례 토론하고 그 해결을 위한 프로그램도 만든 적이 있다. 그 시작은 축구를 싫어하거나 힘들어하는 아이들의 목소리를 듣는 것이었다. 그래서 이번에도 아이들 생각을 물었다.

"애들아, 축구를 하고 싶어 하지 않는 이유는 뭘까?"

연희가 먼저 말했다.

"축구는 규칙도 복잡하고. 또 못한다고 뭐라고 해서 싫어요."

옆에서 잠자코 있던 수현이가 앞으로 몸을 내밀며 말했다.

"맞아요. 그리고 잘하는 애들이 지들만 공을 독차지하고. 재미없어요."

다른 아이들도 고개를 끄덕였다. 그래서 평화샘에서 논의했던 해결방안을 얘기해주었다. 아이들이 평등하게 역할을 돌아가면서 맡고, 잘못해도 비난하지 않고, 축구를 잘하는 아이들이 다른 아이들이 잘할 수 있도록 돕는 역할을 부여하는 것이다. 실제로 다른 학교에서 그렇게 했을 때 놀랍게 관계가 평등해진 경험을 했기 때문에 확신에 찬 목소리로 이야기했다. 그 이야기를 들은 회장단 아이들은 좋은 생각이라며 손뼉을 쳤다. 그래서 축구는 하되, 축구를 잘하는 아이들이 공동체적 역량을 높이는 방향으로 진행하기로 했다.

"다 되었네. 그럼 이걸 각 반에 들어가면 될 것 같아요."

새롬이 말에 다른 두 반 회장들도 자신의 반에서 나온 내용을 다시 한번 꼼꼼히 보고, 합동 계획표랑 비교했다.

"우리 반도요."

자신의 반에서 나온 내용이 빠진 것이 없나 마지막까지 꼼꼼하게 살

	날짜	놀이/스포츠 제목	진행방법
			1학기 5학년 합동체육 계(획서)
1	4.15.금	술래잡기	
2	4.22.금	축구	
3	4.29.금	진글이	
4	5.13.금	피구, 발자국	
5	5.20.금	발야구	
6	5.27.금	긴 줄넘기	
7	6.3.금	씨름	
8	6.10.금	줄당기기	
9	6.17.금	돌나르기, 돈까스	
10	6.24.금	다방구	
11	7.1.금	이어달리기	
12	7.8.금	강강술래, 자율놀이	

펴보는 모습이 놀라웠다. 아이들은 누구의 의견도 소외되지 않도록 챙기고 배려하고 있었다. 함께 정리한 합체 계획서를 다시 학급으로 가져가 학급 회의를 통해 확정했다. 6학년들이 해냈던 것처럼 5학년들도 각 반의 의견을 잘 수렴하고 조절할 수 있을까? 걱정했는데, 꼼꼼하게 잘 챙기는 모습을 지켜보면서 체육 시간의 혼란은 아이들이 문제가 아니라는 것을 알수 있었다. 문제는 내가 아이들의 요구를 바탕으로 하지 않거나 아이들이자율적으로 결정하고 진행할 힘을 보장하지 않았기 때문이었다.

드디어 합동 체육 첫날, 강당에는 5학년 세 반 56명의 아이가 앉아 있고 회장단 9명은 앞쪽에 서 있었다. 5학년 전체가 한자리에 모여 자기들이 좋아하는 놀이를 한다고 하니 시작도 하기 전에 기대감에 술렁였다. 2반

회장인 새롬이와 3반 부회장인 가을이가 마이크를 잡고 설명했다.

"오늘은 경찰과 도둑을 하려고 해. 경찰은 6명 정도가 적당할 거 같고, 처음엔 우리 회장단이 경찰을 할게."

잡힌 사람은 손을 들을 것과 강당의 2층엔 올라가지 말 것, 시간은 5분이라는 것 등 간단한 규칙을 야무지게 설명했다. 그리고 전체 놀이에 참여하기 어려운 친구들은 따로 준비한 놀이 바구니에서 놀고 싶은 놀이를 하면 된다는 안내도 잊지 않았다. '시작' 소리와 함께 50여 명의 아이가 흩어져 잡고 잡히는 상황은 장관이었다. 마룻바닥을 쿵쾅거리며 뛰어다니는 소리와 비명이 강당을 울렸고, 이쪽 끝에서 저쪽 끝까지 전력 질주를 하는 아이들을 보며 아찔했다. 옆을 보니 다른 반 교사들도 걱정하는 표정이었다. 누가 먼저랄 것도 없이 부딪칠 염려가 있는 물건들을 서둘러 치우고, 너무 흥분해 있는 아이들에게는 조심하라는 말을 하며 아이들의 놀이 상황을 지켜봤다.

"10, 9, 8, 7, 6, 5, 4, 3, 2, 1 그만!"

5분이 다 되었다는 카운트다운 소리는 진행자뿐만 아니라 놀이하는 아이들도 함께 외치니 분위기가 더 고조되었다. 첫판이 끝나고 아이들이 새로운 술래를 정하는 동안 동학년 교사들이 모였다.

"선생님, 아이들 괜찮을까요?"

나 또한 아이들이 다칠까 봐 걱정은 되었지만 좀 더 지켜보자고 했다. 그렇게 두 판, 세 판 계속되었는데 처음 흥분했던 아이들은 점점 여유를 찾아갔다. 다행히 넘어지거나 부딪힌 아이들은 한 명도 없었다. 온통 땀으로 뒤범벅이 된 상황에서도 아이들은 끝까지 열정을 잃지 않았다.

"얘들아, 오늘은 이것으로 마칠게. 열심히 참여해 줘서 고마워."

가을이가 끝났다는 것을 알리자 아이들은 벌써 끝났냐며 40분은 너무 짧다고 아쉬워했다. 동학년 교사들과 강당을 정리하며 소감을 짧게 나누었다.

"애들이 다칠까 봐 조마조마했어요."

"그래도 생각보단 잘하는 것 같아요."

합동 체육을 여러 번 하면서 진행하는 아이들이나 참여하는 아이들 모두 익숙해지면서 여유가 생겼다.

회장단 아이들은 매주 화요일에 만나 금요일에 있을 합동 체육을 미리 준비했고 부족하면 다시 만났다. 가장 먼저 그 놀이에 대한 규칙을 확인했다. 규칙이 다르면 억울함이 생기고 다툼으로 번지기 때문이었다. 또 놀이를 잘 모르는 친구들을 위해 놀이 방법을 어떻게 설명할지 의견을 나누었다. 어떨 때는 말로, 어떨 때는 직접 역할극으로 시범을 보여 다른 아이들의 이해를 도왔다. 그리고 몸이 아파 뛰지 못하는 아이들이 상황과 처지에 맞게 놀 수 있도록 항상 대안을 마련했다. 친구들의 경험과 관계, 권리와 요구를 촘촘하게 반영하며 조율해 가는 모습은 진짜 배움이 어때야 하는지 다시 한번 생각하게 하는 계기가 되었다.

1학기 마지막 합동 체육 시간이었다. 1학기 동안 가장 인기가 높았던 다방구를 끝내고, 3반 부회장인 가을이가 마이크를 잡았다.

"애들아, 한 학기 동안 우리가 합동 체육을 잘할 수 있게 도와줘서 고마워. 혹시 소감 이야기할 사람 있어?"

그러자 여기저기에서 아이들이 손을 들었다.

"매주 한 번씩 5학년 전체 애들이랑 모여서 하니까 좋았어."

"재밌었어. 회장단 참 열심히 했어. 다음에도 또 해줘!"

"점심시간에 편하게 쉬지도 못하고 힘들었을 텐데 잘 준비해줘서 고마웠어."

소감 이야기를 시작할 때부터 울먹이던 2반 부회장인 수현이는 친구들 말을 들으며 급기야 눈물을 훔치기 시작했다. 그러자 함께 진행했던 아이들도 울기 시작했다. 지켜보는 나도 울컥했다. 아이들이 우르르 몰려와 눈물을 닦아주기도 하고 안아주기도 했다. 어느 때 같으면 6교시 마지막 시간이라 집에 가기 바쁠 텐데 아이들은 발걸음을 쉬이 떼지 못했다. 어느 정도 감정을 추스른 9명의 회장단 아이들은 한데 모이더니 "5학년 5학년 파이팅!"을 외쳤고, 함께 기념사진을 찍고도 아쉬워했다. 아직도 눈가가 빨갛게 충혈된 아이들의 등을 다독이며 왜 눈물이 난 것 같냐고 물어보았다. 가장 먼저 울었던 수현이가 대답했다.

"너무 재미있었어요. 근데 2학기에 못 한다고 생각하니 아쉬워서요. 회장 선거를 다시 하잖아요."

옆에 있던 지수도 이야기했다.

"오늘이 마지막이라 우리가 뭘 했는지 기억이 안 날 만큼 정말 바빴어요. 회의도 거의 매일 하고 단톡방에서까지 엄청 열심히 했거든요. 갑자기 모든 게 다 떠오르면서 저도 모르게 눈물이 났어요."

지수 이야기에 가을이도 뭔가 떠올랐는지 바짝 다가섰다.

"친구들한테 서운한 적도 있었는데 오늘 고생했다고 다들 얘기하니까 고맙기도 하고 그랬어요."

아이들이 얼마나 합동 체육에 대한 책임감을 많이 느끼고 진행했는지 고스란히 느껴졌다. 그 시간은 아이들뿐만 아니라 교사들에게도 깊은 인상을 남겼다. 학년 배움길 평가 자리에서 동학년 교사들은 이구동성으로 가장 기억에 남는 장면을 합동 체육이라고 말했다.

"제가 작년에 체육 전담을 했잖아요. 아이들이 합동 체육 시간을 운영한다고 해서 반신반의했거든요. 근데 너무 잘해서 놀랐어요."

"매번 체육 시간마다 아이들 갈등 조절 때문에 힘들었는데 제가 할 일이 없었어요. 회장단 아이들이 서로 협력하며 준비하고, 다른 아이들은 잘 따라주는 모습을 보며 이게 진정한 자치라고 생각했어요."

김명신 선생은 그해 6학년 아이들과는 체육뿐만 아니라 음악, 미술, 실과 시간도 아이들이 스스로 준비해서 진행했다고 한다.

"미술 시간에 한 아이가 원근법에 대해서 알려주었는데 아이들이 정말 몰입하는 모습이었어요. 보통 풍경화를 그릴 때 남자아이들은 하기 싫어서 대충 그리고 말았는데 그날은 아이들이 열심히 그렸고, 결과도 너무 잘 그려서 정말 놀랐어요. 그런데 무엇보다 이렇게 아이들과 하고 싶은 것을 토론하고 결정해서 아이들이 자발적으로 준비하고 진행하는 수업 시간은 참여도가 달라요. 눈도 반짝거리고 얼마나 재미있게 하는지 몰라요. 그리고 시간표도 아이들과 같이 정했어요. 교사들은 편의 때문에 아이들의 요구에 상관없이 시간표를 정하잖아요. 그래서 아이들 생각을 물어봤는데, 단연코 체육을 가장 먼저 정하더라고요. 국어, 수학은 가장 나중에 정하고요. 시간표 자체가 과목별로 시간이 나누어서 지식을 분절시키고, 아이들의 요구와 권리는 전혀 고려하지 않는 장치이긴 하지만, 함께 토론하는 과정은 의미가 있었어요. 스스로 자신들의 시간을 고민해본다는 측면과 다 짜고 나서 선생님이 얼마나 골치가 아팠는지 알겠다고 하더라고요. 서로 이해의 측면에서."

합동 체육의 경험을 통해서 나는 아이들이 교사가 알고 있는 것보다 훨씬 더 알고 있고 훨씬 더 많은 능력을 갖추고 있다는 것을 깨닫게 되었다. 이러한 아이들에게 일방적인 지식 전달을 하는 것이 무슨 의미가 있을까. 아이들이 스스로 성장하는 과정을 도와주고 설계할 수 있는 배움의 조직자, 설계자로서의 교사가 되어야 한다는 것을 알게 해준 아이들은 나에게 참으로 좋은 선생님이다.

❋ 공동체의 꽃, 단오 축제

축제의 길앞잡이가 된 어린 동생들

"올해는 단오 축제를 할 수 있을까요?"

2022년 단옷날이 가까워지자 아이들과 교사들 사이에서 올해는 단오 축제를 할 수 있지 않겠냐는 이야기가 나왔다. 코로나19가 고개를 숙이면서 그동안 억눌려 왔던 축제에 대한 기대가 형성되기 시작한 것이다. 그래도 코로나 확산 추세를 살피느라 쉽게 결정하지 못했고 시간을 끌다 보니 축제 준비 기간도 짧을 수밖에 없었다. 그런데 코로나19로 단오 축제를 2년 동안 하지 못했기 때문에 제대로 축제를 경험한 아이들이 없었다. 4~6학년 아이들이 경험했다고 하지만 1~3학년 때여서 실제 단오 축제를 주도적으로 이끈 경험을 가지지 못했기 때문이다. 교사들도 반 정도만 경험한 상태였다. 그래서 걱정했지만 쓸데없는 기우였다.

단오 축제의 분위기를 띄우기 시작한 것은 1학년들이었다. 내부형 공모로 온 우리 학교 교장 선생님은 놀이의 달인이어서 단오 축제 준비에 팔을 걷어붙이고 함께했다.

"교장 찬스 무한 방출이요! 언제든 불러주세요. 애들이랑 씨름판 재미 있게 열게요."

교장 선생님은 단오 축제 경험이 없는 1학년부터 3학년 아이들에게 단오 얘기도 하고 씨름도 했다. 덕분에 1~3학년 담임교사들은 한시름 놓았다. 그때부터 우리 학교 한솔 놀이터는 실내 씨름판이 되었다.

황소 씨름 고등어 씨름
어디서 배웠나 학교에서 배웠지
뭐 먹고 배웠나 밥 먹고 배웠지
어떻게 넘기나 이렇게 넘기지

저학년들의 노랫소리가 연일 복도에 울려 퍼지자 고학년들의 열기도 슬슬 올라왔고 단오를 기다리는 마음이 커갔다. 고민은 유치원이었는데 만 3세부터 만 5세까지 혼합연령인 데다가 외국인 아이까지 있어서 씨름을 이해시키기가 쉽지 않을 듯했다. 교장 선생님이 그런 고민을 부장 회의에서 이야기하자 1학년 박 선생이 좋은 의견을 냈다.

"1학년 놀이하는 모습을 동생들이 보면 좋을 거 같아요. 우리가 코로나19 이전에 했던 학년 연계처럼요."

1학년 박 선생의 말에 모두 적극적으로 공감했다. 나중에 박 선생에게 들으니 놀이 수업 시간에 유치원 12명이 왔는데 1학년 아이들이 지난주와 달라서 깜짝 놀랐다고 했다. 지난주에는 노래도 건성, 응원도 건성이었는데 동생들이 참관하자 목소리도 커지고 정말 열심히 하는 모습을 보였다고 했다. 1학년 선배의 씨름을 보는 유치원 동생들도 신기한 공연을 보는 것처럼 환호성을 지르며 좋아했고, 눈을 반짝이며 바라본 동생들은 유치원에 돌아가자마자 친구를 붙잡고 황소 씨름을 했다고 했다. 코로나 이전의 단오 축제에서도 유치원 아이들은 중요한 역할을 했다. 축제 때 유치원 아이들이 참여하면 열기는 더욱 높아졌고 우리 학교 아이들의 보살핌 감성은 무한대로 확장되었다. 그렇게 유·초 연계가 진행되는 것을 보면서 한 선생님이 한 말이 인상적이었다.

"우리 학교가 마을의 플랫폼이 되었네요."

이제 아이들과 해볼 수 있을 것 같아요.

"선생님, 우리는 씨름 언제 해요?"

저학년 동생들의 '황소 씨름'으로 단오 축제 분위기를 달구자 고학년들도 씨름하자는 이야기가 슬슬 나오기 시작했다. 아이들의 이야기가 반가우면서도 한편으론 걱정이 되었다. 샅바도 맬 줄 모르고, 씨름 기술은 더더욱 자신이 없었다. 이건 나만 그랬던 것은 아니어서 단오 축제가 있을 때마다 씨름을 체계적으로 배울 수 있는 교사 연수를 해야겠다는 의견이 있었다. 그런데 그 바람이 올해 이루어졌다. 씨름협회와 협력해서 강사를 초빙했는데 씨름협회는 아주 반가워하면서 적극적으로 강사를 파견해 주었다.

드디어 전체 교직원 씨름 연수를 하는 날, 두 명의 강사가 나타났다. 그 가운데 금천초등학교 씨름부 감독도 강사였는데 그분의 인사말이 정말 인상적이었다.

"교장 선생님 연락받고 깜짝 놀랐어요. 지금 대한씨름협회도 흥분하고 있어요. 이렇게 단오 때 전교생이 씨름하는 학교가 있다는 것도 그렇고, 씨름장이 두 개나 있다는 얘기는 정말 충격이었어요. 저희는 씨름장이 없어서 중학교 씨름장을 빌려서 하거든요."

감독님이 알려준 씨름의 유래와 샅바 메는 법부터 간단한 기술까지 자부심에 넘친 이야기는 귀에 쏙쏙 박혔고 이날따라 거의 모든 직원이 다 참가한 연수는 보기 드문 흥행을 이룰 수 있었다. 씨름 연수를 깜빡 잊고 원피스를 입은 여교사도 있었는데 처음엔 난감해하면서도 어떻게든 연수에 참여했다. 남교사들도 처음 샅바를 메어 보았다며 신기해했다. 강사가 마지막으로 샅바를 매고 실제로 기술을 써 보며 씨름을 해보자고 제안했는데 여교사 두 명이 대결해서 모두의 박수와 환호가 쏟아졌다.

씨름을 끝내고 환하게 웃으며 4학년 김 선생이 했던 말이 마음에 와 닿았다.

"와! 이제야 단오 느낌이 나요. 이제 아이들과 해볼 수 있을 거 같아요."

김 선생의 말을 들으며 몇 해 전 단오 때 일이 생각났다.

처음 2~3년 동안 한솔초에서는 단오를 수업 프로그램으로만 추진해서 마을과 함께하는 단오의 속살을 제대로 살리지 못했다. 단오부채, 씨름, 쑥떡, 장명루, 화채 만들기를 수업으로 진행하니 단오의 신명은 온데간데없고 반복되는 수업 프로그램을 진행하는 느낌이었다. 그것을 바꾸자고 시도한 것이 교사들을 대상으로 한 단오 특강, 경로당에서 단오 경험 듣기, 할머니 모시고 단오 이야기 듣기, 단오 자료 찾아 공유하기 등이었다. 그런데 참여하는 교사들도 적었고, 여기저기에서 특히 젊은 교사들 사이에서 불평이 나오기 시작했다.

"아이들이 좋아하기는 하지만 본 적도 없고 할 줄도 모르는데 꼭 해야 해요?"

"좀 더 새로운 것은 없나요?"

"해마다 반복되니 좀 식상해요."

답답한 마음에 마을배움길연구소 문재현 소장에게 이런 고민을 털어놓았다. 이야기를 들은 문 소장이 내게 몇 가지를 물었다.

"교사들끼리 먼저 씨름을 해봤나요? 함께 쑥은 찾아봤어요?"

순간 단오를 앞두고 전체 교사들에게 나눠준 두툼한 세시 자료집만 떠올랐다.

"세시는 같은 날, 같은 음식을 먹고 같은 의례를 하는 연행이 핵심인데 너무 학문적으로만 접근한 건 아닌가요? 교사가 신명을 느끼지 못하는데 경험도 없는 아이들과 어떻게 경험을 나눌 수 있을까요? 게다가 젊은 교사들은 선생님처럼 떡을 만들거나 씨름을 해본 암묵지도 없을 테니 어렵지 않았을까요?"

나부터도 씨름에 대해 잘 몰랐고, 모든 재료는 인터넷으로 구매했기 때문에 우리 학교 주변 어디에 쑥이 많은지 자세히 몰랐다. 놀이는 어릴 때의 재미가 생각나서 누구를 만나도 놀자고 하는데 단오는 학문으로만 접근했었다. 경험도 없는 교사들에게 아이들과 함께해보라고 요구했으니 다른 교사들이 얼마나 힘들었을까 하는 생각이 들어 미안했다.

그때의 깨달음으로 삼짇날, 단오, 한가위, 동지, 정월대보름 등 세시에는 항상 교사들과 먼저 워크숍을 진행한다. 워크숍이라고 해서 회의실에서 진행하는 것이 아니라 함께 진달래를 따고, 쑥을 뜯고, 솔잎을 뽑고, 반죽을 치대서 송편을 만들고 팥죽을 끓이며 자연스럽게 서로의 경험을 나누는 시간이다. 이러한 과정을 통해서 세시의 경험이 없어 어려워하던 젊은 교사들을 도울 수 있었다.

"선생님, 저 이제 익반죽 잘할 수 있어요. 이젠 겁 안 나요."

야무지게 말하는 20대 원 선생이 왠지 빛나 보였다.

공동체 품에서 자라는 아이들, "우리도 6학년 되면 저런 거 해요?"

중간놀이 시간, 급한 전달 사항이 있다고 해서 직원협의실에 다녀왔더니 교실이 텅텅 비었다.

"어? 애들 다 어디 갔어?"

내가 눈을 동그랗게 뜨고 물었더니 공기놀이 하던 지훈이가 대답했다.

"한별이랑 지수는 강강술래 연습하러 갔구요, 세영이는 길놀이 연습하러 강당에 갔고. 은빈이랑 서담이랑 은진이, 그리고 현아는 단오 축제 준비 모임에 갔고, 또…."

단오 축제를 하는 동안 가장 바쁜 사람은 아이들이었다. 아침 시간,

중간놀이 시간, 점심시간을 친구들과 놀기에도 모자랄 텐데 단오 축제 준비에 열을 올렸다.

3년 전 2학년 때 강당에서 길놀이 연습하는 선배들을 보고 "우리도 6학년 되면 저런 거 해요?"라고 묻던 아이들이 어느새 선배 역할을 톡톡히 하고 있다. 5, 6학년 아이들을 대상으로 단오 축제 준비위원회를 모집했는데 26명의 아이가 지원했다. 축제 준비위원을 하면 오롯이 즐기지 못하기 때문에 살짝 고민하는 아이들도 있었지만, 결론은 "그래도 우리가 할게요."였다.

부장 회의에서 4학년 김 선생 이야기에 모두 웃었던 기억이 난다.

"4학년 애들이 우리도 다 컸는데 준비위원을 못 하느냐고 항의하고 그랬어요. 그래서 내년에 5학년 되면 할 수 있다고 하니까 그제야 수긍하더라구요."

신기하게도 아이들은 3년 전 단오 축제를 또렷이 기억하고 있었다. 그때 선배들이 했던 것처럼 길놀이와 강강술래, 놀이마당과 물총놀이는 자신들이 맡을 테니 먹거리와 씨름판을 어른들이 맡아 달라고 했다. 서담이와 은진이, 현아는 놀이마당 가운데 고무줄놀이를 맡았는데 학년별로 어떤 놀이를 할지, 어떤 방식으로 할지를 꼼꼼하게 점검했다. 투호 놀이를 맡은 아이들은 간식 꾸러미를 준비해 성공한 사람에게 선물로 주겠다며 흐뭇해했다. 물총놀이를 맡은 은빈이는 6학년 언니들과 손발을 맞추었다. 준비할 때는 옷이 젖으면 속옷이 비친다고 젖지 않았으면 좋겠다고 걱정했는데 단오 축제 당일 아이들은 물에 빠진 생쥐가 되었다. 내가 괜찮으냐고 물으니 "괜찮아요. 이럴 줄 알고 검정 옷을 입고 왔어요." 하며 해맑게 웃었다.

씨름까지 끝나고 단오 축제를 마무리할 즈음 노랫소리가 들려왔다.

"강강술래~ 강강술래~"

5학년과 6학년 아이들이 마이크를 잡고 메기는소리를 하자 곳곳에 흩어졌던 아이들과 어른들은 둥근 원을 만들며 모여들었다. 연습 한 번 안 했는데 원을 만들고 감았다 풀었다 대문도 만들며 분위기는 점점 고조되었다. 6월 땡볕에 먼지까지 날려 짜증도 날 만한데 아이들은 준비한 노래를 끝까지 불렀고, 그런 아이들의 노랫가락에 맞추어 '술래!'를 외치며 함성과 함께 단오 축제는 막을 내렸다.

단오 축제에 대한 아이들의 평가는 대만족이다.

"2학년 때 하고 3년 만에 해요. 완전 재미있어요."

"체험학습보다 단오가 더 재미있어요."

"동생들이 자꾸 와서 힘들었어요. 그래도 재미있었어요."

유치원과 저학년 동생들을 보살피고, 누가 말하지 않아도 해야 할 일을 찾아서 했다. 단오 축제를 준비하는 과정에서 아이들은 부쩍 성장했다. 공동체 문화 속에 함께 있으면서 누가 일일이 일러주지 않아도 그 속에서 함께한 경험이 자연스럽게 몸에 새겨져 암묵지가 되는 과정이 바로 이러한 것이 아닐까.

밭다리! 밭다리!

교사들은 연수 시간이 짧아 씨름 기술을 제대로 배울 수 없었다고 아쉬워했다. 그래서 이구동성으로 다시 한번 씨름 강사를 초청하여 아이들과 제대로 씨름을 배우고 싶어 했다. 그래서 감독에게 전화하니 다음 주부터 소년체전이 있다며 난감해했다. 그래도 몇 번 더 부탁하니 전 학년은 어럽고 월요일 하루 5학년과 6학년을 대상으로 진행해주겠다고 했다.

　"선생님, 4학년 아이들이 씨름 수업 참관을 해도 될까요?"

　4학년 심 선생의 쪽지를 보며 내가 왜 진작 이 생각을 못 했을까 무릎을 쳤다. 그래서 고학년들이 수업을 하고 유치원과 나머지 학년은 씨름 수업을 참관하며 전교생이 씨름을 배우는 계기가 되었다. 단오 축제까지 2주 동안은 온 학교가 씨름 연습하는 아이들로 가득 찼다.

　"중간놀이 땡 하면 정말 미친 듯이 나갔어요. 그 뜨거운데 운동장 씨름장으로 뛰어가서 서로 붙들고 씨름 연습하고 막 그랬다니까요!"

　"전 단오 축제가 처음이거든요. 아이들이 씨름을 얼마나 좋아하던지 놀랐어요. 아이들끼리 하면 다칠까 봐 못하게 했는데도 자기들끼리 쉬는 시간, 점심시간 할 것 없이 정말 열심히 연습을 하더라구요."

　아이들의 씨름 열기에 선생님들은 감탄했다. 그리고 단오 축젯날, 우리 학교 씨름판은 3년 전 씨름판과 사뭇 다르게 느껴졌다.

　"밭다리! 밭다리!"

"상균아, 오금 당기기!"

"야, 네 몸무게를 실어서 밀어!"

응원하는 아이들의 훈수에 '밭다리, 안다리, 오금 당기기' 등 전문용
어가 등장했고, 씨름하는 아이들은 그 말을 듣고 기술을 걸으려고 안간힘
을 썼다. 운동장은 뜨거운 땡볕 아래 씨름하는 아이들의 거친 숨소리와 팽
팽한 긴장감, 주변에서 힘내라고 응원하는 아이들과 부모들, 선생님들의
환호와 안타까운 탄식으로 가득했다. 우리 학교 교사와 아이들 입에서 생
소한 씨름 기술이 술술 나오는 모습을 보며 사라지고 있던 씨름 문화가 우
리 학교에서는 제대로 살아나는 문화 재생을 경험할 수 있었다.

학교 밖으로 눈을 돌리면 함께할 수 있는 지역사회 자원은 무궁무진
하다. 씨름을 제대로 배우고 싶다는 열망으로 찾으니 지역씨름협회와 연결
되었고, 구성원이 제대로 씨름을 배울 기회가 만들어졌다. 교사뿐만 아니
라 아이들과 함께 배우는 과정이어서 기쁨도 신명도 두 배가 되었다.

아이들의 협력을 부르는 어른들의 협력

단오 축제에 대한 아이들의 평가도 좋았지만, 교사와 부모들도 마찬
가지였다.

"애들이 좋아하는 모습 보니까 나도 좋았어요."

"다 좋았어요. 다!"

"아주 체계적으로 진행되어서 좋았어요."

"시니어 분들이 계셔서 정말 좋았어요. 3년 전보다 훨씬 수월했어요."

무엇보다 단오 경험도 들려주고 아이들과 놀며 축제 당일 빈 곳을 채

워준 시니어 할머니, 할아버지의 역할이 컸고, 그 때문에 고마움도 더 깊어졌다. 단오의 경험이 없는 교사들과 아이들, 그 공백을 시니어 할머니와 할아버지께서 채워주었지만, 그런데 시니어 할머니와 할아버지들 가운데서도 단오 경험 없는 분들이 있어서 함께 이야기하는 과정이 필요했다. 그래서 시니어들과 함께 단오에 대한 서로의 경험을 나누고, 단오 유래와 풍습, 놀이를 미리 해보는 단오 워크숍을 진행했다. 시니어 할아버지 할머니들은 쉬는 시간마다 물으러 오는 아이들에게 친절하게 알려주었다. 축제 당일에는 수박을 썰고, 씨름판 모래도 고르고, 샅바 매는 것도 도와주었다.

부모들도 3년 전에 만든 떡메를 확인하고 갈라진 나무를 수리했다. 축제 당일에는 떡메를 칠 때 떡을 뒤집는 일은 힘이 드니 본인들이 하겠다고 마음을 내기도 했다. 수박화채를 만들 때 필요한 준비물도 꼼꼼하게 챙겼다. 목공 일을 하는 부모는 부서진 떡판을 보더니 새로 만들어 왔다. 공동체 구성원이 서로가 가진 재능을 발휘하니 못 할 일이 없었다.

급식소 영양 교사와 조리 실무사님들은 창포물을 끓이고 보관해 주었으며, 축제 당일 식단에 단오 쑥떡을 넣었다. 사물놀이 악기를 다룰 줄 아는 돌봄 교실 교사들은 길놀이 하는 아이들에게 매일 중간놀이 시간마다 악기 연주를 지도했다. 행정실 직원도 전화 받을 한 사람을 빼고는 도움이 필요한 코너에 손을 보탰다.

단오 축제 당일, 약속한 7시 30분보다 10분 일찍 도착했는데 운동장에는 거의 모든 직원이 와 있었다. 누구 하나 머뭇거림 없이 "내가 무엇을 할까요?"라는 마음으로 움직였다. 어른들도 협력하고 아이들도 협력하여 단오 축제는 성황리에 마무리되었다.

❊ 함께 걷는 마을배움길

내 평생 가장 풀리지 않은 고민은 가르치는 것이 즐겁지 않다는 것이었다. 지식을 전달하는 것이 교사의 역할이라고 생각해서 수업 장면을 중요하게 여겼기 때문이다. 그런데 한솔초에서는 아이들과 나의 경험, 관계, 권리와 요구에서 출발하니 배움이 늘 역동적으로 펼쳐졌고, 그 과정이 즐거웠다. 우리가 함께 겪는 삶의 장면이 모두 배움의 주제가 된다고 생각하니 오늘은 또 어떤 배움이 펼쳐질까 기대가 되었다.

한편 내가 부딪친 한계는 시민이 아닌 교사로서 가르치고 이끌어가려는 관성을 깨는 일이었다. 그래서 항상 모든 배움이 아이들을 존중하며 관계와 경험, 권리 요구로부터 출발하는지, 진심으로 궁금해서 묻고 아이들과 함께 배우려고 하는지, 교실이 아닌 아이들이 살고 있는 마을에서 배움을 찾고 있는지를 나날이 자신에게 물었다.

그리고 마을배움길을 실천하면서 안타까웠던 것은 요즘 부모 세대가 세시풍속이나 놀이 경험이 부족해서 부모와 연계하며 배움길을 펼치기 어렵다는 것이었다. 사회적 차원에서 부모들에게 이러한 공통경험을 할 수 있는 연수나 기회가 열려 있으면 좋겠다. 또, 부모들이 상담이나 축제, 동아리 지원 등으로 학교에 방문할 일이 있을 때 아무 부담 없이 올 수 있도록 모든 직장에서 공가로 인정해 주는 사회적 지원도 필요하다고 생각한다.

교직 생활을 하며 가장 어려운 관계가 부모였는데 한솔초에서는 말없이 지지와 지원을 보내는 부모들을 많이 만났다. 그 가운데 한 아이 엄마는 한솔초에서 놀이하며 변한 아이와의 관계를 글로 적어 보내주었다. 모든 학교 구성원들을 감동하게 한 글이기에 내 글 뒤에 본론으로 실었다.

6년 동안 한솔초에서 근무한 것은 나에게 커다란 행운이다. 이제는 한솔초를 떠나야 한다. 하지만 한솔초 바로 옆에 있는 학교로 내신을 냈기 때문에 우리가 그동안 꿈꾸었던 수곡동 유·초·중 교사 네트워크를 만들 수 있는 또 하나의 조건이 마련된 셈이다. 한솔초 교사가 아니라 마을의 교사로 지역사회 공통 교육과정을 만들기 위한 공동 연구, 공동 사업으로 마을 교육 기반을 만드는 일에 함께할 수 있다고 생각하니 마음이 설렌다. 무엇보다 한솔초에서 함께 몸을 부대끼며 정들었던 동료 교사, 아이들, 부모와 수곡동에서 계속 만날 수 있다는 것이 좋다.

우리 아이가
진짜 놀이를 시작했어요

윤정심(한솔초 학부모)

선생님의 금쪽 상담소

"어머님, 아이들은 학교에 무엇을 하러 오는 걸까요?"

첫 아이를 학교에 보낸 지 4년 만에 듣는 질문이었습니다. 순간 아무런 답을 할 수 없었습니다. 왜냐하면 모든 부모가 그러하듯 아이가 여덟 살이 되었고 취학통지서가 나왔으니, 당.연.히. 입학했고 아무런 생각 없이 학교를 보내고 있었기 때문입니다.

"요즘 누가 학교에 공부하러 오나요. 친구들과 놀기 위해 등교를 기다리죠."

선생님의 답에 태연한 척 웃음 지었지만, 사실 너무 부끄러워 쥐구멍을 찾고 싶었습니다. 왜냐하면, 그게 정답이었기 때문입니다.

매년 매 학기 담임 선생님과의 상담을 기다리고 긴장 속에서 30분을 보냅니다. 그리고 마지막은 늘 저희 아이는 손이 많이 가는 아이라 죄송하다는 말씀을 드리며 끝을 냅니다. 올해도 역시 잊지 않고 말씀드립니다.

"어머님, 아이가 수업을 방해하나요? 말썽을 부리나요? 왜 그런 말씀을 하시죠?"

선생님께서는 격앙된 어조로 저를 혼내십니다. 순간 눈물이 날 뻔했습니다. 선생님께서 저희 아이를 편견 없이 봐주시고, 믿어주시고, 응원해주시는 것 같아 너무 좋았습니다. 제 마음도 치유해 주시는 것 같아 더 좋았습니다. 그리고 저희 아이가 이전보다 학교생활을 더욱 열심히 할 수 있었던 것은 이렇게 4학년 상담을 마친 이후였습니다.

그 손을 잡지 못했습니다

우리 아이는 한 달 일찍 나오는 바람에 1년을 먼저 입학했고, 알레르기가 심해 어린이집 생활도 제대로 할 수 없었습니다. 집이 학교였으며 엄마가 유일한 친구였습니다. 그러다 보니 놀이도 서툴고 친구 관계를 지속해가는 데 어려움도 있었습니다. 입학 초기에는 학습적인 면에서 뒤처질까 봐 한글에 열과 성을 다했는데, 학교생활에 있어 가장 중요한 것은 학습이 아니라 놀이라는 것을 너무 늦게 알아버렸습니다.

1학년 여름 담임 선생님께서는 아이가 학교에 대한 두려움과 친구들과의 관계 개선을 위해 선생님, 엄마, 아이와 함께하는 놀이 시간을 제안해 주셨습니다. 지금 생각해 보면 서툴고 힘들어하는 아이와 엄마에 대한 배려였는데 저는 그 손을 잡지 못했습니다. 그때는 학교에 대한 불만과 불신으로 가득 찬 초보 엄마였기 때문입니다. 그리고 시간이 흐르면, 아이가 자라면, 자연스레 모든 것이 해결되는 줄 알았습니다.

2학년이 되면서 아이는 같은 반 친구에게 괴롭힘을 당했고 선생님과의 상담을 통해 해결하려 했지만, 나아짐이 없었습니다. 자기주장이 강하고 거친 친구들이 모인 탓에 선생님께서도 힘들어하는 모습이 보였습니다.

이를 본 저는 학교에 보내는 것이 두렵고, 하교하면서 늘어놓는 일과는 지옥과 같았습니다. 매일 당부, 신신당부해서 보냈습니다. 때리는 친구들 옆에는 가지 말아라, 친구들과 싸우고 노느니 책상에 앉아 혼자 책을 읽고 문제를 풀라고 등등…. 그러나 동적인 저희 아이에게 이런 당부는 통할 리 없었습니다. 하지만 알면서도 여러 가지 방법 중에 저 방법들이 그나마 나았으니 4학년 초까지 이런 부탁을 해서 보냈습니다. 그때는 이렇게 하는 것이 올바른 방법인 줄 알았습니다.

그렇다고 저희 모자가 아무런 노력을 하지 않은 것은 아닙니다. 2학년 여름, 아이와 목요놀이터에 나가기 시작했습니다. 처음에는 아이도 엄마도 어떻게 놀이에 참여해야 하나 싶어 여기저기 기웃거리다 그냥 들어온 적도 있습니다. 그러길 몇 차례, 학년 구분 없이 노는 틈에 슬그머니 참여해 보았습니다. 처음이 어렵지, 그다음부터는 목요일이 기다려지도록 즐거움이 가득했습니다. 하지만 코로나가 시작되었고, 3학년 때는 다시 집에서 예전과 같은 정적인 생활을 했으며, 전면 등교를 하는 2학기에도 여전히 학교. 집. 학교. 집… 변함없었습니다.

4학년이 되었습니다

4학년이 되면서 새로운 국면을 맞이했습니다. 주말 아침, 아이에게 반가운 손님이 찾아왔지요. 같은 반 친구들이 함께 놀자며, 우리 집 벨을 눌렀습니다. 그동안 항상 엄마의 입회하에 친구들과 놀았으며, 엄마들의 약속하에 친구와 만났던 터라 아이에게 정말 색다른 경험과 뜻깊은 시간이 되었을 것입니다. 아이는 종종 주말마다 친구들과 놀이터에서 시간을 보냈으며 이후에는 걷기 동아리 활동을 빌미로 주말은 친구들과 함께했습니다. 그러면서 아이는 전보다 웃는 일이 많아졌고 친구 관계 및 놀이에 대한 두려움에서도 벗어날 수 있었습니다.

그동안은 엄마가 없는 곳에서 친구들과 잘 어울릴 수 있을까 하는 불안함에 혼자 놀이터에 보낼 수가 없었습니다. 예전 같았으면 벨을 누르고 집 앞에 기다리는 친구들을 보고도 한참을 고민했을 겁니다. 그런데 저희 모자가 이렇게 달라진 이유는 무엇이었을까요?

쎄쎄쎄, 아이 손을 잡아주세요

4학년 상담 후 선생님께서 숙제를 주셨습니다. 아이와 하루 10분 놀이하기. 놀이는 제가 정하기로 하고 정해지면 선생님께 검사받기로 했습니다. 그날 저녁 인터넷을 검색하며 아이와 제가 지속해서 할 수 있는 게임을 찾는 것이 관건이었습니다. 몇 가지를 정해 아이와 놀이해보고, 그중 아이와 손을 잡고 눈도 마주치며 할 수 있는 손놀이를 숙제로 결정했습니다. 감자 싹, 쩜 먹고, 신데렐라, 쎄쎄쎄 등등 어릴 적 즐겨 했던 놀이라 아이에게 가르치기도 함께하기도 수월했습니다. 생각해 보니 저도 부모님께 처음 배웠던 놀이가 쎄쎄쎄였습니다. 숙제를 하며 어린 시절 생각도 나고 나는 과연 우리 아이에게 좋은 부모였나 하는 반성의 계기도 되고, 그러면서 숙제에 더 집중하게 되었습니다.

그리고 아이는 선생님께 숙제 검사를 받으며 주변 친구들의 관심을 끌고 선생님이 아닌 친구들과 손놀이를 하게 되었고, 점점 다른 놀이에도 참여하며 즐거운 학교생활을 해나갔습니다. 그러다 보니 제가 아이에게 잔

소리하며 혼내는 날보다 같이 이야기하고 놀아주는 날이 많아졌습니다.

"엄마, 요즘 나랑 엄마랑 이야기하는 시간이 많아진 거 같아."

생각해 보면 둘째가 태어난 시점을 기준으로 큰아이와 대화는커녕 얼굴을 보고 대답해 주는 시간 또한 줄었습니다. 사실은 거의 없었다고 보는 게 맞을 수도 있습니다. 저희 아이는 엄마와 대화하고 얼굴을 보고 답을 얻고 싶어 했는데, 저는 바쁘다는 핑계로 그 답에도 뒷모습만 보였습니다. 그래도 어린 동생 때문에 바쁜 엄마라고 이해했고 서운함은 없었으며, 오히려 지금이라도 이렇게 즐거울 수 있어 다행이라고 합니다.

이 모든 건 담임 선생님께서 저희 아이를 편견 없이 봐주시고, 격려해 주시고 응원해 주신 덕분인 것 같습니다. 그리고 선생님께서 내주신 숙제가 사실은 숙제가 아닌 저희 아이에 대한 배려임을 알기에, 그 손을 꼭 잡고 놓지 않고 싶어 더 열심히 신나게 했던 것 같습니다.

정답을 찾았습니다

전에 읽었던 책에서 놀이에는 진짜 놀이, 가짜 놀이가 있다고 했습니다. 그리고 놀이는 제대로 된 놀이를 했을 때 놀이라고 명할 수 있다고. 그때는 진짜 놀이? 가짜 놀이? 제대로 된 놀이? 도무지 이해되지 않았습니다. 어쨌든 자의에 의해서든 타의에 의해서든 놀이를 했고 웃었으면 모든 다 놀이가 되는 게 아니냐는 생각이었기 때문입니다.

그동안 저는 아이에게 수학 문제 하나, 국어 문제 하나 더 풀리려고 하는 엄마의 모습만 보여주었습니다. 그리고 이거 가지고 놀자, 오늘은 이런 놀이 어때? 등등. 아이의 눈높이에서 아이가 원하는 놀이에 어떻게 하면 더 즐겁게 동참해줄 수 있을까 하는 고민을 해야 했는데 그러질 못한 겁니다. 그러다 보니 저희 아이는 엄마의 계획에 따라 움직이느라 자발적이고 주도적으로 노는 방법을 터득할 수 없었습니다. 진짜 놀이는 자발성, 주도성, 즐거움이 갖춰져야 진짜 놀이라 말할 수 있다는데 이렇게 보면 지금까지 저희 아이는 제대로 된 진짜 놀이를 해본 적이 없었던 거죠. 아이들은 놀이를 통해 친구를 사귀고 소통하고 양보, 타협하는 등 상호 작용하는 법을 배운다는데, 그동안 진짜 놀이가 안 되었으니 우리 아이가 친구들과 어울리는 게 힘들었던 것은 어쩌면 당연하였는지도 모릅니다.

이제 저희 모자는 진짜 놀이에 대한 정답을 찾았습니다. 사실 선생님께서 정답을 먼저 알려주시긴 했는데 풀이 과정은 저희가 여러 시행착오를 거쳐 알아냈기 때문에, 다음에 이와 유사한 문제를 받아도 시간은 걸리겠지만 정답으로 가는 길은 잃지 않을 것 같습니다.

목요놀이터

한솔초등학교에 보내며 가장 인상 깊었던 점은 당연히 놀이였습니다. 입학 후 처음 공개수업을 하면서 아이와 함께 과일을 준비하고 그것을 모아 화채를 만들어 먹으며 단오에 대해 배우는 수업이었는데, 글이 아니라 부모와의 체험을 통해 단오에 대해 알아가는 이것이 바로 놀이학습이라는 생각이 들었습니다. 이런 수업이 다시금 진행된다면 그때는 더욱 열심히 준비해 뒤에 서 있는 부모가 아닌 아이와 수업에 함께 참여하는 학부모가 되고 싶습니다. 또, 자발적으로 운영하는 동아리 활동에도 놀이가 있습니다. 주말마다 걷기 동아리 후 운동장에서 전래놀이를 하며 스트레스를 해소하고 친목을 다지는 아이들. 핸드폰 게임에 빠진 또래 아이들과는 다르게 한솔 친구들은 놀이를 통해 건강하게 성장하는 것 같아 뿌듯하고 자랑스럽습니다. 목요놀이터는 언제나 즐겁습니다. 놀이에 대한 계획도 걱정도 필요치 않습니다. 누구든 하고 싶은 대로 즐겁게 뛰어놀다 가면 되니까요. 엄마도 선생님도 누나도 동생도 모두 친구가 되어 함께하는 목요놀이터 입문을 추천합니다.

얼마 전, 처음으로 아이에게 학교에 왜 가는지 물었습니다. 어떤 대답을 할지 무척 궁금했습니다. 제발 의무적으로 가야 하니까 간다는 대답만은 하지 않길 바랐습니다.

"엄마, 학교는 내가 친구들하고 놀면서 더 성장하려고 가는 거야."

너무 놀랐습니다. 알레르기가 심해 이제껏 소풍을 세 번밖에 가보지 못했고, 친구들과 놀이터에서 뛰어노는 것도 4학년 때 처음 해본, 학교가 재미없다는 아이였는데…. 4학년이 되어 학교 가는 것이 매일 소풍같이 즐거웠다고 합니다. 마을 나들이도 즐겁고, 매일 하는 수업도 기대되고, 친구들과의 놀이는 더 재미있고…. 하루하루가 소풍 같았다고 합니다. 저희 아이는 이제야 진짜 놀이를 시작한 것 같습니다. 엄마 손을 놓고 친구들과의 놀이 속에서 즐거움을 찾고 올바르게 성장하고 있습니다. 그래서 이렇게 기특한 대답도 나왔고요.

학교에 보내며 다른 바람은 없습니다. 아이가 다른 걱정 없이 친구들과 사이좋게 지내고 선생님 말씀 잘 듣고 웃는 얼굴로 집에 온다면 그것만큼 기쁜 일이 없을 것 같습니다. 내년에도 아이가 더 신나게 웃고, 더 즐겁게 놀고, 더 열심히 다닐 수 있는 한솔 놀이터를 기대해 봅니다.

문화 전승과 교사의 역할

김 명 신

* 고무줄놀이의 새로운 발견

"여럿이 어울려 신나게 노래 부르며 놀던 와자지껄함, 주목받는 즐거움, 단계가 올라갈 때의 도전 의식과 설렘, 남자아이들의 고무줄 끊기에 함께 대항했던 자매 의식 등이 생생하게 떠올라요."

"고무줄놀이라면 할 이야기가 꽤 많아요. 초등학교 때부터 점심시간이면 얼굴이 빨개져서 터져버릴 때까지 정말 죽어라 고무줄을 했어요. 중학교에 가서는 교실 뒤에서 교복 바지 아래 체육복 바지를 입은 채로 고무줄을 했어요. 그러다가 사물함에 발등을 찧기도 여러 번. 그렇게 좁은 교실에서도 어떻게든 고무줄을 해보겠다며 쉬는 시간 10분에 목숨 걸었던 기억이 나요."

교사들에게 고무줄놀이 경험을 물으면 금세 얼굴이 환해지면서 이야기보따리를 풀어놓는다. 마치 그 시절로 돌아간 듯이. 신이 난 선생님들은 참지 못하고 자리에서 벌떡 일어나서 발을 움직이며 동작을 떠올리려고 애를 쓴다. 그렇게 떠올린 고무줄을 하며 어린 시절과 달리 몸이 잘 움직이지 않는다고 가쁜 숨을 헐떡이면서도 얼굴에는 웃음이 떠나질 않는다.

이처럼 경험을 떠올리는 것만으로도 행복해하고 놀이판을 축제의 장으로 만드는 힘을 가진 놀이가 고무줄놀이이다. 고무줄놀이는 노래를 부르면서 하는 놀이여서 자연스럽게 노래 실력과 몸의 리듬감이 길러진다. 또한 계속 뛰게 하는 전신운동이어서 체력도 키워준다. 무엇보다 상대 팀과 우리 팀이 한목소리로 노래를 부르며 나를 지지해줄 때 느껴지는 충만감은 다른 놀이에서 쉽게 찾아보기 어렵다. 그런데 이런 위대한 힘을 가진 고무줄놀이가 불행히도 지금은 거의 전승이 되지 않고 있어 많은 아이가 이런 경험을 하지 못하고 있다.

문화란 공유되고 전승되는 행동양식을 말한다. 어떠한 행동양식이 문화로 유지되려면 그 사회의 대다수 사람이 그것을 공유해야 하고, 전승과 교육을 당연하게 여겨야 한다. 현재 40살 이상의 교사들은 대다수 고무줄놀이를 할 줄 안다. 그런데 20대로 가면 고무줄놀이를 할 줄 아는 교사가 거의 없다. 이것은 고무줄놀이가 전승될 가능성은 있지만, 현재 우리 세대에서 그러한 노력이 진행되지 않는 것이 문제임을 말해준다. 그런데 학교에서 교사들 간의 협력이 이루어져 2~30대 교사들이 고무줄놀이를 할 수 있게 되고, 모든 교사들이 자기 교실에서 고무줄놀이를 고무하고 격려하면 과연 어떤 일이 일어날까?

한솔초에서 교사 놀이 연수를 해보면 새로운 놀이 방법이 끊임없이 복원되어 서로 배움이 일어나는 놀이판은 단연 고무줄놀이이다. 그 모습을 보면서 교사들이 마음만 모을 수 있다면 문화전승이 불가능한 것은 아니라는 생각이 들었다. 그래서 그 출발점으로 우리 교실에서부터 고무줄놀이판을 복원해 보기로 했다. 그리고 2021년과 2022년 2년동안 2학년 담임을 하면서 고무줄놀이의 전승 조건과 방법에 대해 고민하고 실천해보았던 이야기를 정리해보았다.

* 줄 하나로 만들어 가는 일상의 축제

교실에서 살아난 고무줄놀이판

　2022년 여름방학 시작하는 날에 신명 나는 풍경이 우리 교실에서 펼쳐졌다. 방학 관련 이야기를 하고 시간이 조금 남았는데 수진이가 고무줄을 주섬주섬 집어 들고 나한테 물었다.

　"선생님, 남는 시간에 놀아도 돼요?"

　이날은 일과시간을 조정해서 중간놀이 시간이 없는 날이었다.

　"그래. 조금 놀까?"

　내 말이 끝나자마자 은주와 건우가 벌떡 일어나서 나오더니 의자 3개를 삼각형으로 놓고 고무줄을 걸었다.

　"장난감 기차가 칙칙 떠나간다. 과자와 사탕을 싣고서"

　아이들의 노랫소리가 커지자 미연이와 수연이도 슬금슬금 다가왔다.

　"이거 뭐야? 나도 할래. 알려줘."

　"이거 전래놀이 교실에서 배운 거야. 자, 이렇게 해봐."

　배우고 싶어 하는 미연의 말에 건우가 차분하게 동작을 해 보이며 알려주었다. 잠시 후 삼각 고무줄에 미연이와 건우, 은주가 함께 뛰면서 돌기 시작했다.

"엄마 방에 있는 우리 아기한테 갖다주러 갑니다. 짠!"

아이들의 신나는 노랫소리와 동작에 옆에서 지켜보던 아이들도 신이 나는지 손뼉을 치고, 팔짝팔짝 뛰었다. 그 광경이 마치 축제장 같았다. 아이들의 모습이 너무 예뻐서 동영상을 찍어서 마을배움길 모임 단체 대화방에 올렸다.

> 남자아이가 정말 곱게 잘해요. 5학년 교실에 초빙해서 한번 배워야겠어요.

> 동영상 보다가 얼른 교실로 가봤어요. 방학식 날 풍경이 마치 우리 놀이 연수 때 뒤풀이 분위기네요. 참 좋아요.

> 몸에 고무줄이 짝 배었네요. 아이들 보고만 있어도 행복하네요. 중학교 음악 선생님이 홀딱 반했다고 전해주세요.

> 우와~ 진짜 발놀림! 남자아이도, 여자아이도 발이 엄청 자연스러워요.

선생님들의 반응을 들려주었더니 아이들의 어깨가 한껏 올라가면서 얼굴에 미소가 피어올랐다. 나도 덩달아 신이 나서 고무줄놀이판에 끼어들어 한참을 놀았다. 숨이 턱에 차도록 뛰는데 어릴 적 놀던 골목이 떠올랐다. 골목 놀이 중에서 가장 왁자지껄한 놀이판은 고무줄놀이였다. 그래서 놀이하는 학교인 한솔초에 올 때 고무줄놀이에 대한 기대가 컸다. 왜냐하면 그전에는 해마다 고무줄놀이를 시도했다가 아이들이 너무 어려워 해서 포기하는 일이 많았기 때문이다. 그런데 한솔초에서도 마찬가지였다. 목요놀이에서나 교사 연수 때 가끔 하기는 했지만 어릴 때 같은 흥겨움은 느낄 수 없었다. 그래서 체념하고 있었는데, 2021년 마을교사 협력수업 이후에 학교 곳곳에서 고무줄놀이판이 펼쳐졌다. 한 교사가 아니라 여러 교사가 서로 힘을 합하니 새로운 변화가 생긴 것이다. 그 덕에 우리 아이들도 고무줄에 푹 빠져서 틈만 나면 고무줄놀이판을 벌였다.

친구와 함께 추는 춤

2021년의 행복한 기억을 안고 2022년에는 3월부터 아이들과 고무줄놀이를 제대로 해보리라 마음먹었다. 그런데 1학년 때 고무줄놀이를 제대로 안 해봤는지 처음에 잠깐 관심을 가지는가 싶더니 비석치기 등 다른 놀이판으로 가버리기 일쑤였다. 4월 중순이 되도록 고무줄에 지속적인 관심을 가지는 아이가 나타나지 않았다. 그래도 굴하지 않고 나 혼자라도 하겠다고 고무줄을 꺼내 들었다.

"선생님, 저도 고무줄 아는 거 있어요."

나은이가 다가와 큰 소리로 말했다. 그동안 몇몇 아이들이 고무줄을 해도 전혀 관심이 없었던 나은이였다.

"뭔데?"

"도깨비 나라요."

나은이는 의자를 가져오더니 고무줄을 걸고는 바로 노래를 부르면서 놀이를 했다.

"이상하고 아름다운 도깨비 나라~"

꽤 익숙하게 줄을 감고 풀었다.

"와, 잘하네. 이거 어디서 배웠어? 엄마한테?"

"아니요. 전래놀이반에서요."

나은이가 방긋 웃으며 대답했다. 매주 수요일에 하는 전래놀이 방과 후 교실에서 배웠다며 더 신나서 고무줄을 했다. 나도 같이 크게 노래를 불러주었더니 아이들이 관심을 갖고 여기저기서 몰려들었다.

"와, 잘한다. 저도 알려주세요."

"선생님은 도깨비나라 잘 못 하는데…. 나은이가 알려줄래?"

"네! 좋아요."

나은이가 신이 나서 시범을 보이며 친구들에게 알려주었다.

"먼저 가운데로 뛰어서 들어와서 이렇게 고무줄을 감았다가 푸는 거 야."

"이렇게?"

"어. 그렇게 하는 거야."

"나도 알려줘."

순식간에 고무줄놀이판에 아이들이 가득해졌다.

너도나도 알려달라고 하자 나은이는 천천히 노래를 부르며 차근차근 알려주었다. 내가 고무줄을 할 때는 저런 열광적인 반응이 없었는데, 친구가 하니 마치 아이돌을 보는 듯한 폭발적인 반응이었다. 내가 혼자 하지 못한 일을 전래놀이반의 역할을 통해서 불씨를 피울 수 있었다. 전래놀이 반은 마을 청년인 김채희 놀이교사가 일주일에 한 번씩 학교에 와서 아이들과 놀이하는 동아리이다. 선생님이 하지 못하는 일을 언니들은 할 수 있고, 또래가 모델이 될 때 아이들이 쉽게 어떤 활동에 참여하게 된다는 것을 다시 한번 실감할 수 있었다.

혼자서도 춤출 줄 아는 교사

이날 이후로 아이들이 조금씩 고무줄에 관심을 가지고 연습을 하기 시작했다. 그래서 교실에 늘 고무줄을 걸어 두었다. 그리고 쉬는 시간과 점심시간 등 시간이 날 때마다 혼자서 놀이를 했다. 그러면 아이들이 관심을 가지고 올 거라는 기대도 있었지만, 무엇보다 내 몸의 기억을 되살리는 과정이 재미가 있었기 때문이다. 머릿속으로는 전혀 기억나지 않는데, 고무줄에서 이리저리 발을 움직이다 보면 신기하게 동작들이 떠올라서 틈이 날 때마다 하게 되었다.

"선생님, 그거 뭐예요? 저도 알려주세요."

그런 내 모습을 보고 하나둘 다가와서 묻는 아이들에게 알려주며 함께 하다 보면 어느새 고무줄놀이판이 북적거렸고, 아이들도 시간이 날 때마다 연습했다. 고무줄은 노래를 모르면 재미가 없는 놀이이다. 그래서 노랫말을 칠판 한쪽에 써두었더니 훨씬 더 빠르게 노래를 익혀서 놀 수 있었다. 그런데 새로운 고무줄놀이를 알려주면 처음에는 열심히 연습하다 어느 정도 익숙해지면 흥미가 떨어지는 것 같았다. 왜 그럴까 고민을 하다가 우리가 어릴 때 했던 것처럼 편을 나누어서 해보기로 했다. 같은 편 친구가 죽으면 살려주는 규칙도 알려주고, 만세까지 차례대로 단계를 올리면서 놀게 했더니 더 재미있어했다.

나도 아이들과 같이 편을 짜서 함께 놀이하니 신이 나고 어릴 때의 고무줄놀이 감각이 살아나서 즐거웠다. 나와 같은 편인 아이들이 죽었을 때 "선생님, 살려주세요."라고 말하는 아이들의 목소리에 다리가 아픈 줄도 모르고 몇 번이고 다시 고무줄을 했다. 숨이 차고 힘들어도 한목소리로 부르는 노랫소리에 끝까지 고무줄을 해서 우리 편을 살렸을 때의 기분은 어릴 때와 같았다.

이렇게 하니 5월이 되자 내가 없어도 쉬는 시간마다 아이들이 스스로 놀이를 진행할 수 있게 되었다. 그리고 그 중심에는 고무줄놀이에 관심을 가지고 연습하며 다른 아이들을 끊임없이 놀이로 끌어들이는 아이가 있었다. 놀랍게도 남자아이인 건우였다. 건우가 한 달 이상을 그런 모습을 보여주자 여자아이 중에서도 주도하는 아이들이 나타나기 시작했고, 네 명의 아이들이 중심이 되어서 고무줄놀이판이 열렸다. 그런 모습을 보면서 마치 어릴 적 골목에서 언니들과 같이하던 그 장면이 다시 살아난 것 같아서 마음이 뭉클했다. 내가 고무줄놀이를 살릴 수 있겠구나!

고무줄놀이로 맺어진 학년 연계

고무줄놀이에 빠져들면서 아이들은 하루가 다르게 실력이 늘어갔다. 그런데 2학년끼리만 하다 보니 한계가 있었다. 고난도의 동작, 단계가 올라갈 때 고무줄을 바짓단에 걸어 끌어가는 기술을 특히 어려워했다. 내가 알려줄 수 있지만, 언니들이 가르쳐 주면 더 쉽게 배울 수 있을 것 같아 5학년 고무줄 동아리 담당 교사인 김미자 선생에게 부탁했다.

"선생님, 5학년 아이들이 우리 아이들에게 고무줄놀이를 알려주면 어떨까요? 높이 올라갔을 때 다리에 걸어서 끄는 걸 어려워해서요."

　　김 선생은 활짝 웃으며 그러면 좋을 것 같다며 아이들에게 물어보겠다고 했다. 그리고 곧 반가운 소식을 들고 왔다.

　　"아이들이 좋다고 하네요. 재미있을 것 같다는 아이들도 있는데, 2학년이 더 잘할까 봐 걱정이기도 한가 봐요."

　　"5학년은 동생들 알려주려고 열심히 연습할 테고, 동생들은 선배들 고무줄 하는 모습 보면서 더 신이 날 것 같아요."

　　드디어 선배들과 함께 고무줄놀이 하는 날!

　　매주 금요일 2학년 전체가 함께 놀이하는 날이었는데, 5학년과 고무줄놀이 하고 싶은 친구들만 실내놀이터로 가고, 나머지는 운동장으로 나가기로 했다. 전날 이야기할 때는 분명 많은 아이가 고무줄놀이를 하겠다고 했는데, 막상 선배들이 온다니 쑥스러운지 건우와 수진이, 미연이 3명만 한다고 했다. 그래서 평소에 고무줄놀이를 즐겨 하는 은주와 수연이에게 같이 가자고 했더니 살짝 투덜거렸다.

　　"난 돌나르기도 하고 싶은데… 힝."

"그래? 그럼 조금만 하고 나갈까?"

은주와 수연이는 마지못해 고개를 끄덕이고 실내놀이터로 갔다. 안으로 들어가니 먼저 와 있던 5학년들이 귀엽다며 난리였다.

"2학년들이 높은 단계에서 고무줄을 끌어서 하는 걸 잘 못 해요. 그리고 새로운 것도 알려주면 좋겠어요."

내 말에 5학년들이 고무줄을 잡고 동생들에게 물었다.

"애들아, 무슨 고무줄 할까?"

"이슬비요."

요즘 이슬비에 푹 빠져 있는 건우와 수진이가 합창하듯 말했다.

"저번에 너희가 와서 잠깐 알려주고 갔잖아. 그 뒤로 우리 반 아이들은 이슬비만 했어."

내 말에 5학년들이 어깨가 살짝 올라가는 것 같았다. 먼저 건우가 이슬비를 가뿐하게 해내자 선배들이 감탄하였다. 운동장에 있는 아이들한테

도 가봐야 해서 나는 운동장으로 나갔다가 고무줄놀이 하는 아이들이 궁금해서 다시 실내놀이터로 갔다. 여전히 아이들은 편을 나누어서 놀이하고 있었다.

"언니, 파이팅!"

"건우야, 조금만 더!"

5학년과 2학년이 서로 응원하면서 노느라 시끌벅적했다. 한쪽에서 목이 터지라고 노래를 부르고 있는 은주와 수연이를 쳐다보며 슬쩍 물었다.

"조금만 하고 나간다더니 아직도 있네."

"히히, 너무 재미있어요. 언니들도 좋고요."

은주가 멋쩍은 듯이 웃으며 말했다. 이날 이후로 아이들은 선배들에게 배운 '동무들아'를 열심히 연습했다. 5학년들도 2학년들이 너무 잘한다며 더 열심히 고무줄놀이를 한다는 소식을 나중에 김 선생이 전해 주었다.

우리가 어릴 때는 골목에서 언니들이 고무줄놀이 하는 것을 어깨너머로 보고 자연스럽게 익혔는데, 골목 놀이가 사라진 지금은 이렇게 학년 간 연계로 서로 배우는 것도 좋은 해결 방법이라는 생각이 들었다. 5학년 고무줄놀이 동아리가 있는 게 얼마나 다행이고 고마운 일인지 모르겠다. 5학년에게 고무줄놀이를 배운 아이들이 1학년 동생들에게도 알려주고 싶다고 했다. 고무줄놀이를 통해서 언니, 동생 간에, 또 또래들끼리 놀이를 배우고 즐기는 아이들 민속이 살아나는 순간이었다.

* 고무줄로 엮은 공동체

놀이는 공동체로 아이들을 안내한다

"월계 화계 수수 목단 금단 초단 일!"

여자아이들이 한목소리로 부르는 노래가 교실에 울려 퍼진다. 그 소리를 들으면서 이렇게 아름다운 합창이 또 어디 있을까? 하는 생각을 하는데 갑자기 노래가 뚝 끊겼다.

"희주 죽었어."

고무줄을 잘하는 희주가 줄에 걸렸다. 그러자 같은 편 친구들이 다은이를 쳐다봤다.

"다은이가 살려줘."

친구들의 요청에 다은이가 쑥스러워하면서도 고무줄 앞에 다가섰다. 이이들은 아까보다 더 큰 소리로 노래를 부르면서 응원했다. 다은이가 무사히 끝내자 희주를 비롯한 같은 편 친구들이 환호성을 질렀다.

"야~"

숨이 차서 발갛게 상기된 다은이 얼굴에 자랑스러운 미소가 피어올랐다. 다시 아이들이 합창했다.

"월계 화계 수수 목단 금단 초단 일! 오~ 징~ 어."

다은이는 우리 반에서 가장 수줍음이 많은 여자아이였다. 학기 초에 다른 아이들이 모두 비석치기를 할 때도 자리에 앉아서 쳐다보기만 했다. 같이 비석치기를 하자고 데려다 놓아도 한두 번만 비석이 맞지 않으면 안 한다며 슬그머니 놀이판에서 빠졌다. 수업 시간에도 물어볼 것이 있으면 꼭 내 옆으로 조용히 다가와서 물었다. 무엇이든지 꼭 나에게 물어보고 허락을 구할 정도로 조심스러운 성격의 아이였다. 그런 다은이가 마을교사 놀이수업에서 고무줄놀이를 배우면서 180도로 달라졌다. "나도 할래" 소리를 잘하지 못했는데 아침에 교실에 들어와서 친구들이 고무줄놀이하고 있으면 가방을 책상에 걸자마자 같이 하자며 달려들었다. 또 모르는 고무줄을 친구들이 하고 있거나 내가 다른 아이들에게 가르쳐 주고 있을 때도 자기한테도 알려달라고 주저하지 않고 말했다. 그리고 어려운 단계나 기술을 배울 때 절대 포기하지 않고 끝까지 배우려고 했다. 무엇이 다은이를 이렇게 도전적이고 진취적으로 만들었을까 궁금해서 물어보았다.

"고무줄이 그렇게 재미있어?"

"네. 친구들하고 다 같이 해서 좋아요. 또 팀으로 해서 살려주고 하니까 재미있어요."

다은이가 잠시의 망설임도 없이 말했다. 고무줄놀이를 통해 친구들 속으로 들어간 다은이의 기쁨이 느껴졌다.

놀이는 공통감각과 공통감정을 기른다

딱지치기 판에서 구경하던 채원이가 자꾸 교실 앞쪽을 쳐다보았다. 교실 앞쪽에서는 다은이와 소윤이, 서희, 수아가 같이 고무줄을 하고 있었다. 전에 비해서 규모가 작아진 고무줄놀이판이다. 정민이가 딱지판을 벌인 뒤 일주일쯤 지나자 고무줄에 빠져 있던 여자아이들도 딱지판에 끼기 시작했다. 특히나 고무줄을 잘하던 주하가 딱지판으로 가자, 친한 아이들도 따라갔다. 그런데 채원이는 딱지치기를 하면서 자꾸 고무줄놀이판으로 눈길을 준다. 잠시 후에 채원이가 딱지판에서 일어나더니 고무줄놀이를 하는 소윤이와 다은이에게 다가갔다.

"나도 같이할래."

"그래."

고무줄을 잘하는 채원이가 오니 소윤이가 환하게 웃으며 답했다. 그리고 채원이는 친구들이 먼저 하고 있던 월계화계 고무줄을 같이했다. 무릎 단계에서 뛰기가 힘들어지자 채원이가 조심스럽게 말했다.

"우리 새로운 월계화계 할까?"

"그게 뭔데?"

소윤이가 궁금한 듯 물었다.

"어제 목요놀이에서 교장 선생님께 배웠는데 재미있어."

말을 끝낸 채원이가 먼저 시범을 보였다.

"와, 재미있겠다. 나도 해볼래."

소윤이가 먼저 하고 다은이도 따라 했다. 그런데 다은이가 잘하지 못하자 채원이는 천천히 노래를 부르면서 다시 알려주었다. 친구들이 다 익힌 다음에 새로운 고무줄놀이가 시작되었다.

"월 화 수 목 금 토 일"

신이 나서 부르는 노랫소리에 딱지를 하고 있던 희주와 주하도 고무줄놀이판으로 달려왔다.

"그게 뭐야?"

"나도 해볼래"

아이들의 노랫소리가 더 커졌다.

"월, 화, 수, 목, 금, 토, 일."

채원이는 소윤이, 다은이와는 별로 친하지 않았다. 1학기 동안 같이 논 적이 별로 없었다. 채원이는 비석치기를 좋아하고 잘하는 데 승부욕이 강해서 친구들과 놀면 자주 다툼이 생겼다. 특히 소윤이랑 같이 비석치기를 하면 다투기 일쑤였다. 둘다 고집에 세고 자기주장이 강해 양보를 잘하지 않는 성격이기 때문이었다. 그런데 고무줄놀이를 하면서부터 자주 어울려 놀게 되었다. 고무줄놀이를 통해 공통감각이 생기자 아이들의 관계는 더 끈끈해졌다. 놀 때도 더 활발해졌지만, 갈등이 생겨도 금세 해결되었다. 자기보다 고무줄이 서툰 친구들과 고무줄놀이를 할 때면 그 친구들이 잘하는 쉬운 고무줄놀이를 한참 하고 나서 자기가 하고 싶은 고무줄놀이를 제안하고 알려주면서 함께 했다. 공통감각을 기르는 것이야말로 공동체 문화 형성의 가장 중요한 길이라는 것을 매일 확인할 수 있었다.

고무줄놀이는 여자 놀이? 천만의 말씀, 만만의 콩떡

"딱따구리 구리 마요네즈."

"마요네즈 케첩은 맛있어."

여자아이들이 고무줄을 걸고 놀이를 시작하자, 영수가 '나도 할래'하고 끼어들었다. 아이들의 노랫소리가 커지자 남자아이들이 하나둘씩 참여하기 시작했다. 이렇게 남자아이와 여자아이들이 함께 펼치는 춤이 교실에서 매일 펼쳐졌다. 남자아이들이 참여하면 놀이는 더욱 역동적으로 변한다. 높이가 점점 올라가서 목 높이 단계가 되면서 남자아이들의 옆돌기 실력이 발휘되기 때문이다.

"와~"

남자아이들의 모습을 보고 감탄하던 채원이와 주하가 옆돌기에 도전했다. 하지만 겁이 나는지 다리를 오므리며 동작을 작게 해서 성공할 수 없었다. 그 모습을 보고 남자아이들이 나서서 방법을 가르쳐 주었다.

"괜찮아. 그런데 손을 이렇게 짚어서 해봐."

민재의 설명에 따라 주하가 다시 시도해보았다. 결과는 성공이었다. 주하의 성공에 다른 여자아이들도 용기를 내서 도전했다. 남자아이들의 모습에 여자아이들이 감탄하는 것을 본 다른 남자아이들도 고무줄놀이에 적극적으로 참여하기 시작했다. 남자아이들은 감기와 풀기 같은 동작은 잘하지 못하는데 그때는 여자아이들이 도와주었고 고무줄을 잡아주는 남자아이들도 생겼다.

내가 어릴 때 고무줄놀이는 여자아이들 놀이라는 인식이 강했다. 여자 아이들이 신나게 고무줄을 하고 있으면 남자아이들은 심술궂게 고무줄을 끊고 도망가기 일쑤였다. 그러면 우리는 누구라고 할 것 없이 다 같이 쫓아가서 남자아이들을 응징하곤 했다. 그때는 성역할 고정관념이 분명해서 아이들 놀이를 남자 놀이, 여자 놀이로 구분하는 경향이 강했다.

하지만 우리 반에는 여자놀이, 남자놀이 같은 이분법은 존재하지 않는다.

　남녀 간의 갈등이 시작되는 것은 어렸을 때 부모들의 양육 태도와 놀이의 성역할 고정관념 때문이다. 하지만 이렇게 교사들이 남녀가 함께 놀이하는 것을 격려하고 고무하면 그런 문제를 풀 수 있는 또 하나의 실마리가 만들어질 것이다. 나는 우리 교실에서 그 가능성을 보고 있다.

　이렇게 고무줄놀이를 포함한 전래놀이를 아이들 모두가 좋아하게 된 계기가 있었다. 바로 드라마 〈오징어 게임〉 열풍이었다.

* 마을교사와 함께하는 놀이 전승

〈오징어 게임〉과 함께 불어온 놀이 열풍

"오징어 게임 할 사람 여기 여기 붙어라."

출근하고 있는데 운동장에서 1학년 아이가 친구들을 불렀다. 1학년이 오징어진놀이를 한다는 소리에 깜짝 놀라서 지켜보았다. 서너 명의 아이가 모여들더니 곧이어 그 아이가 뒤돌아서 큰 소리로 외쳤다.

"무궁화꽃이 피었습니다."

"야, 너 움직였어."

요즘 아이들 사이에서는 오징어 게임 하자는 것은 그 드라마에 나왔던 놀이를 하자는 이야기로 통하는 것 같다. 전국적인 교사 모임인 마을배움길 모임에서 확인하니 그것은 전국 어디에서나 일어나는 현상이었다. 그 생각을 떠올리면서 계단을 올라가는데 〈오징어 게임〉에 나오는 가면을 쓴 아이와 456이 새겨진 초록색 옷을 입은 아이가 재잘거리며 내 옆을 스쳐 지나갔다. 교실에 들어가서 창문을 여니 운동장에서 시끌벅적한 소리가 들려왔다.

"오징어!"

"육지!"

5, 6학년 아이들이 떠나가라 소리를 지르며 진짜 오징어진놀이를 하고 있었다. 길목을 건너려는 아이들과 막으려는 아이들의 넘치는 에너지로 운동장이 후끈했다.

이런 모습이 2021년 가을 내내 학교 곳곳에서 펼쳐졌다. 그전과 다른 것은 전래놀이를 싫어하거나 어려워하던 아이들도 누구나 다 적극적으로 달려들어 놀이하려고 하는 모습이었다. 드라마 〈오징어 게임〉이 우리 전래놀이를 단지 옛날의 케케묵은 놀이가 아니라 지금 아이들이 간절히 원하는 새롭고 흥미진진한 놀이로 바꾸어 놓은 것이다. 이러한 변화는 교육적으로 아주 중요한 상황이었기에 그런 조건을 어떻게 활용해서 아이들의 요구와 역량을 높일 수 있을지 교사들은 고민하기 시작했다.

아이들과 교사의 요구로부터!

"아이들이 〈오징어 게임〉에 나오는 놀이를 전부 하고 싶다는데 제가 뭐 아는 게 있어야지요."

급식소 앞 놀이터에서 아이들이 '무궁화꽃이 피었습니다'를 하는 걸 지켜보고 있는데 3학년 김 선생이 다가와서 하소연했다. 30대 중반 김 선생은 〈오징어 게임〉에 나오는 놀이 경험이 거의 없어 당황스러운 듯했다. 그리고 보니 우리 학교에 2~30대 교사들이 많아서 김 선생뿐만 아니라 다른 교사들도 비슷한 고민을 하고 있을 것 같았다. 어떻게 하면 좋을까 고

민하던 차에 때마침 교육청에서 놀이 관련 예산이 내려왔다. 그 예산으로 놀이 강사를 불러 수업을 하거나 놀잇감을 사도 된다고 했다. 그래서 '배움길 담당자 협의회(학년교육과정 담당자협의회)'에서 논의했는데 '놀이 선생님을 모셔서 아이들이 원하는 놀이를 실컷 하자'는 의견이 단연코 우세했다. 이때 나온 의견을 보면 학년마다 차이가 있었다. 대부분은 동학년이 함께 놀기를 원했는데 1학년은 학급별로 해달라고 했다.

"비석치기를 알려주려고 여러 번 시도했는데, 하도 여기저기에서 다투어서 힘들었어요. 그래서 어른들이 많았으면 좋겠어요. 아이들을 소규모 단위로 나누어 놀이 방법도 세세하게 알려주고, 함께 놀면서 놀이에 재미를 느끼게 해주면 좋을 것 같아요."

20대의 1학년 담임 하 선생이 그동안의 고민을 담아 이야기했다. 그 말을 듣고 교장 선생님이 제안했다.

"1학년은 나도 들어가고, 학부모 놀이 선생님 1명, 그리고 시니어 세 분이 같이 들어갈게요. 그러면 담임 선생님까지 6명이니까, 어른 1명이 서너 명의 아이들과 놀면 되겠네요."

하 선생은 무척 좋아했다. 이어서 6학년 심 선생이 말했다.

"6학년 아이들이 저보다 키도 크고 힘도 좋아서 저한테 맞춰서 놀아주는 느낌이 많이 들어요. 아이들과 실컷 놀아줄 수 있는 강사가 오면 좋겠어요."

그래서 6학년에는 젊고 힘 있는 놀이 강사를 고민하다 마침 우리 학교와 협력 관계에 있는 마을배움길연구소에서 수년간 어린이·청소년 놀이 연수를 진행해본 청년 놀이꾼들을 강사로 초빙했다. 그 외 다른 학년들은 아이들이 바라는 놀이를 중심으로 동학년이 모두 함께 다양하게 놀면 좋겠다는 의견이 많았다. 그래서 이런 요구를 바탕으로 각 학년 맞춤형 놀이 수업 계획을 세웠다. 맞춤형 놀이 수업 계획에 모든 교사가 만족했고, 이 소식을 들은 아이들은 기대감에 술렁거렸다.

협력의 고리, 사전 준비모임

"선생님이 안 계시면 아이들이 그 수업을 중요하게 생각 안 하는 것 같아요. 그래서 집중도도 떨어지고 참여도 잘 안 해요. 갈등이 생겼을 때 해결하기도 너무 힘들어요. 그냥 한번 왔다 가는 선생님이니까, 그렇게 생각하는 것 같아요."

마을교사들과 협력 수업을 할 때마다 마을교사들이 토로하는 어려움이다. 그래서 우리 학교는 외부 강사들과 협력 수업을 진행할 때 가능하면 담임교사와 함께 사전모임을 진행한다. 이번 놀이 협력 수업도 학년별로 사전모임을 진행했는데 2학년은 수업 일주일 전에 만났다. 마을교사들은 담임교사들이 수업에 함께 참여할지를 가장 먼저 물었다.

"선생님들이 함께하시지 않으면 놀이가 일회성으로 끝나게 될 가능성이 커요. 왜냐하면 담임 선생님들이 저희랑 아이들이 놀았던 놀이를 잘 모를 수도 있고, 아이들과 합의한 규칙을 모르면 다툼이 생겼을 때 조절하기가 어려울 수도 있어서요. 그래서 저희는 선생님들이 꼭 함께하실 것을 부탁드려요."

이미 학교에서 사전 논의를 통해 교사들도 함께하자고 약속해서 그런지 옆 반의 원 선생도 흔쾌히 그러겠다고 대답했다. 우리들의 대답에 마을교사가 웃으며 어떤 놀이를 하고 싶은지 물었다.

"아이들이 고무줄에 별 관심이 없어서 고무줄을 배웠으면 좋겠어요."

내 이야기에 원 선생은 구슬치기를 하면 좋겠다고 했다. 아이들이 구슬치기하고 싶어 하는데 자신이 몰라서 같이 놀 수가 없다며 안타까운 표정으로 이야기했다. 이어 마을교사들은 혹시 걱정되는 아이들이 있는지 물었다.

"우리 반에 잘 못 노는 친구들이 두세 명이 있어서요. 한 명은 학습지원실 친구인데 2반 학습지원실 친구하고만 놀아요. 나머지 한 명은 노는 친구들을 구경만 해요. 또 한 명은 친구들과 다툼이 잦아서 걱정이에요."

"저희 반에도 학습지원실 친구가 있어요. 이 친구는 땅만 파요. 그리고 여자아이들 한두 명이 작은 일에도 잘 울고 안 놀아요."

우리들의 이야기에 청년 마을교사가 조심스럽게 말했다.

"그 친구들은 담임 선생님께서 같이 놀아주시면 좋을 것 같아요. 특수반 아이들은 낯선 사람을 경계하는 경우가 많아서 서로 힘들어요. 그리고 수업 시간에 다툼이 생기면 선생님들께서 해결해주시면 좋겠어요. 저희가 다툼을 중재하고 있으면 놀이판이 깨져서요."

그렇게 하겠다는 우리들의 대답에 마을교사들의 얼굴이 환해졌다. 다른 학교 수업 경험이 많은 50대의 마을교사가 우리에게 말했다.

"한솔초에서는 수업 전에 교사들과 같이 사전 준비모임을 한다고 하니까 다른 마을교사들이 엄청나게 부러워했어요."

애들아, 무슨 놀이 하고 싶어?

마을교사 협력 수업 첫날이었다. 마을교사 두 명과 담임교사 두 명 그리고 2학년 아이들이 운동장에 모였다. 마을교사들은 먼저 아이들에게 오늘 무슨 놀이를 하고 싶은지 물었다.

"돌나르기요!"

"무궁화꽃이 피었습니다."

"〈오징어 게임〉에 나온 줄다리기요."

"비석치기요."

"술래잡기하고 얼음땡이요."

아이들은 신이 나서 하고 싶은 놀이를 쏟아냈다. 이야기를 들은 마을교사가 엄지손가락을 치켜들고 '무궁화꽃이 피었습니다 할 사람 여기여기 붙어라'라고 큰 소리로 외치자 또 한 무리의 아이들이 그쪽으로 우르르 몰려갔다. 다른 쪽에서는 술래잡기하느라고 마을교사와 아이들이 열심히 운동장을 뛰어다니고 있었다. 나는 술래잡기를 잠깐 같이하다가 놀이판에 끼지 못하는 아이들이 없나 하고 주변을 돌아보았다. 걱정했던 대로 학습지원실 은영이와 지안이가 같이 꼭 붙어서 땅에 물을 부으면서 놀고 있었다. 가서 살펴보아야 할 것 같아서 발을 떼는데 어느새 2반 원 선생이 다가가서 앉아 아이들과 도란도란 이야기를 나누기 시작했다. 그래서 나무 아래 벤치 근처를 뱅뱅 돌면서 아이들이 노는 것만 구경하고 있는 선우에게 다가갔다.

"선우야, '무궁화꽃이 피었습니다' 같이 할까?"

선우는 대답하지 않고 고개만 절레절레 흔들었다. 술래잡기하느라 한참을 뛰어다닌 아이들이 힘이 들었는지 나무 그늘에 펼쳐진 돗자리에 하나둘씩 앉기 시작했다. 놀이수업 지원을 나온 교장 선생님이 돗자리에 앉아 구슬을 양손에 가득 쥐고 아이들과 홀짝을 시작했다. 내 옆에 가만히 서 있던 선우가 신기한지 돗자리 주변을 어슬렁거리며 구경을 했다.

"선우야, 홀짝 할래?"

이번에도 대답은 안 했지만, 표정의 변화가 살짝 보였다. 그래서 선우의 손을 잡고 돗자리에 밀어 넣었다. 그랬더니 못 이기는 척 앉았다.

"교장 선생님, 선우도 홀짝 하고 싶대요."

내 말에 교장 선생님이 선우에게 구슬을 한 움큼 쥐여주셨다. 그리고 놀이 방법을 설명해 주니 눈을 반짝이며 들었다. 잠시 후 선우가 구슬을 따기 시작했다. 신이 났는지 노래까지 불렀다. 교실에서 온종일 열 마디도 하지 않는 선우가 말이다. 놀이 경험이 적은 아이들은 집단놀이를 어려워한다. 그래서 그런 아이들을 놀이로 끌어들이려면 서로에게 집중할 수 있는 일대일 놀이부터 하는 게 중요하다. 교장 선생님은 그러한 과정을 잘 이해하고 있는 것 같다.

그 모습이 신기해서 한참을 쳐다보고 있는데 뒤편에서 흥분한 여자아이의 외침이 들렸다.

"와~ 내 구슬이 들어갔어요. 나 구슬 살 거야. 정말 재밌어요."

돌아보니 미경이가 구멍에 구슬을 던져넣고 신이 나서 폴짝폴짝 뛰고 있었다. 비석치기가 딱 맞추었을 때 놀이에 몰입할 수 있는 것처럼 구슬놀이는 구멍에 넣어야 할 맛이 난다. 미경이는 교실에서 놀이에 전혀 관심이 없던 아이인데, 한번 놀이에서 재미를 느끼자 딴사람이 된 듯했다. 미경이뿐만 아니라 다른 아이들도 구슬 던져넣기 놀이에 푹 빠져서 놀고 있었다.

나랑 놀 때는 "언제 끝나요?", "다른 거 하면 안 돼요?"라고 묻는 아이들이 꼭 있었는데 협력 수업 두 시간 내내 그런 이야기가 한마디도 들리지 않았다. 다투는 아이들도 없었다. 오히려 끝날 시간이 돼서 그만 놀자고 하니, 이구동성으로 나를 쳐다보며 이야기했다.

"벌써 끝났어요?"

"다음 주에도 또 하는 거지요?"

오후에 잠시 6학년 심 선생을 만났는데 신기하다는 듯이 이야기를 했다.

"우리 반 애들의 이런 모습 정말 첨 봐요. 평소 얌전했던 아이들도 이리 뛰고 저리 뛰고 선생님들한테 이거 하자 저거 하자 서로 잡아당기고. 놀이 샘들이 힘드셨을 거 같아 좀 미안했어요."

6학년 아이들의 반응이 이 정도이니 나머지 동생들은 말할 것도 없었다. 놀이샘들이 오지 않는 날에도 교실은 물론이고 복도와 급식소 앞마당, 운동장까지 모든 공간을 점령하고 노는 아이들로 가득했다. 이 광경을 보고 한 선생님은 이렇게 말했다.

"이거 완전 놀이 부흥회 같아요. 학교가 온종일 들썩들썩해요."

이렇게 놀이 열풍이 분 것은 〈오징어 게임〉의 영향도 있었겠지만 마을

교사들의 수업 방식이 한몫한 게 아닌가 싶다. 수업 시간마다 아이들에게 먼저 어떤 놀이를 하고 싶은지 묻고 그 놀이를 먼저 진행하였다. 자신들의 요구가 반영된 놀이를 먼저 하니, 아이들은 그다음 마을교사가 제안하는 놀이에 더 관심을 가지고 집중하여 참여하였다. 아이들의 요구에서 출발하는 배움의 힘을 보여주는 것 같았다.

놀이 협력 수업 계속하면 안 돼요?

4주간의 놀이 협력 수업이 끝나고 '배움길 담당자협의회'에서 평가를 했다. 교장, 교감, 각 학년 배움길 담당, 전담, 특수 교사까지 모두 11명이 함께한 평가회는 그 어느 때보다 유쾌하고 활기가 넘쳤다. 먼저 학년별로 놀이 협력 수업이 어땠는지 상황을 공유하자고 제안하자 1학년 하 선생이 말했다.

"다른 학년은 같이했는데 저희는 반별로 수업을 했잖아요. 우선은 어른들이 많으니까 훨씬 좋았어요. 놀이 하나를 하더라도 어른 한 명당 아이 네 명 정도 맡아서 알려주시니까 아이들이 훨씬 쉽게 익히더라고요. 싸우는 것도 되게 줄었어요. 사실은 놀다가 싸우면 놀이가 중단돼 버리고 그 문제를 해결하려고 이야기하고 있으면 다른 아이들은 저기 가서 사고 치고 있고 이러니까 저는 그게 가장 걱정이었는데 정말 잘 놀았어요."

3학년 김 선생이 궁금한 듯 물었다.

"무슨 놀이 했어요?"

"처음에는 비석치기 했고요, 두 번째는 구슬치기했는데 처음에 비석 배우고 나서 교실에서도 엄청나게 했어요. 전에는 애들이 술래잡기 이런 것밖에 못 했거든요. 술래잡기하면서 많이 넘어지고 싸우고 이랬는데 그런 것도 줄어들었어요. 저는 비석치기 규칙이 어렵다고 생각했는데 애들은 바로 하더라고요. 깍두기도 금방 이해하고요. 어제 비석치기를 하는데 중간에 한 명이 왔어요. 근데 놀던 아이가 '그럼 너는 이 팀도 도와주고 저 팀도 도와줘.' 하면서 더 재밌게 하더라고요."

옆에서 듣고 있던 3학년 유 선생이 물었다.

"애들이 스스로 그런 거예요?"

하 선생은 신이 나서 이야기를 이어갔다.

"스스로 하더라고요. 아이들이 깍두기를 수호천사라고 불러요. 그 모습을 보면서 '아이들도 많이 배우고 크겠다.' 이런 생각이 들었어요. 엄청 좋았어요. 또 하고 싶어요. 매주 하고 싶어요!"

"하하하!!"

하 선생의 이야기에 모두 웃음이 터져 나왔다. 평소 얌전했던 하 선생의 흥분한 모습에서 마을교사와의 협력 수업이 얼마나 좋았는지 느낄 수 있었다. 2학년 원 선생은 평소에 1, 2반이 같이 놀이를 할 때 규칙이 달라서 다툼이 종종 있었는데 이번에 그 규칙에 대한 합의가 된 것 같아 좋았다고 했다.

6학년 심 선생도 웃으며 이야기했다.

"오늘이 마지막 수업이었는데 아침부터 아이들이 되게 설레었어요. 놀이 선생님한테 너무 매달려서 힘들어하셨다는 걸 알고 있어서 그런지 매번 선생님들 오는 거 맞죠? 라고 걱정하면서도 좋아하더라고요. 제가 아는 놀이가 많이 없다 보니까 6학년 아이들이 즐기던 놀이가 좀 한정적이었거든요. 근데 선생님들이 고무줄이랑 구슬치기를 가르쳐 주시니까 자기들끼리

놀 때도 할 수 있는 놀이가 조금 늘어난 것 같아요. 그리고 아이들이 저하고 놀 때는 저한테 맞춰주느라고 슬슬 하는 게 느껴졌었거든요. 그런데 마을 선생님들하고 할 때보니까 정말 전력 질주를 하면서 놀이를 하더라고요. 무엇보다 진짜 애들 수준에 맞게 같은 힘으로 놀아주시는 분들이 계시니까 아이들이 너무 좋아해요. 그래서 저도 놀이 수업 계속했으면 좋겠어요."

말끝을 흐리며 살짝 웃는 심 선생의 모습에 한바탕 웃었다. 3학년 김 선생은 1, 2반이 같이 놀아본 게 너무너무 좋았다고 웃으며 말했다. 두 반이 바로 옆에 붙어 있는데도 중간놀이 시간에 보면 정말 금을 그어놓은 듯이 따로따로 놀았는데 협력 수업 이후 어느 순간 한두 명씩 같이 놀기 시작하더니 섞여서 놀기 시작했다며 뿌듯한 표정을 지었다. 그리고 아이들이 새로 배운 구슬치기를 너무 좋아하며 구슬을 빨리 사달라고 해서 바로 사주겠다고 약속했다는 이야기도 덧붙였다. 그리고 끝에 고민도 말했다.

"조금 아쉬웠던 게 놀이에 못 끼는 애들이 사실 여러 명 있었어요. 그냥 그네를 타거나 한쪽에서 땅만 두 시간 내내 파는 애들이 있었거든요."

김 선생의 말에 4학년 연구부장이 제안했다.

"우리 반에도 안 노는 친구가 있어요. 그래서 오늘은 다른 애들한테 '태영이랑 놀자고 얘기해 볼래?' 그랬더니 애네들이 '야! 태영아, 구슬치기하자!'라고 이야기하더라고요. 그러니까 태영이가 같이 노는 거예요. 어른들이 초대하는 것보단 친구들이 초대하는 게 더 좋겠다는 생각도 들었어요."

연구부장의 이야기에 김 선생 얼굴이 훨씬 밝아졌다. 5학년 윤 선생도 아이들과의 경험을 이야기했다.

"아이들이 하고 싶은 놀이가 진놀이여서 두 분의 놀이 선생님이 양쪽 편에 한 분씩 들어가서 놀았는데 40분 동안 진짜 엄청나게 뛰신 거 같아요. 그러니 아이들도 더 신나 하고. 요새 또 〈오징어 게임〉으로 애들이 관심이 많잖아요. 구슬을 꺼내 놓으니 드라마에 나왔던 구슬 던지기를 아이들이 다 하는 거예요. 구슬을 막 다 따고 다니면서 자랑하고 다니고 그러더라고요. 그래서 저도 껴서 같이 하고 재미있었어요."

윤 선생의 말에 3학년 유 선생이 덧붙였다.

"아이들과 같이 놀기보다 지켜보면서 문제가 생기면 개입하려 했고, 그것이 교사의 역할이라고 생각했어요. 그런데 막상 부대끼며 놀다 보니 아이들과 더 가까워진 것 같아요. 그리고 함께 노니까 아이들의 특성과 성격이 다 보이고 관계도 보여서 좋았어요."

젊은 교사들이 같이 놀아서 좋았다는 이야기를 함박웃음을 지으며 듣던 교장 선생님이 이야기했다.

"요즘은 놀이판이 제대로 열리는 것 같아 얼마나 좋은지 몰라요. 시니어 어르신들이 1, 2학년 마을교사 협력 수업 때 같이 참여했는데, 아이들이 뭐를 해도 칭찬을 해주셨어요. 어르신들의 역할은 그런 게 아닐까 싶어요. '아이고 잘했네! 아이고 맞혔네!' 이러다가 이제 못 맞히면 '한 번 더 해봐' 하며 아이들을 격려해주시는데 그 모습이 너무 자연스러우시더라고요. 그러니까 애들이 짜증을 안 내요. 너무 신기했어요. '할아버지 비석 댑따 잘해요.' 하면서 할아버지만 졸졸 따라다니는 아이도 있었어요. 그래서 다음 주에 운동장에서 어르신들과 놀이해보려고요. 어르신들이 흠뻑 놀이에 빠져 노실 수 있도록요."

마을교사들과 함께한 놀이 협력 수업은 그야말로 대성공이었다. 놀이를 몰라 아이들과 놀기 어려워했던 교사들도 같이 놀이를 배우며 신나게 놀 수 있었고, 무엇보다 5, 6학년 아이들이 놀이에 심드렁한 모습을 보일 때가 많아 힘들어했던 교사들은 아이들의 폭발적인 반응을 보면서 우리 놀이에 관심을 가지고 더 배우고 싶어 했다.

마을교사 협력 수업이 끝나고도 아이들은 매일 축제처럼 온 학교에서 놀이판을 펼치고 즐겼다. 놀이가 그렇게 지속되었던 것은 교사들이 놀이 수업에 참여해서 함께 놀았기 때문이었던 것 같다. 시간이 갈수록 놀이판의 열기는 더욱 뜨거워졌는데 같은 시간, 같은 장소에서 같은 놀이를 하는 공통경험을 통해 신명이라는 공통감정을 느끼고 공유해서 그랬던 것은 아닐까. 이러한 〈오징어 게임〉의 열풍은 다른 놀이들, 특히 고무줄놀이가 확산되는 데 아주 중요한 역할을 했다. 아이들이 드라마에 나오지 않는 놀이도 적극적으로 탐색하고 배우려는 모습을 보였기 때문이다.

아이들을
웃게 하는 마법, 놀이

김나래(3학년 교사)

　제법 쌀쌀한 바람이 부는 날이었다. '학년 통합 놀이 수업'이라는 말에 아이들은 아침부터 들떠 있었다. '놀이'라는 단어에는 아이들을 웃게 하는 마법의 힘이 있다. 놀이를 시작하기만 하면 싸우고 감정이 상해 매일 우는 녀석들이 그래도 '놀이'라는 한마디에 매번 신나 하고 기대하는 모습이 내 눈에는 신기하기도 했다. 싸워도 좋고 울어도 좋고 했던 것도 좋고 재미없어도 좋으니 '놀이' 수업을 해달라는 아이들이었다.

　노는 것이 익숙한 우리 아이들은 놀이 시간이 되자 삼삼오오 하고 싶은 놀이를 찾아 친구들을 모으기 시작했다. 술래잡기, 구슬치기, 돌나르기 등 각자가 원하는 놀이판에 가서 너도 같이하자며 친구들의 손을 잡았다. 그런데 코로나로 학년 간, 학급 간 교류가 많이 없었던 탓일까. 아이들이 모이는 건 결국 반 친구들끼리였다. 같은 반끼리만 모여 놀라고 만든 자리가 아닌데 선뜻 다른 학년, 다른 반과 어울리지 못하는 아이들의 모습에 아쉬운 마음이 들었다. 그러나 걱정되던 것도 잠시, 한참을 놀다가 뒤돌아보니 아이들은 어느새 한데 섞여 신나게 뛰고 있었다. 더 재미있는 놀이를 찾아 이 놀이판, 저 놀이판을 몇 번 돌더니 처음 손을 잡았던 친구들과는 헤어지고 새로운 친구들과 놀게 된 모양이었다. 그런 아이들을 보고 있자니 이렇게 많은 아이와 함께 노는 자리가 더 많으면 아이들이 놀이에서 받는 스트레스가 줄지 않을까 하는 생각이 들었다. 다양한 놀이를 시도해보고 나에게 잘 맞는 놀이를 찾을 수도 있고, 다양한 사람과 어울리는 방법도 익히고, 나와 잘 맞는 새로운 놀이 친구를 사귈 수도 있기 때문이다.

그렇게 선택 놀이 시간이 지나가고 단체 줄다리기 시간이 되었다. 아이들은 줄다리기의 의미와 구호에 대한 설명을 듣고 팀을 나누어 자리를 잡았다. 자리를 잡은 아이들은 고개를 숙이고 모여 드라마 〈오징어 게임〉에 나온 대로 위치선정도 하고 나름대로 전략을 짜기 시작했다. 반드시 이기겠다는 필사의 의지가 느껴졌다. 분명 암룡과 숫룡이 결혼을 하는 화합의 놀이라는 설명을 듣고, 경쟁하는 것이 아니라는 이야기까지 들었는데 아이들의 마음속에는 그 이야기가 전달이 안 된 모양이었다. 드디어 신호가 울리고 모두가 줄을 잡아당기기 시작했다. 아이들을 귀가 빨개지도록 열심히 줄을 당겼다. 하지만 결과는 완패. 몇몇 아이들은 결과를 받아들이기 힘든지 상대 팀이 반칙을 써서 그렇다며 울기 시작했다. 열심히 땀내며 뛰어논 그 추억과 경험이 단순한 결과보다 소중하다는 걸 알기에는 아직 어린 친구들이었다. 그렇게 아쉬움이 가득한 놀이 수업은 끝이 났다.

내가 어렸을 적 동네에는 아이들이 모여 노는 골목이 하나 있었다. 약속하지 않아도 주말 오후, 그 골목에 가면 항상 아이들이 있었다. 그렇게 모인 '동네 친구들'은 참 다양했다. 나이도 다양했고, 운동 능력도 다양했고, 성격도 다양했다. 그렇게 다양한 아이들이 모여 노는데 큰 싸움 한 번 안 났다는 것이 지금 생각해 보면 놀라운 일이다. 골목의 평화가 유지되는 데에는 언니 오빠들의 공이 컸다. 동네의 언니, 오빠들은 규칙을 안 지키거나 매너 없이 노는 아이들에게는 엄중한 경고를 했고, 막내들은 깍두기로 끼워 오냐오냐 귀여워해 주었으며, 자신의 노하우는 중학교에 가기 전 수제자들을 키워 모두 전수하고 떠났다. 동생들은 자연스럽게 선배들의 문화를 배우며 컸고, 그 선배들이 떠나면 자신이 선배가 되어 골목의 평화를 유지했다. 그 시절 우리의 놀이에는 '상대방을 이긴다'라는 경쟁보다는 '같이 놀면 재미있다'라는 공동체 의식이 더 강했기에 가능했던 일인 것 같다. '이해'보다는 '배척'이, '함께' 보다는 '경쟁'이 더 익숙한 우리 아이들도 놀이를 통해 함께하는 것의 즐거움을 알게 되었으면 한다.

* 세대를 연결하는, 교사

10대, 30대, 50대가 같이

> 빨간 마후라는 은
> 하늘에 사나이 이
> 하늘에 사나이는 은
> 빨간 마후라 랄라라

2021년 가을 오후, 우리 교실에 잠깐 들린 4학년 김 선생이 교실에 묶여 있는 고무줄을 보더니 노래를 부르며 발을 움직였다. 마을교사 놀이 협력 수업 시간에 3학년 이 선생에게 배웠단다.

"나도 어릴 때 빨간 마후라로 고무줄을 했는데, 30대인 이 선생이 이 노래를 부르면서 뛰는데, 나도 모르게 순간 울컥하더라고. 50대인 나와 같은 노래로 놀이를 했다니 신기하기도 하고. 이 선생 덕분에 나도 잊고 있던 그 고무줄이 생각났어."

나와 동기인 김 선생은 살짝 흥분한 얼굴로 노래를 부르며 동작을 다시 해 보이고는 말을 이어갔다.

"아까 마을교사 놀이 협력 수업 시간에 우리 반 아이들과 고무줄을 하고 있었는데, 이 선생이 유심히 쳐다보는 거야. 그래서 어릴 때 해봤냐고 물었더니 좀 했는데요. 하더니 너무 가볍게 빨간 마후라를 하더라고. 보고 있던 아이들이 가르쳐 달라고 난리가 났었지. 그런데 시간이 없어서 점심시간에 우리 반 아이들하고 3학년 교실에 가서 배우기로 했어. 근데 4학년 언니들이 하는 걸 보더니 3학년 여자아이들 몇 명이 같이하겠다는 거야. 그래서 즉석에서 이 선생, 나, 3학년과 4학년 아이들이 같이하는 고무줄 연합 동아리가 만들어졌어."

김 선생은 내일부터 점심시간에 모여서 같이 고무줄을 하기로 했다면서 아이같이 좋아했다. 같은 노래에 맞춰 30대와 50대, 10대 아이들이 함께 고무줄을 하는 모습이 눈앞에서 그려졌다. 그리고 꽤 오랫동안 3층에서는 3, 4학년과 김 선생, 이 선생이 함께하는 고무줄놀이판이 펼쳐졌다. 어느 날 3층에 갔다가 노랫소리가 들려서 가봤더니 김 선생, 이 선생과 아이들이 고무줄놀이를 하고 있기에 쉴 시간에 고무줄 동아리를 하는 것이 힘들지 않은지 물어보았다.

"아니요. 고무줄을 처음에 하자고 해서 진짜 반가웠어요. 어렸을 때 고무줄을 진짜 좋아했거든요. 그동안 같이할 사람이 없어서 못 했는데 같이할 사람들이 생겨서 정말 좋아요. 그리고 옛날 생각이 나서 재미있어요."

내 질문에 이 선생이 신이 나서 말하였다.

"점심시간이 되면 혜진이가 우리 교실에 와서 제 등을 톡톡 치면서 이야기해요. '선생님, 오실 거죠?' 하고요. 그 초대가 참 기분이 좋았어요. 어렸을 때 친구들이 '미자야, 놀자' 하던 추억이 떠올라서요. 그래서 좀 쉬고 싶은 시간인데도 기분 좋게 고무줄을 하러 갔어요."

50대 김 선생도 어릴 때 생각이 나는 듯 아련한 표정으로 말했다.

"저는 엄청 새롭고 재미있었어요. 다른 학년 선생님하고 친해질 기회가 보통은 없잖아요. 동생들하고도 놀 일이 자주 없는데 이렇게 노니까 좋아요."

옆에서 선생님들의 이야기를 듣고 있던 4학년 새롬이는 어깨를 으쓱하며 씩씩하게 말했다. 말을 마친 세 사람은 1960년대의 노래인 '빨간 마후라'를 부르며 함께 고무줄을 했는데 그 모습이 그렇게 아름다워 보일 수 없었다. 얼마 전 SNS에서 젊은 MZ세대들을 이해하지 못하고 의사소통을 어려워하는 기성세대를 풍자하는 개그 영상을 본 적이 있다. 기성세대는 꼰대 소리를 듣기 싫어서 MZ세대의 특성을 열심히 공부하고 소통하려고 노력하지만 제대로 되지 않아 좌충우돌하는 내용이었다. 같은 하늘 아래 살고 있지만 이렇게 소통이 안 된다니 마음이 복잡하고 씁쓸했었다. 그런데 고무줄로 10대와 30대, 50대가 세대 차이를 느끼지 못하고 이렇게 재미있게 수다를 떨며 놀 수 있다니 갑자기 고무줄놀이의 사회적 가치는 얼마나 될지 궁금해졌다.

부모와 소통의 매개체

"교장 선생님, 채원이가 새로운 월계화계를 배웠다고 어제 우리 반 아이들한테 알려주었어요. 그거 어디서 배우신 거예요?"

내 물음에 교장 선생님은 밝게 웃으며 말하였다.

"아, 그거 예빈이 엄마가 알려준 거예요. 며칠 전에 우리 학교 방역하시는 학부모님들이 지나가시길래, 따뜻한 차 한 잔 드시고 가시라고 불렀죠. 그분들이 들어오더니 교장실에 매어놓은 고무줄을 보고 깜짝 놀라더라고요. 교장 선생님도 고무줄을 하시냐면서. 하하하, 내 나이대 여자들 중에 고무줄 못하는 사람이 없을 거라고 했더니, 예빈이 엄마도 어릴 때 고무줄을 꽤 했다는 거예요. 예빈이 엄마 고향이 제주도래요. 그래서 제주도 고무줄이 궁금해서 기억나는 거 없냐고 물었어요. 그날은 한사코 생각이 안 난다고 손사래를 치고는 갔어요. 근데 그다음 날 예빈 엄마가 교장실에 나타났어요."

"왜요?"

"자려고 누웠는데 어렸을 때 했던 고무줄이 기억이 날 듯 말 듯 해서 잠을 잘 수 없었대요. 그래서 허공에 발길질하며 고무줄을 떠올리는데 이게 뭐 하는 짓이지 하고 웃음이 났다고 해요. 그리고는 제주도의 월계화계를 막 해보이더라고요. 그날 예빈이 엄마에게 배워서 목요놀이에서 아이들에게 알려준 거예요. 제주도 월계화계는 좀 특이하더라고요."

2021년 가을에 교장 선생님과 나누었던 대화이다. 2022년에도 교장실에는 고무줄이 늘 매여 있었다. 어느 날 5학년 김 선생과 교장실에 잠깐 들렀는데 김 선생이 고무줄을 보자마자 제주도 월계화계를 했다.

"어, 그거 제주도 월계화계인데 어떻게 알았어요?"

교장 선생님이 깜짝 놀라서 물었다.

"예빈이가 지난주에 엄마한테 배웠다면서 알려주었어요. 예빈이는 평소에 주목받는 것을 힘들어해서 고무줄을 잘 하지 않는데 그날은 계속 '언제 알려줘요?' '지금 알려줄까요?' 하며 조르는 거예요. 그리고 아이들이 서로 알려달라고 하니까 어깨가 으쓱해서는 열심히 가르쳐 주는데 그 모습이 정말 예뻤어요."

김 선생은 얼굴 가득 미소를 지으며 말했다.

"우리 학교 아이들은 벌써 월계화계를 두 종류나 아는 거네요. 이렇게 엄마들한테 고무줄을 배우면 전국의 고무줄을 다 배우겠는데요. 정말 재미있을 것 같아요."

교장 선생님 이야기에 나도, 김 선생도 고개를 끄덕였다. 김 선생의 이야기를 들으며 나도 아이들에게 부모님께 놀이 배워오기 과제를 내서 좀 더 적극적으로 놀이를 배워야겠다고 생각했다. 교실마다 선생님들이 그렇게 한다면 금세 놀이가 되살아나고 전승될 수 있을 것이다. 이주 노동자나 결혼 이주 여성들이 많은 학교에서는 부모 나라의 놀이를 통해 자연스럽게 세계문화교류가 이루어질 것이다. 〈오징어 게임〉 이후 전 세계인이 우리 놀이에 열광하고 있는데 코로나19가 끝나면 외국 여행 갈 때 놀이도구를 가져가서 주요 도시의 광장에서 놀이판을 펼쳐보고 싶다. 베트남 여행을 갔을 때도 고무줄 하나로 마을 아이들과 함께 놀며 그곳의 고무줄놀이도 배우고 친해진 경험이 있어서 더욱 기대된다. 그전에 고무줄을 주머니에 항상 넣고 다니면서 기회가 될 때마다 꺼내서 놀이해보려고 한다. 고무줄을 꺼낼 때마다 어떤 이야기판과 놀이가 펼쳐질지 기대된다.

새로운 공동체의 문

우리 학교는 2020년부터 시니어클럽에서 할머니, 할아버지들이 오셔서 아이들과 함께 생활한다. 코로나19가 극성을 부릴 때는 방역도 도와주고, 교사들이 힘들어하는 아이들을 같이 돌봐주었다. 또 놀이도 알려주고 세시 때가 되면 아이들에게 경험을 이야기해주는, 없어서는 안 되는 소중한 분들이다. 그래서 우리 학교는 이분들과 분기별로 세시와 놀이에 대한 연수를 진행한다.

"나랑 같이 비석치기 할 사람 여기여기 붙어라!"

할아버지 한 분이 손을 번쩍 들고 외쳤다.

"어머나, 저요."

"저도요. 하하하!"

그 소리를 신호로 할머니, 할아버지들은 깔깔 웃으며 비석치기, 굴렁쇠, 제기 등의 놀이판으로 흩어지셨다. 교장 선생님도 준비해 온 고무줄을 꺼내며 '고무줄 할 사람 여기여기 붙어라.'를 외쳤다. 그러자 다른 놀이로 가시던 할머니들께서 발걸음을 멈추고 우리에게 오셨다.

"교장 선생님하고 선생님도 고무줄 하셔요?"

"그럼요."

우리들의 대답에 할머니 한 분이 고무줄을 잡으며 옆에 있는 분께 물었다.

"고무줄이 젤 재미있었지. 형님도 고무줄 했슈?"

"안 한 사람이 워딨어? 나도 했지."

할머니 두 분이 주거니 받거니 말씀하면서 고무줄놀이를 시작하였다. 그런데 막상 생각이 안 나는지 머뭇거리고 있는데 저 멀리 앉아 있던 유○○ 할머니가 와서 고무줄에 다리를 걸었다. 그리고는 노래를 먼저 불렀다.

"가을밤 외로운 밤 벌레 우는 밤~"

구슬픈 노래에 맞춰 천천히 다리를 움직였다. 처음엔 노래와 비슷하게 맞았는데 뒤로 감아서 돌며 다시 푸는 것이 나오자 노래와 동작이 따로 움직였다.

"아이고 못 맞추겠네. 이게 이렇게 두 번을 감았다가 푸는 건데…"

유○○ 할머니는 생각은 나는데 재연을 못 하는 상황이 안타까워 어쩔 줄 몰라 했다. 그 모습을 보던 다른 분들은 신기한 듯이 말했다.

"아이고, 그래도 동상은 생각이 잘 나네벼. 난 노래도 가물가물한디."

가는 고무줄 옆에 모인 할머니들은 그 옛날 소꿉친구들과 놀던 추억을 소환하고 노래와 동작을 기억하며 눈가가 촉촉하게 젖어 들었다.

그 이후로 할머니들은 아이들이 운동장에서 고무줄을 할라치면 얼른 고무줄을 잡아주셨다.

"할머니, 세 줄 고무줄 하고 싶어요."라고 하면 세 줄을, "두 줄 고무줄 하고 싶어요" 하면 두 줄을 만들어서 잡아주셨다. 그리고 한 분은 가운데 서서 아이들 동작을 열심히 봐주며 추임새를 넣어주셨다.

"아이고, 울 애기 잘하네. 그려, 그렇게 뛰는겨."

우리 아이들은 이렇게 할머니, 할아버지들의 따뜻한 시선과 지원 속에서 맘껏 뛰놀고 있다. 핵가족이 대다수인 지금은 아이들이 학교에서 할머니, 할아버지들과 놀이를 함께 하면 명절에 할머니, 할아버지를 만날 때 놀이를 배울 수도 있고, 마을에서 만나도 그럴 수 있을 것이다. 또한 할머니, 할아버지들도 손녀, 손자들을 만나게 되면 자신들의 경험을 바탕으로 함께 놀게 될 것이다. 아니, 이미 많은 분이 그렇게 하고 계신다고 했다. 학교에서 할머니, 할아버지들과 놀이 연수를 하면 어김없이 나오는 말이 있다.

"이번 주말에 우리 손주들 오는데 같이 해야겠네."

"그러게, 이렇게 재밌는 걸 안 가르쳐 주고 맨날 비싼 장난감만 사 줬거든요."

그동안 내 몸에 남아 있던 우리 문화의 기억들이 낡고 없어져야 할 구시대의 유물인 줄만 알다가 가장 소중한 문화유산이라고 하자 무척 좋아하고 당당해지셨다. 그 모습을 보면서 이렇게 놀이를 통해 같은 감각과 감정을 가지게 되면 새로운 공동체의 문이 열릴 수 있겠다는 생각에 가슴이 벅차올랐다.

* 놀이문화 전승을 위한 교사의 역할

　나는 한솔초에 2018년에 왔다. 한솔초에 지원할 때 별다른 걱정이 없었다. 그 전부터 한솔초에서 마을배움길을 실천하며 학교를 민주적으로 만드는 선생님들이 있었기 때문이다. 덕분에 나는 별 어려움 없이 한솔초에서 맘껏 놀이하고 마을 나들이하며 그동안 꿈꾸던 교육을 실천하며 지냈다.

　한솔초에 오던 2018년에는 EBS [놀이의 힘]에서 촬영을 오기도 했다. 그 이후 전국에 놀이하는 학교로 알려졌다. 사실 한솔초에는 멋들어진 놀이터나 놀이기구가 있지는 않다. 그저 층별로 빈 교실이 1~2개 이상 꼭 확보되어 있을 뿐이다. 그 빈 교실에는 한솔 놀이터, 숲골 놀이터 등의 이름이 붙어 있으며 누구나 자유롭게 이용할 수 있다. 놀이터에는 나무 비석, 세기나 고무줄, 산가지, 구슬 등의 놀잇감이 들어있는 바구니 외에는 다른 것들은 없다. 아이들은 쉬는 시간이나 중간놀이 시간, 오후에 방과 후 수업을 기다리면서 여기에서 자유롭게 논다.

　언젠가 독일의 유치원에서 장난감을 치웠더니 아이들이 처음에는 잠시 당황하더니, 자기들끼리 놀이를 만들어서 더 재미있고, 창의적으로 논다는 방송을 본 적이 있다. 그걸 보면서 우리는 놀이 자원이 풍부해서 장난감을 없애면 더 잘 놀 수 있을 거라는 생각을 했었다.

그런데 우리나라의 교육 관료들은 그런 것으로부터 배울 줄을 모른다. 무언가 보여주어야 하는 정책 입안에 익숙해져서인지, 놀이 관련 정책을 만들 때도 멋들어진 놀이터 만들기, 보드게임 같은 놀이도구 보급, 놀이를 결합한 교육과정 개발 및 운영 쪽으로만 치우쳐 예산을 세우고 공모한다. 우리가 가진 자원을 알려고도 하지 않고, 알아도 그 가치를 평가절하하고 외국의 사례와 모델만 찾고 쫓아가기 바쁘다. 우리가 얼마나 큰 놀이 자산을 가졌는지는 이미 EBS [놀이의 힘]에서 확인해준 바 있다. 놀이하는 학교와 교사를 찾아 전 세계를 헤맸는데, 결국 우리나라에 그런 학교인 한솔초가 있다는 걸 뒤늦게 알고 부랴부랴 찾아와 촬영했다. 그리고는 아이들이 학교 곳곳에서 노는 모습을 보고서는 감탄을 했다.

"이게 진짜 놀이죠!"

[놀이의 힘] 촬영팀은 놀이를 찾아서 전 세계를 뒤진 다음에야 진짜 놀이를 우리 학교에서 발견한 것이다. 파랑새 이야기가 따로 없다.

진짜 놀이인 우리 전래놀이를 하면 많은 예산이 들지 않는다. 왜냐하면 마을의 할아버지, 할머니, 엄마, 아빠, 그리고 교사들끼리 서로에게 배우고 나누면 되기 때문이다.

작년에 마을 청년들이 놀이 협력 수업에 강사로 왔을 때 아이들의 열광적인 반응을 보면서 전국의 모든 학교에서 마을의 언니, 오빠들이 초등학교에서 놀이지도자가 되면 어떨까? 생각해 본 적이 있다. 중학교의 자유학기제 수업이나 고등학교의 봉사 시간에 초등학교 놀이 수업 지원을 하면 되지 않을까? 같은 학구에 있는 중학교나 고등학교 언니, 오빠, 형들이 초등학교에 와서 놀이 수업을 한다면 자연스럽게 초, 중, 고 연계가 이루어질 것이다. 초등학교 아이들은 언니, 오빠들에게 놀이도 배우고, 중학교, 고등학교 생활에 대해서 궁금한 점 등을 묻고 준비할 수도 있으며 무엇보다 마을에서 서로 의지하고 협력하는 관계를 만들 수 있게 될 것이다.

중학교, 고등학교 아이들이 놀이를 모른다면 학교에서 배우면 된다. 지금의 40~50대는 풍부한 놀이 자원을 자기 몸에 지니고 있다. 각 학교의 40~50대 교사들이 함께 놀면서 놀이 자원을 서로 나누고 아이들과 함께 놀면 중고등학생들은 금세 놀이를 익힐 것이다. 더구나 유치원, 초등학교 아이들과 함께 놀자고 하면 더 열심히 놀고 배울 것이다.

중·고등학생뿐만 아니라 2~30대 교사들도 놀이 경험이 부족한데 이 문제를 해결하기 위해서는 교사 양성과정에서 놀이를 배우고 놀 수 있도록 해야 한다. 우리나라 교사들이 많이 가는 핀란드에는 플레이 풀 러닝센터(Playful Learning Center)라는 교육기관에서 유, 초, 중등 예비교사들에게 놀이를 가르친다. 우리나라 교육관계자들과 교사들은 그렇게 핀란드로 많이 배우러 가지만 그건 잘 보이지 않나 보다. 교사 양성과정에서 예비교사들이 자기의 놀이 경험을 공유하고 놀이에 관해 토론하고, 서로에게 놀이를 배워 자신도 많이 놀아본 후 교사가 된다면 지금처럼 놀이를 어려워하지 않을 것이다.

또한 지금 한솔초에서 하듯이 선배 교사가 후배 교사들을 지원하면 된다. 한솔초에서는 합동 체육이나 창체 시간에 동 학년이 함께 놀이 수업을 하면서 선배 교사들이 후배 교사들에게 자연스럽게 놀이를 알려준다. 이렇게 한 학기 정도 수업을 하면 다음 학기에는 후배 교사들이 더 신나게 아이들하고 뛰어다니면서 놀이를 주도하는 모습을 볼 수 있다. 서로의 어려움을 이해하고 협력하는 관계가 형성된다면 학교 안 놀이문화 형성과 전승은 어렵지 않을 것이다.

2021년과 2022년 아이들 안에서 다시 살아나는 고무줄놀이를 보면서 교사가 문화전승자로서 많은 잠재력을 가지고 있는 위치라는 것이 실감이 되었다. 교사가 교과서의 단순 지식 전달자가 아니라, 배움의 기획자, 관계의 촉진자, 세대 연결자, 문화전승자로 다시 자리매김한다면 인공지능이 주도하는 미래 시대를 희망차게 맞이하는 안내자가 될 것이다.

마 을 이
환 대 하 는
교 장 선 생 님

윤 재 화

✳ 마을 속 학교, 한솔초에 오다

"1학년 교실이 본관과 떨어진 별관에 있어서 교장과 마주칠 일이 거의 없었어요. 그해는 너무 행복했어요."

많은 교사들이 교장과 마주치기 싫어한다. 나 역시 평생 만난 교장들이 부정적인 경우가 많았다.

첫 발령 때 4학년을 맡았는데 한 달 만에 월말시험을 봤다. 며칠 후 교장이 우리 반 교실로 와서 시험성적이 적힌 수첩을 보여주며 아이들 지도를 이것밖에 못 하느냐고 했다. 6학급의 작은 시골 학교에서 다른 학년과 4학년의 평균을 단순 비교하는 것도 동의할 수 없었고, 교장이 학년별 교육과정을 이해 못 한다고 생각했다. 공문 결재를 받을 때도 점을 찍는 위치가 틀렸다고 지적받았고, 운동장에서 수업할 때도 교사의 복장이 수업에 맞지 않는다고 혼이 난 후로는 항상 교상이 나를 감시한나고 생각하게 됐다. 그때부터 교장은 가능한 피하고 싶은 대상이었고 그 후로도 아이를 위해 교사와 협력하고 지원하는 교장은 만난 적이 없었다.

내가 만난 교장의 유형을 생각해 보면 가장 많은 경우가 권위적인 교장이었다. 모두가 상의하는 자리에는 빠졌다가 결정은 자기 뜻대로 한다. 이런 일을 몇 번 겪으면 모두 무기력해져서 어떤 논의도 활발하게 이루어지지 않는다. 그다음은 무관심한 교장이다. 학교 구성원들은 바쁘게 움직이는데 교장은 컴퓨터로 연속극 재방송을 보거나 어항의 물고기 밥만 주는 경우다. 이런 교장과 근무를 하면 한 학교에서 딴 세상에 있는 기분이 들고 그 사람이 어떤 말을 해도 믿음이 가지 않는다. 특별한 경우겠지만 내가 처음 기간제 교사 때 겪은 교장은 아이들이 떠드는 소리를 무척 싫어했다. 그래서 그 학교에서 가장 힘든 사람은 교장실 옆 반 담임교사였다. 이렇게 교장은 권위적이고 일방적이라는 생각이 많아서 거부감이 있었다.

세 번째 민주적인 교장이 있다. 아주 드물기는 하지만. 이러한 유형의 교장은 혁신학교가 시작되면서 그 모습이 보이기 시작했다. 몇몇 혁신학교에서는 교장들이 자발적으로 수업을 하거나 교사들과 대등하게 토론하여 결정하고 교장실을 개방하여 아이들이 놀러 오게 해서 학교 분위기가 활기차게 바뀌었다는 이야기가 들려왔다. 그 소식을 들은 교사들은 모두 부러워하며 우리 학교 교장도 저런 사람이라면 좋겠다고 말했다. 그래서 나도 혁신학교를 추진했고 민주적인 교장을 만날 수 있었다.

충주남산초에 김 교장 선생님이 부임해 왔을 때 모르던 사이라서 어떤 사람일까 궁금했다. 부임한 지 얼마 후 쉬는 시간에 저학년 아이들이 교장실로 들어가는 모습을 보았다. 무슨 일인가 지나다 살펴보니 교장 선생님과 아이들이 잡기 놀이를 하고 있었다. 외부 강사를 초대했을 때도 인사만 하고 바로 나가던 다른 교장들과 달리 끝까지 듣고 자신의 의견을 말했다. 가장 기분이 좋았던 건 여름을 앞두고 에어컨 켜는 문제를 상의할 때였다. 그전까지는 어느 정도 온도가 올라갔을 때 학교 전체가 동시에 켰는데 교장 선생님이 뜻밖의 말을 했다.

"에어컨을 켤 때 선생님들의 자율적인 판단에 맡기면 어떨까요? 맨 꼭대기 층은 먼저 더워질 것이고, 어떤 교실은 좀 시원해서 늦게 켜도 될 테고요. 일률적으로 안 해도 되겠죠?"

순간 그 자리에 있던 사람들이 저절로 손뼉을 쳤다. 교사들의 어려움을 이해하고 믿어준다는 생각에 신뢰가 생겼다. 그 이후 교장의 역할에 관심을 갖게 되었고, 한솔초 공모를 보면서 나도 잘할 수 있을 것이라는 자신이 들었다.

특히 한솔초는 지역사회와 교사들의 협력이 잘 이루어지는 곳이기 때문에 기대가 되었다.

✳ 교장공모제를 축제로 만든 한솔초

교육 주체들의 목소리가 살아있는 교장공모제

2019년 2월, 한솔초는 마을배움길을 주제로 자율학교를 추진하면서 내부형공모제교장을 신청했다. 이 과정에서 한솔초의 교육 주체와 마을 주민들은 함께 토론하고 각자의 요구를 담은 질문을 모아 교장 심사를 진행했다. 한솔초의 마을 축제 같은 교장공모제는 마을이 원하는 교장의 역할에 대해 교육 주체가 서로 이해하는 과정이었다. 스스로 선택하고 환대하는 학교 문화가 어떻게 가능한지 보여주는 것이기도 했다.

한솔초에 공모서류를 접수하고 나니 학교와 마을에 대해 궁금한 점이 많아졌다. 그런데 누구에게도 물어볼 수가 없었고 자료를 구할 수도 없었다. 걱정만 하다가 심사 날이 되었다. 무거운 마음으로 심사장으로 향했다.

심사장에는 심사위원과 참관하는 사람이 30여 명이나 모여 교실이 꽉 차 있었다. 교장공모제에 얼마나 관심이 많은지 느낄 수 있었는데 가장 인상적인 모습은 연구부장이 들고 온 수첩이었다. 두툼한 수첩을 펼친 연구부장은 전교생이 '우리가 바라는 교장 선생님'에 대해 토론을 했는데 이

자리에 아이들이 직접 올 수 없어 대신 그 가운데 몇 가지를 읽어줄 테니 대답해 달라고 했다.

"우리와 놀아주고, 함께 나들이 가고, 캠핑도 같이하는 교장 선생님이면 좋겠어요, 우리가 하고 싶은 말이 있어 찾아갈 때 반가워해 주면 좋겠어요."

그때 연구부장이 들려준 아이들의 목소리를 잊은 적이 없다.

교사들의 질문도 인상적이었다. 교사가 아파서 조퇴할 때도 관리자의 눈치를 봐야 하고 학급에 힘든 아이가 있어도 혼자 책임져야 하는데 이런 처지의 교사를 어떻게 도와주겠냐는 말을 들으며 나도 가슴이 아팠다.

학력이 떨어지는 아이들을 어떻게 해결할지에 대한 학부모들의 걱정이 담긴 질문도 나오고, 지역사회의 대표로 온 안느마리 수녀님은 '공동체는 어떻게 만들어진다고 생각하느냐'고 물었다. 한 질문에 2분의 대답 시간이 주어졌는데 질문마다 하고 싶은 얘기가 많아서 그만하라는 종소리를 자주 들었다. 교장공모제 심사 때까지 많이 긴장되고 구체적인 상들이 없었는데 그 질문을 듣고 대답하면서 한솔초에 교장으로 온다면 여기서 어떤 역할을 하면 되겠다는 생각이 드는 고마운 자리였다. 이렇게 한솔초의 교장공모제 심사를 겪으면서 교장제도에 대한 내 생각도 바뀌었다. 그동안은 줄곧 '교장선출보직제'를 주장했었다. 아이들이 처음 겪는 사회는 학교다. 그렇기에 학교가 민주화되지 않으면 사회도 민주화될 수 없다, 학교 민주화의 핵심은 교장을 학교 구성원들이 뽑을 수 있어야 하고 교장도 역할을 마치면 다시 교사로 돌아가는 순환구조가 되어야 한다고 생각했다. 그런데 한솔초의 공모제에서 마을의 요구를 들으면서 학교와 마을을 함께 생각하게 되었다. 학교 안의 교육 주체뿐만 아니라 마을 모두가 교육 주체라는 생각을 하자 '마을이 원하고 선택하는 교장공모제'가 더 좋은 제도라는 확신이 들었다.

마을 사람들이 안내하는 마을 첫인사

2월에 한솔초의 새 학년 준비 워크숍에 참여했을 때 가장 인상 깊었던 건 아이들이 사는 학구 나들이였다. 오랫동안 수곡동에 살면서 목요놀이 등 마을에 관심을 갖고 참여하고 있던 이명순 선생이 마을 안내를 했는데 맨 처음 학교 옆 솔밭공원을 걸어가며 이야기를 시작했다.

"이곳의 공식 명칭은 매봉공원인데 솔밭공원이라고 부르고 손바닥 공원이라고도 불러요. 나이 드신 어르신들이 매일 산책하는 곳이고, 우리 아이들과 생태 나들이를 자주 나오는 곳이에요. 봄에 아이들과 이 숲에서 마음에 드는 나무와 친구를 맺어요."

한솔초 바로 옆에 있는 작은 숲은 울창한 소나무가 하늘을 덮은 정말 좋은 숲 교실이었다. 공원 중간쯤에 나무 벤치로 공연장 같은 구조물을 만들어놓은 곳이 두 군데나 있어서 아이들과 저곳에 앉으면 정말 좋겠다는 생각이 들었다. 솔밭공원을 지나 학교 뒷산인 매봉산 자락도 걷고, 아이들이 사는 4단지와 1단지, 영구임대아파트가 있는 2단지의 아름다운 길도 걷고, 재개발이란 이름으로 숲을 없애고 대신 애벌레 모양의 구조물이 생긴 잠두봉공원까지 갔다. 아직 2월이라 정식 한솔초 직원이 아닌데도 마치 이 마을에 사는 사람들을 아는 것 같은 느낌이 들었다. 바로 전날까지도 수곡동이 낯설었는데 마을 나들이를 한 후에는 사는 것이 기대되었다.

마을에 인사를 다닐 때도 수곡동은 남달랐다. 3월 초순에 수곡동에 사는 마을활동가인 신동명 씨가 찾아오더니 수곡동에 오신 걸 환영한다면서 마을 안내를 해주겠다고 했다. 그때 나는 교실에서 수업이 시작되면 교장실에서 혼자 불안하게 보낼 때였다. 바로 몇 달 전만 해도 한창 수업할 시간인데 큰 방에 혼자 있는 것에 쉽게 적응하지 못했을 때라서 마을의 기관을 찾아다니며 인사를 하는 건 엄두도 못 내고 있었다. 그런데 마을 사람이 찾아와 안내해주겠다고 하니 그야말로 어둠 속에서 빛을 보는 느낌이었다. 학교와 관련된 기관이 어디인지 그곳은 어디에 있는지 자세히 알려주며 앞장서 길을 가던 신동명 씨가 가장 먼저 학교 앞 산남종합사회복지관에 들어서자 사무실에 앉아 있던 모든 사람이 인사를 했다.

"어서 오세요. 관장님 안에 계세요."

"올해 새로 오신 한솔초 교장 선생님이세요. 인사하러 같이 다니고 있어요."

"어머, 안녕하세요. 반갑습니다."

사무실 직원들의 환한 웃음과 반가운 인사말에 긴장했던 내 마음도 사르르 녹는 느낌이었다. 관장님도 환하게 웃으며 반겨주었다. 산남종합사회복지관뿐만 아니라 1동과 2동 행정복지센터, 지역아동센터도 같은 반응이었다. 마을 구석구석을 잘 아는 사람과 다니니 마을 속으로 자연스럽게 스며드는 느낌이었다. 이렇게 인사를 하며 마을의 환대문화를 경험한 후에는 어떤 기관을 찾아가도 쉽게 이야기를 나누고 친해질 수 있었다.

✳ 아이들의 요구에서 출발하는 배움

아이들이 마실 오는 교장실

아이들의 요구가 뭘까? 자신의 요구를 말하는 아이도 있지만, 아이들 대부분은 자신의 요구를 표현하는 환경에 있지 못한다. 스스로의 요구와 궁금증과는 관계없이 일방적으로 주어지는 지식 전달이 배움이라고 하는 학교 교육이 아이들을 그렇게 만들었다. 이런 상황을 변화시키기 위해서는 교사들의 역할이 중요하다.

한솔초의 교사들은 아이들의 목소리를 드러내고 서로 관계를 맺는 데 있어서 가장 중요한 접착제가 놀이라고 믿는다. 그래서 어디를 가거나 누구를 만나거나 마을 전체에서 놀이하는 환경을 만들기 위해서 노력한다. 놀이시간, 놀이터, 놀이 목록을 어떻게 하면 풍부하고 다양하게 할 수 있는지 항상 고민하고 있다. 이러한 한솔초에서 교장은 어떤 역할을 해야 할까? 교사들의 고민을 이해하고 지원하는 역할이 중요하다고 생각했다. 그래서 교장실을 비롯해 학교 곳곳을 놀 수 있는 공간으로 만들고, 놀이 경험이 부족한 젊은 교사들이 있는 교실을 찾아가 함께 놀며 교사와 아이들이 자연스럽게 놀 수 있는 환경을 만들려고 했다. 그리고 학교에 오신 시니어 어르신들이 아이들의 놀이 환경을 지원하는 역할을 할 수 있도록 했다. 그 가운데 몇 가지 사례를 이야기하고자 한다.

2019년 2월, 한솔초에 처음 와서 학교를 돌아봤는데 아무것도 없이 텅 빈 한 칸 반짜리 교실에 '한솔 놀이터'라는 이름이 붙어 있었다. 학교를 안내해주는 교무부장에게 왜 비어 있느냐고 물었다.

"실내놀이터는 평소에도 아이들이 노는 곳이지만 비가 오거나 미세먼지가 심한 날에도 아이들이 놀 수 있는 장소이기도 해요. 특별한 놀잇감과 놀이기구가 없는 건 아이들이 그때그때 놀고 싶은 놀이를 마음껏 놀게 하려고 일부러 설치하지 않았고요. 지금은 두 곳밖에 없는데 학년마다 실내놀이터를 만드는 게 우리 학교 목표예요."

그 말을 들으며 한솔초 교사들의 놀이 철학을 실감할 수 있었다. 교육청에 놀이시설 공모를 신청하면 바로 몇천만 원의 예산이 지원될 테고 화려한 놀이방을 만들 수 있을 것이다. 하지만 그런 시설은 아이들의 놀이를 한정 짓고 다른 아이들과 협력하기보다는 인기 있는 놀이를 먼저 차지하려고 다투는 상황을 만들 것이다. 그런데 한솔초 교사들은 층마다 빈 교실을 만들면 아이들이 그 속살을 채운다고 믿는 것이다. 그 말을 들으면서 교장실도 아이들의 놀이터로 만들면 되겠다고 생각하게 되었다.

처음 본 한솔초의 교장실은 회의용 탁자가 교실 앞부터 뒤까지 꽉 채우고 있고, 한쪽으로 커다란 교장 책상이 있어서 혼자 쓰는 방에 빈 곳이 없었다. 교장실의 답답한 소파를 치우고 아이들이 마실 오는 공간으로 만들겠다는 제안을 하자 6학년 부장 선생이 학교운영위원회가 열리면 그때

위원들에게 물어보면 좋겠다고 했다. 그 말을 들으며 아차 싶었다. 보통 교장실에 배치한 소파 세트는 학교운영위원회 회의용인 경우가 많다. 일방적으로 치우면 그분들이 무시당했다고 느낄 수도 있겠다는 생각이 들면서 티나지 않게 알려준 김 선생이 무척 고마웠다. 그 말 덕분에 4월까지 기다리며 지냈다. 대신 답답한 교장실이 숨 쉴 수 있게 앞뒷문을 활짝 열어 두었는데 지나가던 아이들이 열린 문으로 교장실을 구경하거나 가끔 나와 인사를 나누기도 했다.

4월이 되어 학교운영위원회가 열렸을 때 소파를 치워도 되겠냐고 물었더니 운영위원들은 흔쾌히 찬성했다.

"그러잖아도 소파에 앉아서 회의하면 몸을 돌려야 해서 불편했어요."

"맞아요, 너무 권위적이라는 느낌을 항상 가지고 있었어요. 바꾸면 좋지요."

4월 중순 무렵에 원목 책상을 들여놓으며 검정 소파는 나중에 필요한 곳에 쓰려고 빈 교실로 옮겼다. 사방치기도 그리고 비석치기 금도 그렸다. 그리고 한쪽에 비석, 딱지, 제기, 공기 등이 들어있는 놀잇감 바구니를 놓으니 비로소 교장실이 아이들과 함께 놀 수 있는 공간이 되었다. 어떻게 놀이를 시작할까 걱정했는데 가끔 놀러 오던 2학년 두 아이가 오더니 바로 비석치기를 시작했다. 그날부터 아이들이 중간놀이 시간이면 북적거렸다. 밖에 비가 오거나 미세먼지 농도가 높아서 못 나가는 날에 실내놀이터가 좁아서 불편했던 아이들에게는 새로운 놀이터가 생긴 것이다. 교장인 나로서는 독거노인에서 동네 공동체 일원이 된 느낌이었다.

내가 없을 때에도 교장실은 늘 열어두었고 아이들은 수시로 찾아와 놀이를 했다. 4월 말에 대구 중앙교육연수원으로 출장을 갔다가 나흘 만에 교장실에 왔는데 바닥에 비석 두 개가 놓여 있었다. 아이들이 놀다 간 흔적이었다. '아이들이 나를 온전히 받아주었구나!'라는 생각에 온종일 기분이 좋았다.

아이들에게 이렇게 변한 교장실이 어떤지 물어보았다.

"저 교장실에 처음 들어와 봐요. 전에는 교장실이 어떻게 생겼는지 본 적이 없어요."

"맞아요. 지금은 언제나 열려 있어서 참 좋아요."

학부모들의 반응도 좋았다.

"옛날에는 혼날 일이 있을 때나 교장실에 갔지, 놀러 간다는 건 상상도 못 했지요."

교사들의 반응은 더욱 좋았다.

"교장실에 오라고 하면 가슴이 철렁했어요. 지금은 교장실에 올 때 편해요."

나도 교장실에 가는 것이 싫었다. 교장실에 갈 일이 생기면 몇 미터 전부터 가슴이 콩닥거리고 긴장이 되었다. 하지만 교장실에서 아이들과 내가 스스럼없이 어울려 노는 걸 본 학부모나 교사들은 점차 교장실을 어려워하지 않게 되었다.

놀이터로 바뀐 학교 주차장

한솔초는 본관과 후관 사이에 주차장이 있다. 내가 공모제 서류를 내러 왔을 때 건물에서 쏟아져 나온 아이들이 차 사이로 다니면서 놀고 있었다. 그 모습이 무척 위태롭고 불안해 보였다. 그래서 이 문제를 어떻게 해결할까 교사들의 생각을 물었더니 따로 주차장을 만들 공간이 없어 어쩔 수 없다고 말을 했다. 그래서 학교 안에서 문제를 해결하지 못하면 지역사회 차원에서라도 주차장 문제를 해결해야겠다고 생각하고 마을 사람들을 만나기로 했다. 다행히 수곡동에는 학교와 마을 사람들이 서로의 생각을 교류하고 도울 수 있는 건강한마을만들기수곡동주민네트워크가 있었다. 그 대표자 모임에 나온 우리 학교 옆 주공2단지의 관리소장님과 우리 학교 주차장 문제를 상의했다.

"학교 주차장이 이런 처지라 아이들의 안전이 걱정돼요. 주민들이 출근하고 빈자리가 있는 낮 시간대에만 주차를 좀 할 수 있을까요?"

"얼마든지 주차하세요. 우리 아파트는 차량이 많지 않아서 여유가 있는 편이에요."

이날 학교로 돌아오는 발걸음이 날아갈 듯 가벼웠다. 학교에 와서 교직원들과 상의하니 대다수가 좋아했다. 주차장으로 썼던 공간을 어떻게 활용할까 물어보았더니 아이들의 놀이터로 활용하면 좋겠다는 의견이 많았다. 그 결과 우리 학교에는 주차장이 없어지고 아이들의 놀이터가 새로 생겼다.

그런데 내 생각과는 다르게 아이들이 놀지 않았다. 그래서 왜 아이들이 놀지 않을까 궁금했는데 며칠 지나지 않아서 답을 찾을 수 있었다. 아이들이 어른들의 약속을 완전히 믿지 못한 것이다. 하루 이틀 사흘이 지나도록 정말로 차가 없이 텅텅 비자 노는 아이들이 하나둘 생기더니 누구나 놀게 되었다. 주차장에 아이들이 더 쉽게 놀 수 있도록 돌나르기, 사방치기, 비석치기, 쌍팔자놀이, 달팽이진놀이 그림판을 그렸다. 그 뒤부터 주차장은 누구도 침해할 수 없는 아이들의 놀이터가 되었다.

놀이터가 된 주차장에 익숙해지던 2학기 초 직원협의회 때 한 직원이 이런 말을 했다.

"주차장은 언제까지 없는 건가요? 무거운 짐이 있거나 비가 올 때는 학교 밖에 주차하고 걸어오기가 너무 힘들어요."

이 말에 모두가 침묵했다. 특히 주차장을 없앤 나는 뭐라고 할 수가 없었다. 그때 2학기에 복직해서 출근한 지 며칠밖에 안 된 이 선생이 말했다.

"저는 복직했더니 학교 안에 주차장이 없어졌더라고요. 좀 당황스러웠는데 학교 후문에 들어오는 순간 신나게 노는 아이들을 발견하고 너무 좋았어요. 제가 좀 더 걷는 불편함이 있더라도 보람이 있다고 생각해요."

문제를 제기했던 직원도 그 말에 공감을 표했고 대다수 교사들이 고개를 끄덕였다. 그때 교직원들이 얼마나 고마웠는지. 그런데 언젠가 중간 놀이 시간에 아이들이 노는 모습을 흐뭇하게 지켜보던 한 교사가 걱정하는 말을 했다.

"내년에 다른 교장 선생님이 오셔서 이곳이 다시 주차장이 되면 어쩌죠?"

그 말이 내내 마음에 걸려 학교운영위원회 때 학부모들의 생각을 물어보았다.

"어머나, 여기가 다시 주차장이 되면 안 되죠. 애들이 여기서 얼마나 잘 노는데요."

그 말을 듣고 내 생각도 말했다.

"학교운영위원회에서 새로 오는 교장 선생님에게 이런 의견을 말하고 동의를 받으면 어떨까요?"

모두가 좋은 생각이라고 하며 흔쾌히 동의해 주었다.

그런데 우리가 주차장을 사용하던 산남주공 2단지의 공사 때문에 문제가 생겼다. 그래서 4단지 입주자대표회의에 참석해 학교의 사정을 얘기했더니 흔쾌히 4단지에 주차하는 것을 동의해 주었다. 사실 이것은 쉬운 일이 아니다. 대다수 아파트의 입주민들은 외부인의 주차에 불만이 있다. 한솔초가 마을 사람들의 신뢰를 받고 지역사회의 구성원으로 뿌리를 내리니 가능한 일이었다. 많은 학교가 주차장 문제로 고민하는데 학교 단위에서도 노력해야 하지만 지자체와 교육청이 나서서 해결을 위한 조건을 만들어주는 것이 필요하다. 지금도 주차장이었던 한솔초 놀이터에서 아이들이 신나게 놀고 있는 모습을 보면 이러한 제도적 지원이 얼마나 중요한지 알 수 있다.

미끄럼틀에 무서운 욕이 있어요

2021년 햇살이 따듯한 5월의 어느 날, 1학년 아이들과 마을 나들이를 할 때였다. 4단지 우주 놀이터에서 미끄럼틀을 타던 한 아이가 갑자기 '꺅' 하고 비명을 질렀다. 그 소리에 깜짝 놀라서 아이에게 뛰어갔다.

"교장샘, 여기 무서운 게 있어요."

"무서운 거? 거미라도 있니?"

"아니요, 뭐라고 써 있는데 아주 무서운 말이에요."

아이가 다친 건 아니기에 일단 안심했지만 무슨 글자가 쓰여 있기에 무서워하는지 궁금했다. 그래서 아이들이 타는 미끄럼틀에 올라가 자세히 살펴보았다. 그랬더니 차마 입에 담긴 힘든 온갖 욕설이 쓰여 있었다. '한솔초 개××' 옆에는 '수곡초 병××끼'…. 놀이터를 함께 사용하는 옆 학교의 아이들과 우리 학교 아이들이 상대방에게 조금 더 자극적인 욕을 하는 욕배틀이 진행되는 중이었다.

이걸 어떻게 해결할까 고민하던 차에 전교어린이회장과 부회장이 교장실에 놀러 왔다. 놀이터 욕설 얘기를 하니 다음 주에 있을 전교어린이회의 때 안건으로 올려서 의논해 보겠다고 했다.

며칠 후 열린 전교어린이회에 나도 참석했다. 미리 제안된 안건을 논의하고 전교어린이회장이 마을놀이터의 낙서 문제를 기타 안건으로 제안했다. 본 안건에 비해 아이들의 참여가 눈에 띄게 활발해졌다. 아이들은 자기들이 아는 놀이터의 낙서 이야기를 했고, 아이들의 이야기 속에서 마을 곳곳의 놀이터마다 낙서가 있는 것을 알게 되었다. 어린이회에서 낙서를 지우자는 의견이 나와 방법에 대해 논의하기 시작했다. 여러 가지 방법이 논의되었고 다음 주부터 직접 낙서를 지우기로 했다. 처음엔 전교어린이회 임원들만 가기로 했는데 소문을 듣고 찾아온 아이들이 많아서 무려 50여 명이나 낙서 지우기 활동에 참여했다. 아이들이 찾아낸 가장 좋은 방법은 매직 블록에 손소독제나 아세톤을 묻혀서 닦는 것이었다. 처음에는 겉에 보이는 낙서를 찾아 지우던 아이들은 미끄럼틀 속의 낙서들도 꼼꼼하게 찾아냈고 하나하나 정성스럽게 지웠다.

다음 날 1학년 아이들과 놀이터로 나들이를 갔다. 아이들도 어제 선배들이 놀이터의 낙서를 지웠다는 이야기를 들었다고 했다. 1학년 아이들은 얼마나 지워졌는지 궁금한 마음에 발걸음이 빨라졌는데 도착해서 보더니 연신 감탄했다.

"이야, 깨끗하다."

"정말 좋다. 이제는 무서운 욕이 없네."

다음 날 낙서를 지운 고학년들에게 1학년들의 고마운 마음을 전하니 환하게 웃으며 좋아했다. 나와 1학년들은 나들이를 가면 놀이터 미끄럼틀에 달려가서 구석구석 살펴보는 것이 하나의 습관이 되었다. 고학년들의 낙서 지우기 활동은 계속 이어졌다.

"아, 우리가 여기 낙서 다 지웠는데 또 생겼어."

처음에 전교어린이회가 주관해서 지운 놀이터는 4단지의 짚라인 놀이터와 우주 놀이터였는데 다른 놀이터 낙서 지우기 활동이 확산되었다.

"지난주에 봉사활동으로 다른 놀이터 낙서도 지웠어요. 그런데 누가 또 낙서를 했어요. 우리 반에 얘기해서 한 번 더 와야겠어요."

아이들은 스스로 찾아서 해결한 일에 자부심도 컸고, 책임감도 대단했다. 자신들이 지운 곳에 새로운 낙서가 생기자 분노했고 다시 해결하려는 의지를 보였다. 마을 놀이터 낙서 지우기는 해마다 한솔초 전교어린이회에서 추진하는 정규 사업이 되었다. 또 고학년들은 반마다 봉사활동으로 마을의 놀이터와 학교 옆 솔밭공원의 청소를 하고 있다. 스스로 놀이터를 청소하는 아이들을 보며 6학년 교사들의 감탄이 쏟아졌다.

"아이들이 적극적으로 의견을 내고 봉사활동에 참여하는 모습을 보며 깜짝 놀랐어요. '이런 게 진짜 자발성이구나' 하고 생각하게 됐어요."

이러한 모습은 자신들의 정체성과 장소성에 대한 인식이 스스로의 주체적 활동에서 강화될 수 있음을 잘 보여주는 것이다.

아이들이 열어 간 마을의 목요놀이터

"교장샘, 방학에도 놀고 싶어요."

2021년 여름방학을 며칠 앞두고 4학년 아이들이 우르르 교장실로 왔다. 다른 때처럼 심심하니 놀자고 마실 온 것이 아니라 뭔가를 단단히 벼르고 온 얼굴이었다. 성격 급한 새롬이 말을 듣고 무슨 소릴까 궁금한 표정으로 쳐다보니 은진이가 찬찬히 이야기를 이어갔다.

"작년부터 코로나 때문에 목요놀이를 못 하잖아요? 그래서 우리 반 아이들이 너무 심심하고 친구들을 못 만나는 방학이 싫다고 해요. 방학에 학교에서 목요놀이 하면 안 될까요?"

코로나19로 목요놀이가 폐쇄되고 2년이 지나자 아이들은 목요일만 되면 뭔가 아쉬운 눈빛을 보였다. 하지만 전염병에 대한 불안감 때문에 선뜻 시작하자는 말을 누구도 할 수 없었다. 그러던 차에 4학년 아이들이 1학기 생활 평가를 하면서 가장 절실한 요구로 목요놀이를 다시 하고 싶다는 말을 꺼낸 것이다. 이 문제를 결정하려면 우선 교사들의 협의와 전교생의 토론, 마을에서 목요놀이를 열 때의 준비 등 이야기 나눌 것들이 많았다.

교사협의회에서는 아직 코로나19가 한창인 상황에서 학교 차원에서 공식적으로 진행하기는 어렵지만, 아이들이 놀 수 있는 활동을 지원하자는 정도에서 '원칙적인' 합의를 했다. 그러자 아이들은 학교가 안 되면 마을 놀이터에서 목요놀이를 열고, 고학년들이 스스로 놀이터지킴이가 되어 진행하겠다는 태도를 확고히 했다. 한 아파트에 여러 개의 놀이터가 있는데 그 가운데 어떤 놀이터에서 진행할지를 결정하기 위해 놀이터 답사를 진행하기로 했다. 답사 소식이 전교에 퍼지자 30여 명의 아이들이 모였다. 함께 간 4명의 교사와 아이들은 35도가 넘는 폭염의 날씨에도 그 단지 아이들의 안내를 받으며 마을 놀이터를 찾아다녔다. 고학년들은 좁은 골목길을 지날 때 후배들의 안전을 챙기기 위해서 앞뒤에서 살피며 길을 걸었다. 아이들은 동생들을 챙길 때 공동체를 위해 헌신하는 모습을 보여주었다.

방학식을 하는 날 오전에 학생회에서는 각 아파트 단지를 중심으로 마을 회의를 열어 방학 동안 어떻게 목요놀이를 진행할 것인지에 대해 협의를 하였다. 마을회의를 주관하기로 한 고학년 아이들은 긴장하면서도 조근조근 설명했다. 5, 6학년 아이들은 동생들이 열정적으로 질문을 하자 점차 마음의 안정을 찾으면서 또박또박 대답을 잘했고, 회의는 모두가 집중하는 가운데 성공적으로 진행되었다. 어느 놀이터에서 몇 시부터 놀지, 준비물은 뭔지, 함께 지켜야 할 규칙은 어떤 것이 있는지 등등 모든 것을 아이들이 스스로 결정했다. 총회가 끝난 후 아이들은 어른들의 도움 없이 스스로 총회를 이끌고 마무리한 것에 자부심을 느꼈다. 교사들도 아이들이 마을총회를 어떻게 진행할지 걱정도 있었는데 아이들이 지혜롭게 논의해 가는 과정을 보면서 아이들의 자율적인 결정에 믿음을 가지게 되었다.

마을별 놀이터 총회를 거치면서 목요놀이터는 전혀 다른 차원이 되었다. 지금까지의 목요놀이는 어른들이 기획하고 추진하면서 아이들에게 준 선물 같은 의미였다. 처음 목요놀이를 시작한 교사와 학부모들은 갈 곳 없는 아이들과 놀아주고, 다툼이 생기면 해결해주고, 가끔 간식도 챙겨 주었다고 한다. 아이들을 보살피는 건 늘 어른들의 몫이었다. 그런데 코로나19로 멈췄다가 다시 시작하는 새로운 목요놀이는 아이들이 주인이 되었다. 아이들은 스스로 놀겠다고 선언하고, 놀이터 지킴이를 자청하고, 총회를 주도하며, 마을 놀이터를 만들었다. 나도 아이들에게 뭔가를 해줘야 한다는 생각이 컸는데 놀이터를 계기로 변하는 아이들을 보면서 '완전한 참여'가 아이들을 어떻게 성장시킬 수 있는지 실감할 수 있었다.

마을마다 목요놀이가 열리다

2021년 7월 29일. 아이들의 요구로 마을에서 목요놀이가 처음 열린 날이다. 그날은 섭씨 35도가 넘는 더운 날씨라 아이들이 얼마나 올까 걱정이 되었다. 그래서 무더위에 시원한 물이라도 챙겨 주려고 미리 얼려놓은 물병들을 챙겼다. 서둘러 3단지 놀이터 앞 모퉁이를 돌아가자 요란한 말매미 소리를 뚫고 아이들이 노는 소리가 들렸다. 미끄럼틀 앞쪽 그늘에선 대여섯 명의 아이들이 돌나르기를 하고 있었다. 그런데 1학년 정환이가 부러운 듯 쳐다보면서도 끼어들지 못했다. 신나게 놀던 4학년 새롬이가 '잠깐만!' 하더니 정환이에게 다가갔다.

"정환아, 너도 돌나르기하고 싶어?"

정환이가 고개를 끄덕였다. 새롬이는 이리 와보라고 하더니 간단하게 규칙을 알려 주었다.

"이 나무토막을 차례로 던지고 한 바퀴 돌아오면 한 살이야."

정환이는 누나의 말과 행동을 하나라도 빠트리지 않으려는 듯 집중했다. 아이들에게 놀이하는 형과 누나가 얼마나 매력적인 존재이고 좋은 지도자인지 보여주는 장면이었다. 한쪽에서는 3학년 아이들이 1학년 현주를 데리고 고무줄놀이를 하고 있었다.

"월계 화계 수수 목단 금단 초단일"

3학년 가운데 고무줄놀이를 가장 잘하는 시원이가 이끌면서 1학년 현주도 자신 있게 참여하고 있었다. 게다가 실력도 제법이었다. 가뿐하게 펄쩍펄쩍 튀어 오르며 '월계화계'를 재미있게 하는 동생들을 보던 6학년 지선이가 간절한 목소리로 말했다.

"나도 하고 싶다, 좀 가르쳐 줄래?"

그 말에 동생들이 너도나도 가르쳐 주겠다고 나섰다. 6학년이 3학년 동생에게 뭘 가르쳐 달라고 하다니! 학교 안에서는 좀처럼 보기 어려운 모습인데 마을 놀이터에서는 너무나 자연스럽게 이루어지고 있었다. 혼자 있는 동생을 자연스럽게 챙기는 새롬이, 동생들에게 거리낌 없이 고무줄을 알려달라고 요청하는 지선이를 보면서 10여 년 동안 놀이를 하면서 쌓아온 한솔초의 저력을 느낄 수 있었다. 그야말로 역동적인 배움의 장이었다.

4시에 시작된 놀이는 6시까지 이어졌다. 마무리는 강강술래로 했다. 아이들이 환한 얼굴로 서로 둥글게 모여서 손을 잡았다. 뜨거운 불볕더위 속에서도 서로 손을 꼭 잡고 강강술래를 하는 아이들을 보고 있자니 그 아름다운 장면에 가슴이 벅차올랐다.

1단지 놀이터와 4단지 놀이터에도 많은 아이가 모여서 신명 나는 놀이판이 벌어졌다. 4단지에는 유치원 아이와 엄마까지 참여해서 더 흥겨운 놀이판이 되었다고 아이들 단체대화방에 글이 올라왔다. 평소 고학년 아이들과 어른 지킴이들이 함께 소통하는 단체대화방 덕분에 세 군데 놀이터의 소식이 실시간으로 공유되면서 서로 신나고 격려하는 흐름이 방학 내내 이어졌다.

내가 어릴 때는 마을 공터나 골목에서 쉼 없이 노는 언니·오빠들을 보며 자연스럽게 놀이를 배웠다. 하지만 놀이의 사회적 전승이 끊긴 요즘은 언니·오빠들이 동생들에게 놀이를 가르쳐 주기 어렵다. 심지어 한솔초에서 보이는 것처럼 놀이를 지원하는 교사가 저학년 교사일 때 저학년 아이들이 고학년보다 놀이를 잘 알아 고학년이 저학년 아이들에게 놀이를 배우는 경우도 있다. 한솔초도 처음 목요놀이를 시작할 때는 교사들이 가르쳐 주고 아이들은 따라서 놀았다고 한다. 그러다 아이들이 놀이에 익숙해지면서 선후배 구분 없이 서로 배우며 소통하는 문화가 만들어졌다. 그런 전통이 다시 열린 목요놀이에서도 전승되고 있었다. 목요놀이를 통해 도시 공동체의 새로운 가능성을 보이는 것 같아 무척 설레고 앞으로의 모습이 더 기대가 된다.

마을을 지키는 사회적 부모들

한솔초 첫 목요놀이에 참여했을 때 가장 인상적인 장면은 아이들 대여섯 명이 학부모 한 명과 돈가스놀이를 하는 모습이었다. 한 아이가 동그란 원을 밟으며 '돈가스'를 외치고 발짝을 떼자 재빨리 '가스가스'를 외치며 그 발을 밟으려는 다른 아이의 외침이 강당을 울렸다. 아이들과 함께 돈가스를 하던 엄마는 다른 아이가 구경만 하고 있자 규칙을 자세히 알려주며 놀이판으로 이끌었다. 그 뒤로도 계속 목요놀이에서 그 엄마를 볼 수 있었다. 나도 함께 놀이를 하면서 그 엄마랑 친해졌는데 언젠가 궁금한 것을 질문했다.

"어떻게 목요놀이에 나오게 됐어요?"

"우리 지훈이가 병설 유치원에 다녔거든요. 어느 날 하원을 하는데 이명순 선생님이 목요놀이 하는데 함께 놀다 가라고 불렀어요. 지훈이도 놀고 싶어 하고 저도 우리 놀이가 좋아서 놀기 시작했어요. 그때부터 줄곧 나왔어요."

지훈이 엄마는 내 아이보다 다른 집 아이를 더 챙기는데 그런 엄마의 모습을 보고 지훈이도 다른 아이들을 곧잘 챙기면서 놀았다. 지훈이 엄마는 제빵 방과 후 강사인데 빵 만들기 학부모동아리를 만들었고 다른 엄마들과 함께 '도란도란 공동체실'에서 그야말로 도란도란 이야기를 나누며 빵을 만들었다. 그리고 학교 전체를 위해서 활동할 계기가 생기자 두 팔을 걷어붙이고 참여했다.

2019년 처음 시작한 아침머꼬(월드비전에서 아침을 굶고 등교하는 아이들을 위해 음식을 구매하는 예산을 학교로 지원하는 프로그램)에 음식이 부족해졌다. 그 소식을 들은 동아리 엄마들이 아침머꼬를 지원하기 위해 '빵 만들기'를 시작했다. 처음 만든 빵이 소시지 빵이었는데 제과점의 빵보다 더 맛있어지는 덕분에 대박이 났다. 50명을 웃돌던 아이들이 갑자기 70명으로 늘어 너도나도 소시지 빵을 외쳐 난감한 상황이 되었다. 이 소식을 들은 엄마들은 더 열심히 빵을 만들어주었다. 그래서 처음에 30명의 예산으로 시작한 아침머꼬는 겨울방학을 앞두고 97명까지 늘어났다. 첫해 엄마들의 지원 덕분에 우리 아이들이 가장 행복해하는 시간이 된 아침머끄는 4년째 이어지고 있다. 지훈이 엄마는 올해 놀이 강사가 되었다. 어릴 때 놀던 우리 놀이가 재미있고 아이들과 노는 것이 너무 신나서 5년째 놀이터 지킴이를 했기에 가능했다. 이제 5학년인 지훈이가 졸업해도 한솔초의 아이들과 놀며 목요놀이를 지키겠다고 했다.

한솔초에 와서 여러 학부모를 목요놀이터에서 만났다. 특히 아빠들의 참여가 인상적이었다. 학교에 오면 선호미를 들고 아이들이 놀 그림을 그려주는 것을 좋아하는 아빠가 있었는데 아이들이 제일 환호한 건 요즘 유행하는 오징어진놀이였다. 고학년 아이들은 그림이 그려지면 함성을 지르며 놀이를 시작했고 놀다가 규칙을 모르거나 다툼이 생기면 그 아빠에게 물었다. 한솔아버지동아리를 만든 분이기도 한 그 아빠는 새텃말에 사는 민규 아빠였다. 친한 아빠들과 마음을 맞춰 아이들을 위한 일은 어떤 것이든 소매를 걷었다. 애들은 잘 놀고 씩씩해야 한다며 함께 놀아주고, 나무를 깎아서 떡메를 만들어준 덕분에 떡메치기는 학교 축제 때마다 인기 코너가 되었다. 온 마을이 함께한 정월대보름 축제 때는 며칠 전부터 쥐불놀이 깡통을 만들고, 땔나무도 모으는 등 궂은일을 도맡아 해주는 바람에 언제나 든든한 버팀목이 되어 주었다. 이렇게 아이들과 함께 놀며 뒷바라지해 주는 엄마와 아빠들을 보며 처음엔 아이들이 노는 모습을 앉아서 보기만 하던 부모들도 어느새 아이들과 어울려 놀고, 간식도 챙겨 주고, 학교의 행사에도 열심히 참여한다. 목요놀이를 통해 아이들만 변하는 것이 아니라 어른들도 참여하고 변해갔다. 이렇게 한마을에 살면서 아이들을 돌보고 함께 놀아주는 사회적 부모들이 있어 한솔초는 신나는 놀이학교가 될 수 있었다.

나를 깨워주는 아이의 질문

　방학 중에는 화요일마다 교장실에서 한솔초의 놀이를 이끄는 아이들
이 모여서 회의를 했다. 어떤 놀이를 하는 것이 좋은지, 어떤 문제가 생기는
지 논의하고 해결책을 찾는 모임이었다. 2시에 이 모임이 있던 어느 날, 오
전에는 개인적인 일을 하려고 컴퓨터를 켰는데 오전 10시쯤에 4학년 지수
가 교장실로 오더니 도시락을 주섬주섬 꺼냈다.

　"저랑 김밥 같이 드세요."

　"와! 맛있겠다. 맛 좀 보자. 어, 도시락이 두 개네?"

　"오늘 아침에 엄마가 싸 주신 건데 다른 사람과 나누어 먹으라고 하셨
어요."

　"내가 횡재했네."

　방과 후 수업이 오전 한 강좌만 있어서 집에 다녀오면 될 텐데 학교에
오래 있고 싶어 하는 아이의 마음이 느껴졌다. 나랑 김밥을 먹은 지수는
내가 컴퓨터 앞에 앉자 저도 내 옆으로 와서 질문을 했다.

　"교장 선생님은 무슨 음식 좋아하세요?"

　"나? 음… 난 칼칼한 닭갈비가 맛있더라."

　"아, 우리 엄마도 그거 좋아하는데."

　"교장 선생님은 우리 학교에서 무얼 제일 해 보고 싶었어요?"

　내가 한솔초에 온 지 3년째인데 나에게 이렇게 물어준 사람이 처음이
었다. 가슴이 설레었다. 얼른 컴퓨터를 끄고 지수와 마주 보았다.

"이렇게 물어준 게 네가 처음이야. 와, 이렇게 물어줘서 고마워. 난 너희들과 나들이도 하고 놀기도 하고 친해지고 싶었는데 지금 그렇게 되는 중이지. 1학년들이랑 나들이도 꾸준히 했고 너희들이랑 친해지고 있잖아."

"맞아요. 저도 교장샘이랑 친하다고 생각해요."

몇 번 말을 나누지 않았던 지수가 스스럼없이 내게 다가와 툭 던진 질문 덕분에 나의 정체성을 다시 생각해 보게 되었다. 나는 살면서 상대방에게 이런 질문을 몇 번이나 했을까? 갑자기 지수랑 수다 떠는 일이 내가 하려고 했던 일보다 훨씬 중요하다는 생각이 들었다. 둘이 수다를 떠는데 다른 놀이터 지킴이 세 명이 더 와서 함께 이야기하고 놀았다. 방과 후 오전 강좌가 모두 끝나는 12시 30분이 되자 6학년 시우와 민경이가 자연스럽게 교장실로 왔다.

그 후로도 계속 아이들이 와서 싸 온 음식을 나눠 먹고 컵라면도 끓여 먹으며 함께 놀았다. 1시가 되자 10여 명의 아이로 교장실이 북적거렸다. 약속 시간은 2신데 조금이라도 일찍 오려는 아이들을 보며 스스로 하고 싶은 일을 할 때 아이들의 동기가 얼마나 높은 수준으로 발휘될 수 있는지 확인할 수 있었다.

세대를 이어주는 마을 놀이터

"여기서 뭐 하는겨?"

"예에~애들이 목요일마다 마을 놀이터에서 논 대유. 그래서 애들 봐줄라구 온 규."

"그려, 잘 노네. 옛날에는 다 저렇게 놀았지 뭐."

2022년 여름방학 목요놀이 첫날, 3단지 모래놀이터에 할머니 세 분이 오셨다. 방학 전 우리 학교에 출근하는 시니어들의 단체대화방에 마을에서 목요놀이터가 열리는데 시간 되는 분들은 함께하자고 알렸더니 오신 거였다. 아이들은 나와 할머니 세 분이 놀이터에 있는 것을 보고 더 신나게 놀았다. 한쪽에서는 공기놀이판이 벌어지고 또 한쪽에선 고무줄판이 벌어졌다. 한창 놀고 있을 때 할머니 한 분이 정자 옆을 지나갔다. 그러자 새텃말에 사는 할머니께서 그분을 불렀다. 애들만 노는 줄 알고 무심코 지나치던 할머니는 아는 얼굴이 보이자 정자로 오셨다.

오랫동안 한마을에서 산 어른들은 서로 잘 알았고, 우리 놀이로 노는 아이들에 대해서도 금세 호의적으로 반응했다. 작년에는 목요놀이를 하러 왔다가 정자에 어른들이 앉아 있으면 어색하고 어려웠다. 아이스크림 같은 간식을 먹게 되면 먼저 드리고, 종종 이야기도 나누었지만 자연스럽게 친해지기는 쉽지 않았다. 하지만 올해는 마을 어른들을 잘 아는 분과 함께하니 관계 맺기가 정말 쉬웠다.

또 하나 달라진 점은 주민들에게 목요놀이터가 소문이 난 것이다. 마을 목요놀이가 시작될 무렵에 교장실에 전화 한 통이 걸려왔다.

"저는 3단지에 사는데요, 혹시 목요놀이터에 세 살짜리 아이랑 가도 되나요?"

그 이야기를 전해주니 아이들은 무척 기뻐했다. 2021년에도 아기엄마가 8개월 된 아기를 안고 왔었다. 301동에 사는 주민인데 지나가며 보니 아이들이 신나게 노는 모습이 너무 보기 좋아서 아기에게도 보여주고 싶다고 했다. 놀이터의 아이들은 그날 아기 얼굴을 한 번 더 보려고 난리가 났었다. 아기의 반응도 폭발적이었다. 그늘에 앉아 아이들이 노는 걸 뚫어지게 쳐다보던 아기는 엄마가 30여 분이 지나 집으로 가려고 일어나자 몸을 뒤로 젖히며 아이들이 노는 곳을 계속 쳐다봤다. 엄마 품에 안겨 있어서 아이들과 손잡고 놀 수 없는 게 아쉬웠지만, 아기가 여럿이 어울려 노는 놀이판 상황에 몰입한다는 걸 알 수 있었다. 그런데 2022년 전화를 받으며 아기 엄마가 목요놀이터라는 명칭을 어떻게 알았을까 궁금했는데 이 수수께끼는 후배 교사가 내게 보내준 사진 한 장으로 풀렸다. 우리 집에 마실 오던 후배 교사가 산남주공 3단지 승강기에 게시된 목요놀이터 공문을 보고 감동해서 사진을 보내왔다. 참 반가웠다. 올해는 여름방학 전에 미리 각 놀이터가 있는 아파트의 관리소와 아이들이 다니는 지역아동센터에 협조공문을 보냈는데 바로 그 공문이었다. 마을 주민들이 이 공문을 보고 놀이터에 대해 알게 된 것이다.

때마침 아이들 단체대화방에 4단지 놀이터에 시니어 두 분이 나오셨고 아이들은 돌나르기를 하며 논다는 소식이 사진과 함께 올라왔다. 아이들은 그 사진을 보며 내 친구 누가 저기서 놀고 있다며 좋아했다. 이렇게 목요일마다 각 놀이터의 모습이 실시간 네트워크로 연결되어 전해지니, 마치 온 마을이 함께 노는 기분이 들었다. 이런 모습을 보며 한솔초가 놀이로 관계 맺고 마을로 배움을 확산하는 데 나침반이 되어주는 마을배움길 연구소 문재현 소장의 글이 생각났다.

마을 놀이문화를 살리는 데는 여러 가지 여건과 맥락이 필요하다. 모든 세대가 서로를 알고 교류하는 삶, 어른들의 놀이에 아이들이 참여할 수 있는 환경, 언니, 오빠, 형들이 동생들의 놀이를 이끄는 상황, 모든 어른이 아이들의 놀이를 허용하고 기쁘게 바라볼 수

있는 마음 등이다. 놀이 목록의 복원만으로는 놀이문화를 살릴

수 없는 것이다.[5]

5 문재현, 『오징어 게임과 놀이 한류』, 살림터, 2022, 195쪽

❋ 마을배움길의 시작, 공감·이해·협력

'위기 상황 도우미'로 싹튼 협력 씨앗

한솔초는 교사들이 처음에는 오려고 하지 않지만 한 번 온 사람은 떠나지 않으려는 학교다. 이 신기한 현상은 아이를 두고 협력하는 학교와 마을의 문화가 있어서 가능했다. 한솔초에서는 어떤 일이든 문제행동을 보이는 아이가 생기면 그것을 문제로 보지 않고 빨리 협력해서 도와줘야 할 생활 장면으로 본다. 처음엔 그 속살을 이해하기 어려웠는데 근무하는 해가 늘어갈수록 진정으로 아이를 보살피고 돕는 교사들의 연대와 협력에 가슴이 따뜻해졌다. 유·초 연계와 학년 연계, 교사 간의 연계, 학부모와의 연계, 마을과의 연계 등 거미줄처럼 엮인 모든 연대와 협력의 문화는 한솔초는 물론 학교가 있는 수곡동을 살기 좋은 마을이라 느끼게 해준다. 그 가운데 내가 근무하며 겪었던 몇 가지를 생각해 보았다.

"교장 선생님, 6학년 1반 교실인데 좀 도와주세요."

부임한 첫해 3월 5일이었다. 9시 50분쯤 교장실 전화가 울려서 받았더니 3학년 이 선생이 다급하게 말했다. '6학년 1반인데 왜 3학년 1반 담임이 연락을 하지?' 하는 생각을 하며 달려갔다. 가보니 텅 빈 교실에 한 남자아이가 쪼그리고 앉아 앞문을 머리로 쾅쾅 박으며 울고 있고, 이 선생과 김 선생이 달래고 있었다. 나를 보고 담임인 김 선생이 말했다.

"1학년 여자아이가 강당에서 피아노를 치고 있는데 갑자기 6학년 오빠가 밀쳤대요. 그런데 인상착의가 이 오빠 같다고 해서 혹시 네가 그랬냐고 물었는데 아니라고 화를 내며 한 시간째 울고 있어요."

만난 지 이틀째인 담임에게 울면서 집에 가겠다고 떼를 쓰는 아이를 달래려고 작년 담임인 이 선생까지 온 것이다. 하지만 그 아이의 고집을 꺾지 못하고 쩔쩔매고 있었다.

교사의 전화를 받고 교실로 출동하면서 생활지도가 참으로 힘들다는 것을 다시 한번 느낄 수 있었다. 그래서 학교에 있는 모든 어른이 아이들을 도울 수 있는 방법을 찾았다. 먼저 담임교사 외에 아이들을 도울 수 있는 사람들을 모았다. 교감, 보건교사, 상담교사, 교육복지사, 세 명의 돌봄전담사가 모였다. 이분들에게 상황을 얘기하고 우리가 다 같이 한 반씩만 도와주면 좋겠다고 말했다. 그러자 돌봄전담사 한 분이 물었다.

"좋은 뜻인 것은 알겠는데 일 년 내내 해야 하나요?"

"아니요, 제 생각엔 아이들이 학급에 적응하는 3월만 도와줘도 큰 도움이 될 듯해요."

모두 고개를 끄덕이며 동의해서 한솔초에 '위기 상황 도우미'가 조직되었고 교감이 이런 취지를 전교에 메신저로 알렸다.

> 오늘 우리 학교에 '위기 상황 도우미'가 조직되었습니다. 수업 중에 갑자기 힘든 일이 생기면 언제든 연락해 주세요. 작은 힘이나마 도와드리겠습니다.

그다음 날, 1학년 김 선생이 그 메신저를 본 소감을 말했다. 뭔가 가슴이 울컥해지고 학교가 따뜻하다는 느낌이 들었다고 했다. 다른 교사들도 그 메시지를 보면서 안심이 되었다며 좋아했다.

얼마 후 위기 상황 도우미가 담임교사와 학교의 다른 구성원들의 공감과 협력을 촉진하는 징검다리가 되었다는 것을 알게 되었다. 위기 상황 도우미로 가장 바쁘게 호출되는 사람은 상담교사였다. 항상 뛰듯이 다니고 잠시 후에 아이의 손을 잡고 운동장을 걷거나 상담실로 가는 모습을 자주 보았다. 그 모습이 안쓰러워서 상담교사에게 얼마나 힘드냐고 위로차 물었는데 뜻밖에 환하게 웃으며 말했다.

"힘은 드는데 정말 좋아요. 어차피 저는 아이를 잘 알고 도와줘야 하잖아요. 그런데 담임 선생님이 아이의 문제행동이 보이면 얼른 연락해 오고, 그 아이에 대해 자세히 알려주시니까 상담 방향을 잡기가 너무 쉬운 거예요. 또 담임 선생님들과도 올해 가장 빨리 친해지는 것 같아요."

돌봄전담사들도 아이의 학급 생활을 알게 되니 돌봄교실에서 보이는 행동에 대해서도 이해할 수 있고, 담임교사와 협의하기도 쉽다고 했다. 전담교사나 수업이 없는 교사들도 문제 상황이 생기면 얼른 달려가 돕고 힘든 아이를 데리고 나와 산책하는 모습을 보여주었다. 교사들의 연대와 협력이 생활지도의 어려움을 해결하는 데 가장 중요한 조건임을 한솔초의 경험이 잘 보여주고 있다.

담임교사와 협력해서 실타래를 풀어가다

2020년 배움길 협의 때, 교사들을 지원하기 위해 관리자들이 무엇을 하면 좋겠냐고 물었더니 전담 수업이 없는 저학년의 수업을 지원해 달라는 의견이 많았다. 그래서 교장은 1학년을, 교감은 2학년을 일주일에 한 번씩 지원하기로 했다. 그런데 코로나19로 등교가 일정하지 않아서 못 하다가 2021년부터 시작했는데 교장이 되고 처음으로 일정한 시간에 아이들과 만날 기회가 생겨서 좋았다. 무엇부터 할까 생각하다가 아이들이 가장 좋아할 놀이와 나들이로 시작했다. 처음 나들이를 간 3월은 아직 쌀쌀한 날씨인데도 아이들은 학교 밖으로 나간다는 기대감에 하늘을 날 듯 흥분했다.

2학년과 놀이를 하는 교감 선생님에게도 봄이 찾아왔다. 점심시간에 급식소에 들어오는 2학년들은 식사하는 교감 선생님 앞에 일부러 찾아가 반갑게 인사를 했다. 이렇게 일 년을 보내고 학년을 마무리할 때가 되자 저학년 담임교사들이 가슴이 따뜻해지는 말을 했다.

"아이들이 교장·교감 선생님과 만나는 시간을 손꼽아 기다려요. 정말 재미있대요. 그런데 사실 가장 손꼽아 기다리는 사람은 저예요. 정신이 하나도 없다가 1주일에 한 번, 숨 쉬는 기분이 들었어요. 고맙습니다."

다문화교육도 협업을 통해 진행했다.

"선생님, 호규는 다른 아이들과 어떻게 지내요?"

"잘 못 어울려요. 호규는 책도 많이 읽고 똑똑해요. 그런데 이상하게 아이들과 섞여 놀지를 못해서 참 안타까워요."

다문화가정 아이인 호규는 동물에 관심이 많고 책을 많이 읽는데 다른 아이들과의 관계에서 자신감이 부족했다. 밖에 나가면 놀이에 못 끼고 항상 내 옆을 떠나지 않는 아이였다. 호규의 이런 모습을 잘 아는 나와 담임은 어떻게 하면 친구들과 어울리게 할지 함께 고민했다.

어느 날 우주놀이터로 나들이를 갈 때였다. 회양목 옆을 지나는데 호규가 이 나무에 광대노린재가 산다고 말했다. 1학년 아이가 곤충의 정확한 명칭을 아는 것이 신기해서 어떻게 알았는지 물었더니 엄마와 인터넷으로 검색했다고 했다. 베트남에서 온 엄마는 호규가 궁금해하는 것은 인터넷으로 검색해서 알려준다고 했다.

"얘들아, 호규가 얼마 전에 엄마랑 여기서 광대노린재라는 벌레를 봤데. 우리 같이 찾아볼까?"

아이들은 벌레를 보자는 말에 환호성을 지르며 호규 앞으로 몰려들었다. 그 모습에 눈이 동그래진 호규가 조심스럽게 회양목 나뭇가지를 들추자 형형색색 반짝이는 벌레가 보였다. 아이들은 엄지손톱만 한 초록색 벌레가 조금씩 움직이자 난리가 났고 호규에게 질문이 쏟아졌다.

"어떻게 발견했어? 혹시 만져 봤니?"

호규는 환한 얼굴로 물어보는 친구 한 명 한 명과 눈을 마주치며 자세히 알려줬다. 그날 회양목에서 찾은 벌레는 큰광대노린재였는데 꽤 많은 수가 무리 지어 살고 있었다.

그날 오후에 1학년 교실을 찾아가 호규 덕분에 아이들과 함께 큰광대노린재를 본 이야기를 담임교사에게 했다. 그리고 오늘 찍은 사진과 동영상을 보내줄 테니 호규가 설명하게 하면 어떻겠냐고 했다. 그 말을 들은 담임교사도 무척 반가워하며 호규가 아이들 앞에서 말할 기회를 만들어야겠다며 좋아했다.

다음 날 호규는 반에서 스타가 되었다. 사진과 동영상을 본 학급 아이들이 호규에게 다가와 곤충에 관해 묻고 검색하는 방법을 알려달라고 요청했다고 한다. 그다음 주 나들이 시간에 큰광대노린재를 보러 가는데 가장 앞장서서 아이들을 이끌고 간 아이는 호규였다. 호규를 중심으로 뭉친 1반

나들이 팀은 우주놀이터 옆 화살나무에는 긴 허리노린재가 산다는 것도 알아냈다. 회양목과 화살나무는 아이들이 매주 찾는 나들이 장소가 되었다.

1학년과 놀이와 나들이로 만난 2021년을 마무리할 때 아이들에게 물었다.

"올해 우리 동네에서 놀이하고 나들이를 했는데 가장 기억에 남는 장소가 어디인지 그림으로 그려볼까요?"

그 질문에 아이들은 놀이터에서 그네를 타거나 짚라인을 타는 모습을 많이 그렸다. 그런데 나들이 팀의 건우가 뜻밖의 그림을 그렸다. 하얀 도화지 한가운데 회양목 잎을 그렸는데 자세히 보니 그 안에 큰광대노린재가 있었다. 초록색 잎에 붙어 있는 큰광대노린재를 보면서 건우에게 왜 이런 그림을 그렸는지 물었다.

"난 큰광대노린재를 보러 갈 때가 참 좋았어요. 벌레가 아주 예쁘고 신기했어요."

건우의 말을 들으며 가장 좋아한 아이는 호규였다.

"저 큰광대노린재 내가 먼저 발견한 거야."

아이들과 나들이나 놀이를 하면 교실에서는 보지 못한 모습을 볼 수 있고 아이가 관심 있는 지점을 찾을 수 있다. 특히 소극적인 아이들에게 자연은 아주 중요하다. 자연은 사회적 관계처럼 아이들을 차별하지 않기 때문에 약한 아이들에게 힘을 주고 자연 속에서의 활동은 아이들로 하여금 스스로의 경험에 대한 확신을 주기 때문이다.

놀이와 나들이는 참 신기하다. 한 번, 또는 몇 번만 그 활동을 하면 서로 반갑고 설레는 사이가 되기 때문이다. 그러한 경험을 통해 나는 아이들 속으로 깊게 들어가서 관계를 맺을 수 있었다. 그것은 아이들이 구원받는 경험을 넘어서 교장인 나의 삶이 구원받는 느낌이었다.

시니어와 협력하여 지원하는 마을배움길

"우리 반 ○○이가 수업 시간에 갑자기 화장실을 간다는 거예요. 다른 애들을 놓고 갈 수가 없어서 동동거리는데 복도에 계시던 시니어 어르신께서 데려가 주셨어요. 정말 고마웠어요."

"시니어 어르신들 안 계셨으면 어쩔 뻔했어요."

돌봄과 방역, 수업까지 감당해야 했던 코로나19 시기를 넘기며 우리 학교 교사들이 시니어 어르신들께 고마워하는 목소리는 끝이 없다.

한솔초에 있는 시니어 일자리는 2020년에 생긴 사회 서비스형 일자리인 〈친구야, 학교 가자〉이다. 2019년 겨울, 서원시니어클럽의 신 팀장이 새로운 일자리를 제안했다.

"하루 3시간씩 주 5일 출근하는 사회 서비스형 일자리가 생겼어요. 매일 출근하기 때문에 수요처에서도 꼭 필요한 일자리여야 하고, 출근하는 시니어 어르신들께서도 만족할 만한 의미 있는 일이었으면 해요. 혹시 가능할까요?"

얼른 학교에서 교사들과 상의했는데 유치원과 저학년 담임은 환영하는 반면 고학년 담임들은 갸우뚱하며 낯선 분들과 함께 지내는 상황을 걱정하는 소리가 나왔다. 그렇다고 모든 것을 거부하는 것은 아니었기에 가능한 영역을 정했다. 우선 혼합연령 반인 병설 유치원부터 가장 촘촘한 돌봄을 짜고, 아직 학교에 적응하지 못한 아이들이 있는 저학년을 집중하여 돌보고, 고학년은 텃밭 농사와 동아리 활동, 세시풍속배움길을 할 때 어르신들의 도움을 받자고 했다. 그래서 2020년 3월부터 시니어 어르신 열여섯 분이 한솔초에 오기로 했는데 코로나19 때문에 등교가 미뤄져서 5월 말에야 만나게 되었다.

코로나19 상황에 아이들이 학교에 오는 것은 흡사 전쟁 같았다. 교문부터 1m 간격으로 거리두기를 알리는 점을 찍은 곳으로 걸어야 하고, 현관 입구에서는 철저한 발열 체크와 손 소독이 기다리고 있었다. 이런 상황에서 1학년 입학생 가운데 매일 아침 우는 여자아이가 있었다. 엄마 손을 잡고 학교 현관 앞까지는 오는데 엄마가 손을 놓으려 하면 울면서 잡고 늘어졌다. 엄마에게 왜 이렇게 우는 것 같냐고 물었더니 친한 친구가 같은 반인데 홀짝 등교를 하는 바람에 등교 날짜가 달라서 못 만나서 그런 것 같다고 했다. 어떻게 도와줘야 할지 막막했다. 그때 복도에서 그 모습을 지켜보던 시니어 어르신께서 현관 앞에 와서 아이의 손을 잡았다.

"애기야, 울지 마. 할머니랑 교실 가자, 아이구 착하다!"

그러자 거짓말처럼 아이가 엄마 손을 놓고 할머니 손을 잡았다. 훌쩍거리면서도 할머니와 교실로 걸어가는 아이를 보며 엄마와 함께 안심했다. 코로나19로 온 학교가 긴장한 상태로 등교를 시작했는데 얼마 지나지 않아 학교가 평온해졌다. 학교 곳곳에 계시는 시니어 어르신께서 화장실에 가는 아이를 돌보고, 아픈 아이는 보건실에 데려다주고, 급식을 먹을 때도 1학년 옆에서 도와주셨기 때문이다. 그 모습을 보고 우리 학교에서 가장 오래 근무한 돌봄전담사가 감탄하며 말했다.

"제가 한솔초에 근무하면서 우리 아이들이 이렇게 안정되고 편안한 모습은 첨 봐요. 시니어 어르신들 덕분이에요."

또 다른 교사의 말을 들으며 처음 든 우려가 시간이 지난 지금 어떻게 바뀌었는지 알 수 있었다.

"처음엔 어려운 시어머니가 오는 느낌이었어요. 그런데 우리 아이들을 돌봐주시고 선생님들이 참 힘들겠다고 격려해주시는데 친정어머님이 오셨구나 하고 생각했어요. 정말 고마워요."

교사와 아이들보다 더 높은 만족을 느낀 분들은 시니어 어르신들이었다.

"우리가 어디 가서 선생님 소리를 들어보겠어요. 그런데 학교에 오면 애들이 '할머니 샘'하고 부르는데 너무 좋은 거예요. 아주 살맛이 난다니까요."

그해 겨울에 시니어클럽 일자리 담당자에게 우리 학교의 소식을 알려주며 다른 학교에도 적극적으로 권장하라고 했더니 고민을 말했다.

"다른 학교는 풀을 뽑거나 청소해 주는 분을 찾아요. 한솔초처럼 사회적 조손 관계를 맺는 것은 상상을 못 해요. 그리고 한솔초에서 이미 아이들과 따뜻한 만남을 경험한 시니어들께서 다른 학교에는 안 가려고 하세요."

담당자의 하소연을 들으니 갈 길이 멀다는 생각이 들었다. 핵가족화되면서 아이들은 성마른 성격이 많아졌다. 어릴 때부터 온통 사랑을 쏟고 무한한 신뢰를 보내주는 조부모의 따뜻함을 잃어버렸기 때문일 것이다. 한솔초에서 펼쳐지는 〈친구야 학교 가자〉는 사회적 조손 관계를 맺기에 꼭 필요한 시니어 일자리다. 마을에서 사회적 조손 관계를 맺으면 아이들은 자기를 격려해주고 편들어 주는 든든한 조부모가 생기고, 어르신들은 자라는 아이들을 보살피면서 삶의 생동감을 느낄 수 있을 것이다. 전국의 학교에서 학교로 들어오는 시니어 일자리를 함께하면 좋겠다. 그리고 학교에서 이 일을 가장 잘할 수 있는 사람은 나이도 많고 시간도 많은 교장이다. 교장이 먼저 어른들께 아이들이 사는 마을에 관해 묻고 배우면 교장에 대해 신뢰가 생기고 점점 학교에 대한 믿음도 커질 것이다. 답답한 교실이라는 우물을 벗어나 아이들이 사는 넓은 세상인 마을로 배움길을 열어 갈 때 든든한 마을교사가 생기는 셈이다. 시니어들이 전국의 모든 학교에서 아이들과 따뜻한 가슴으로 만나는 날이 오기를 기대해 본다.

✳ 마을 속 아이로 키우는 길

마을과 함께 만들어가는 축제 이야기

한솔초는 마을과 함께 여는 축제가 많다. 정월대보름 쥐불놀이는 마을 주민들이 주체가 되어 추진하고, 단오 축제는 학교가 준비해서 마을 분들과 함께 어우러지는 판이다. 두 행사 모두 한솔초에서 펼쳐지다 보니 한솔초 구성원들의 관심과 참여가 높고 마을과 자연스럽게 소통하는 장이 된다. 코로나19로 몇 년간 못하던 이런 행사들이 올해는 모두 추진되고 있다. 이런 축제에 대해서는 앞에서 이미 이야기를 하고 있으므로 2019년에서 처음 시작한 진로 축제에 대해 이야기해보려고 한다.

2019년 배움길 협의회 때 김명신 선생이 진로 축제를 제안했다. 처음 그 말을 들을 때는 하루 정도 날을 정해서 각종 직업체험 부스를 만들어 놓고 아이들이 간접 체험하게 하는 평범한 모습을 상상했다. 하지만 김 선생이 말하는 자세한 제안 설명을 듣고는 깊게 생각하게 되었다.

"우리 학교 아이들이야말로 진로 체험이 꼭 필요해요. 다양한 직업의 세계를 잘 모르고 진취적인 도전의 기회가 적거든요. 6학년 아이들에게 장래 희망을 물어보면 정말 단순한 직업군만 나와요. 우리 학교의 진로 축제는 마을의 어른들과 연계해서 꾸준히 체험한 후에 아이들 스스로 부스를 운영하게 하면 좋겠어요.”

하루 동안의 간접 체험 행사가 아니라 일 년 프로젝트였고 해마다 더 깊어질 것이 기대되었다. 고학년 아이들이 진로 탐색을 한 후 동아리를 만들고 그 동아리와 연관된 마을의 가게와 사람을 찾아서 연계를 맺고 꾸준히 지도받은 결과를 가지고 부스를 운영하기로 했다. 이때부터 한솔초 고학년의 동아리 활동은 마을과 연계 맺는 분야로 넓어지게 되었다. 또 이런 취지를 이해시키기 위해 학부모들에게 안내장도 보내고 재능기부도 받았다. 아이들도 자기 부모의 직업부터 관심을 두기 시작했고 학원이나 가게 등 자기가 다니는 장소와 운영하는 분들에게 관심을 끌게 되었다.

첫해 진로 축제를 앞두고 아이들과 학부모, 교사로 이루어진 추진위원회가 조직되어 세 차례의 준비모임을 갖고 진행했으며 행사 후에는 평가모임으로 정리했다. 도란도란 공동체 사랑방에서 둥글게 모여 앉아 열띤 토론을 주고받던 모습이 아직도 선명하게 기억난다.

선생님과 아이들이 동아리 활동도 하고 진로 탐색을 하는 동안 나는 마을의 기관을 찾아다니고 전화하며 진로 축제를 설명하고 함께 참여해주길 부탁했다. 미용실을 하는 학부모가 운영한 코너에서는 아이들이 직접 가발을 자르며 커트 연습을 했고, 아이들이 직접 만들어주는 떡볶이집, 카페도 인기가 많았다. 지역의 여러 기관인 소방서, 보건소, 경찰서 등에서 적극적으로 참여했는데 경찰 부스에서는 아이들 크기의 경찰복을 준비해와서 인기가 높았다. 다른 단체에서 많이 참가했는데 가장 기억에 남는 기관은 우체국이었다.

"어머, 그날 우체국 전체가 모이는 행사가 있는 날이에요. 어쩌나, 아이들에게 우표 전시도 보여주고 싶고, 우체국의 다양한 일을 알려주고 싶은데⋯. 내년에는 행사 날짜를 조금 일찍 알려주시면 꼭 참여할게요."

그 말이 반가워서 기관들 연락상황을 정리하는 비고란에 '내년에 미리 연락할 것'이라고 적어 놓았는데 코로나19가 터져서 진로 축제를 못 해 아쉬웠다.

3년간 멈추었던 진로 축제를 2022년 '학생의 날'에 드디어 다시 했다. 온종일 온 학교가 아이들 웃음소리로 넘쳤고 마을의 어른들과 기관에서 온 분들도 함께 즐겼다. 이번에는 학교 옆 아파트 경로당의 할머니·할아버지께서 만든 종이접기 작품을 전시하고 아이들에게 방법을 알려주셨다. 아이들은 무척 신기해하며 경로당으로 배우러 가겠다고 하여 회장 할아버지의 웃는 입이 다물어지지 않았다. 나는 그리웠던 2019년의 열기를 다시 느낄 수 있었는데 이날 처음 축제를 경험한 3학년 아이가 그날 저녁에 엄마에게 했다는 말을 들으며 아이들의 직설적인 감정을 느낄 수 있었다.

"엄마, 나 오늘 진로 축제를 해서 너무 기분이 좋아요. 이 기분을 아주 천천히 느끼고 싶으니 나를 절대 건드리지 마세요."

마을의 모든 기관과 단체가 아이들의 배움터

"수곡동의 기관을 방문할 건데 기관에서 아이들을 맞을 준비가 되면 좋겠어요."

2019년 마을배움길 담당자 협의회 때 2학기 계획을 세우는 자리에서 교사들은 기관방문 때 필요한 요구사항을 말했다. 마을배움길 학교인 한솔초의 교사들은 마을 곳곳이 아이들의 배움터라고 생각한다. 그래서 우리 마을의 여러 살림살이도 알고, 그곳에서 일하는 분들을 만나는 시간을 갖기를 바랐다. 수곡동 곳곳을 다니며 현장 체험학습을 하는 아이들의 모습을 상상하면서 참 좋겠다고 생각했다. 선생님들이 찾아가겠다는 공공기관은 수곡1동 우체국과 청주우편집중국, 수곡 1동과 2동 행정복지센터, 산남종합사회사회복지관이 있었다. 그래서 교사들과 아이들이 좀 더 쉽게 방문할 수 있도록 내가 먼저 그 기관들을 찾아가기로 했다.

9월 26일 오전에 수곡1동 우체국을 먼저 가서 우체국장에게 온 이유를 말했다. 바쁜 일손을 멈추고 맞이해 준 우체국장에게 전교생이 마을의 기관을 방문할 예정이란 것과 마을배움길의 의미를 말했더니 흔쾌히 방문에 동의해 주었다. 반가운 마음에 몇 가지를 물었다.

"우체국이 바쁜 때를 알려주시면 그 시기를 피해서 올게요. 예를 들어 한 달 중에는 어떤 날을 피해야 하고 하루 중에는 어떤 시간이 바쁘고 등등을 알려주세요."

"아, 한 달 중에는 20일 이후부터 월말까지가 바빠요. 우리 동네에 기초생활보장 수급자분들이 많은데 지원금이 20일에 나오거든요. 그래서 월말까지 인출을 많이 하세요. 하루 중에는 오전보다는 오후가 바쁜 편이에요."

방문을 희망하는 담임교사들에게 우체국의 이런 사정을 알려주고 방문하기 전에 아이들이 궁금해하는 질문을 모아서 미리 연락하겠다고 했더니 반가워했다. 처음 기관에서 이야기가 잘 풀리니 다음 기관에 의논하러 갈 때도 힘이 났다. 우체국 맞은편에 있는 수곡1동 행정복지센터를 찾아갔는데 동장님은 없었다. 대신 50대 후반의 팀장님을 만나 부탁하니 바로 동의하면서 담당할 직원을 정해주었다. 그 직원에게 기관의 상황을 물었더니 매월 초부터 5일까지가 가장 바쁘고 하루 중에는 오전보다는 오후가 한가하다고 했다. 두 기관의 사정이 모두 달랐다. 다른 기관도 그 기관의 처지를 먼저 물어서 방문 일정을 짜야겠다고 생각했다. 두 기관 모두 호의적이어서 힘이 났다.

며칠 후 나머지 세 곳의 기관 중 가장 멀리 떨어진 청주우편집중국에 갔다. 입구 경비실에서 방문 이유를 말하니 전화를 해당 부서로 연결해줬다. 취지를 들은 담당 직원은 몇 년 전에 유아들이 방문했을 때 위험한 일이 있어서 이제는 하지 않는다고 잘라 말했다. 전화로 20여 분 동안 여러 차례 다시 생각해 달라고 부탁하면서 속이 부글부글 끓었다. 사람이 찾아왔는데 얼굴도 안 보이고 전화로 거절하다니 너무하다는 생각이 들었다. 통화가 길어지자 해당과의 과장이 무슨 일이냐고 물으면서 상황을 알게 되었고 얼른 올라오라는 말을 전했다. 우여곡절 끝에 해당과의 과장을 만나고 국장까지 만나서 협력을 약속받은 후에 우편집중국을 나섰다. 돌아오면서 만약 교장인 내가 아니라 일반교사들이 와서 이런 일을 겪었다면 얼마나 힘들고 속상했을까 하는 생각을 했다. 수곡2동 행정복지센터와 산남종합사회복지관도 아이들의 방문을 반겨주었다. 10월부터 우리 아이들은 마을 곳곳의 기관을 방문했고 다녀온 기관에 대해 새롭게 알게 된 내용을 이야기하며 좋아했다.

이렇게 2019년에 학교와 마을을 연결했던 첫걸음이 아쉽게도 그다음 해부터 코로나19로 막혀서 3년이 지났다. 하루빨리 전염병 상황이 나아져서 아이들이 마음껏 마을을 다니는 날이 오면 좋겠다.

그럼 교사들이 아이들과 마을로 나갈 때 가장 어려운 점이 무엇일까? 학교에서 나올 때는 관리자의 동의를 받기 어려울 테고, 기관을 찾아갔을 때 호의적이지 않으면 다시 용기를 내기 어려울 것이다. 또 같이 다니는 아이들도 함께 위축될 것이다. 이런 상황을 먼저 예상하고 직접 해결해가면서 교장이 마을배움길을 넓혀가는 길을 만들어 나가면 좋겠다.

수곡동 아이들을 지키는 주민 네트워크

"교내 사례회의를 해야겠어요."

한솔초에 온 지 한 달도 안 되었을 때였다. 2학년에 계속해서 문제행동을 하는 아이가 보이자 생활부장이 와서 그 아이와 관련된 지난해 담임, 현재 담임, 학년 부장, 생활부장, 돌봄전담사, 교육복지사, 상담교사 등이 모여서 교내 사례회의를 한다고 했다. 나도 참여해서 사례회의를 지켜보았는데 관련된 사람들이 아는 것을 다 모아도 이해되지 않는 부분이 있자 지역사회 차원에서 단체들이 모이는 통합사례회의를 열어야겠다고 결론이 났다.

한솔초에 오기 전에 사례회의를 본 경험이 없어서 통합사례회의가 어떤 것이냐고 물었더니 회의를 추진하는 교육복지사가 설명해 주었다.

"○○이를 돕기 위한 관계기관 협의회가 사례회의예요. 이번에는 시청의 드림스타트와 산남종합사회복지관, 그리고 해당 행정복지센터의 사회복지사가 참여할 거예요."

그 후에 열린 통합사례회의에 참여해 보니 여러 기관의 담당자가 모여서 우리 학교 아이에 대해 회의하는 모습이 참 신기했다. 그리고 이 자리에서 나오는 이야기는 학교에서는 도저히 모를 이야기가 많았다.

"그 집은 아이가 네 살 때부터 사례관리를 해오고 있어요. 그때 아빠가 집을 나가고 엄마 혼자서 아이를 키우고 있는데 엄마가 우울증 증세가 있어서 잠을 안 자고 밤을 새울 때가 많아요. 방이 하나뿐인 원룸이니 아마 아이도 같이 밤을 새울 거예요."

"아, 그런 상황이군요. 그러잖아도 아이가 아침부터 책상에 엎드려 자는 거예요. 도대체 무슨 일이 있기에 밤에 잠을 못 잤나 하고 생각했어요."

이렇게 시작한 회의는 아이가 보이는 문제행동에 대해 실마리를 찾고, 그 집을 도와줄 수 있는 구체적인 방법을 찾을 때까지 계속되었다. 한솔초에서는 아이의 문제를 담임교사와 학교에서만 떠안지 않고 우리 사회의 관련 기관이 모여 함께 대책을 세우니 훨씬 효과적이었다. 그래서 이런 얘기를 다른 지역의 교사들을 만날 때 사례로 알려주었다.

몇 달 전 충주의 교사 연수에서도 말했는데 한 젊은 교사가 무척 관심을 보였다. 초임인 현재 학교에서 교육복지업무를 맡았는데 무척 힘든 처지의 아이를 도와줄 방법을 몰라서 안타까웠다고 한다. 그러면서 '어느 학교에서나 사례회의가 가능하냐?'라고 묻는데 나도 잘 몰라서 답변을 못했다. 다음 날 우리 학교의 교육복지사에게 물었더니 교육복지사가 없는 학교에서도 가능한 방법을 알려줬다.

【 위기 학생 발견 때, 이렇게 할 수 있어요! 】

1. 교내에서 아동과 관련된 교직원 찾기!

- 학교에 있는 교직원 중 아이와 관련된 교직원을 찾으세요.

- '나'보다 먼저 아이를 발굴·파악·지원하고 있는 교직원이 있을 수 있어요.

- 각자의 위치에서 파악한 내용을 공유하여 문서화하면, 나중에 외부 전문가들의 도움을 받기 수월해져요.

2. 교육청에 배치된 교육복지 전문 인력을 찾으세요!

- 각 군·시·도 교육청에는 교육복지우선지원사업(혹은 교육복지안전망 사업)을 담당하는 전문가가 배치되어 있습니다.

- 위기가정 학생·학교를 지원하기 위한 전문가입니다. 다양한 방면으로 협력·지원할 준비가 되어 있습니다!

※ 각 시·도교육청에는 교육복지우선지원사업 담당자(프로젝트조정자) 상주
※ 군 단위 교육지원청에는 교육복지안전망 사업 담당자(교육복지사) 상주

3. 행정복지센터에 사례관리 담당 공무원을 찾으세요!

- 법정 저소득가정 이외에도 사각지대 아동을 발굴하고 지원하기 위한 다양한 사업을 운영·연계하고 있습니다.

❊ 아이들이 노는 소리가 들리는 마을

올해를 끝으로 교직을 떠날 거라고 하면 주변에서 퇴직하고 뭐할 거냐고 묻는다.

"퇴직하면 더 바빠요. 충북놀이사회적협동조합을 만들었어요. 우리가 어릴 때처럼 놀면서 행복한 마을문화를 다시 만들고 싶어요. 무엇보다 부모가 된 젊은 엄마·아빠들과 '아기 어르는 소리'를 하고 싶어요. 우리 고유의 육아 슬기가 녹아 있는 아기 어르는 소리를 요즘 젊은 부모들은 배울 기회가 없잖아요? 그래서 퇴직한 평화샘들이 모임을 만들어서 마을의 놀이 할머니, 할아버지가 되기로 했거든요. 자기 마을의 놀이터에서 아이들과 놀며 놀이터 지킴이도 하고, 또 자기 지역의 산후조리원을 찾아가서 아기 엄마·아빠도 만나고요. 그럼 젊은 부모들이 조금 더 자신 있게 아기를 키울 수 있을 것 같아요. 요람에서 무덤까지 모두가 함께 놀고 이야기하고 정을 나누는 세상을 만들고 싶어요. 그야말로 민주적이고 새로운 마을공동체를 만드는 거죠."

그동안 평화샘을 하면서 가장 가슴에 와닿은 것이 '소수자의 입장으로 세상 보기'였다. 학교폭력이든 놀이든 가장 힘든 사람의 편에서 문제를 보고 함께 풀어가는 과정이 참 감동적이었다. 이런 마음에 확신을 준 곳이 바로 한솔초다.

처음 한솔초에 올 때는 민주적인 교장 역할을 제대로 할 수 있을까, 여러 가지로 힘든 수곡동을 이해할 수 있을까, 마을배움길을 제대로 찾을 수 있을까…. 이런저런 고민이 많았다. 하지만 요즘은 모든 학교가 한솔초만 같다면 얼마나 좋을까 하는 생각이 든다.

그래서 나뿐만 아니라 모든 교장이 마을에서 환대받는 교장이 될 수 있는 길에 대해서 말하고자 한다.

가장 필요한 것이 교장제도가 바뀌는 것이다. 지금처럼 교사들의 자율성을 무시하고 모든 것을 점수화해서 교장 자격증을 따는 제도는 전근대적인 일제 식민지 잔재일 뿐이다. 교장 공모를 통해 선택할 수 있는 교장 공모제를 제도화하여 마을의 요구를 듣고 실천하려 노력하는 사람이 교장이 되는 길을 열어야 한다.

교장공모제가 제도화되기 전에도 교장들이 마을에서 관계를 맺을 수 있도록 연수 프로그램이 만들어질 필요가 있다. 하지만 가장 중요한 것은 아이들과 친밀한 관계를 맺고 마을에 대해 배우려는 교장들의 자발적인 활동이 있어야 한다. 그러한 활동이 좋은 교장 되기 모임으로 이어지면 더욱 좋다. 이런 모습은 교육개혁을 진행할 수 있는 학교의 힘에 대한 사회적 신뢰로 이어질 것이다. 평생 교육을 하면서 살아온 교장들이 교육을 위해 진심으로 자신의 삶을 변화시키는 모습을 볼 수 있었으면 좋겠다.

마지막으로 우리 학교 5학년 백담우가 쓴 글을 싣고자 한다. 2023년 새로운 교장을 선택하는 교장공모제가 충북도교육청에 의해 무산되자 담우는 일주일이 넘는 기간을 엄마와 묻고 답하며 교육감님에게 보내는 편지를 썼다고 한다. 이 글을 읽으며 마을배움길 학교에 자부심과 교장공모제에 대한 아이들의 간절한 요구가 담겨 있어 읽으면서 울컥했다. 자율학교의 의미를 되새겨 보면 좋을 것 같아 소개한다.

존경하는 ○○○ 교육감님께

저희는 지금처럼 학생이 주체가 되어 이끌어가는 자율적인 한솔초등학교를 이어가고 싶습니다. 그러려면 지금의 교장 선생님처럼 저희를 격려하고 응원해 주실 수 있는 공모제의 교장 선생님이 꼭 필요합니다. 신문에서 봤는데, 교육감님께서 지금의 교장 선생님께서 잘해주신 덕분에 어떤 선생님이 오셔도 잘될 것이다, 그래서 저희보다 형편이 더 좋지 못한 학교를 공모제로 선정했다고 하셨습니다. 그런데 저희들은 정말 이해가 되지 않습니다. 그동안 이 학교를 졸업한 선배 형과 누나들 말로는 어떤 분이 오셔도 1년을 겨우 넘기고 저희 이야기를 존중해 주는 교장 선생님은 없으셨다고 합니다. 그러니 충북에서 제일가는 교장 선생님을 보내주시지 않는 이상 저희는 절대 교육감님 말씀을 신뢰할 수 없습니다. 두 번째, 우리 학교보다 형편이 좋지 못한 학교라고 하셨는데, 이 또한 받아들일 수 없습니다. 고학년이 되어 학원에 가니 다른 학교 친구들도 만나고 학원 선생님들도 만납니다. 모든 사람들이 말합니다. 한솔초등학교는 모든 면에서 청주 시내 최하위의 학교라고. 선생님들도 전근 오기 싫어하는 학교라고. 이보다 더 좋지 않은 형편이 있을까요?

저희는 교장 선생님을 만나서 정말 학교가 가고 싶고, 우리가 학교에 왜 가야 하는지를 깨닫게 될 정도로 많은 변화가 있었습니다.

첫 번째, 학교폭력이 줄면서 수업 집중도가 향상되었습니다. 2학년 때 저희 반에는 친구들을 때리고 선생님께 욕하며, 수업 시간에 운동장으로 아이들을 우르르 데리고 나갈 만큼 힘든 친구들이 많았습니다. 담임 선생님께서도 힘드셨겠지만, 저와 친구들도 너무 힘들어 전학을 고민하기도 했습니다. 그런데 교장 선생님께서 저희 반에 들어와 놀이 수업도 해주시고, 그 친구들이 학교에 잘 적응할 수 있도록 개별지도뿐만 아니라 목요놀이터에 나오셔서 함께 노는 법을 가르쳐 주셨습니다. 그 덕분에 2학기부터 그리고 3학년에는 학교폭력이 사라지기 시작했습니다. 공모제가 안 된다면 예전과 같은 상황이 생기는 게 아닌가 가장 크게 걱정이 됩니다. 그러니 만일 이전과 같은 상황이 다시 반복될 수 있으니, 교육감님께서는 우리 학교에 학교폭력 전담교사를 배치해 주셨으면 합니다. 지금의 교장 선생님처럼 개인적으로 그 학생을 전담해서 학교에 적응할 수 있도록 도와주는 선생님이 우리 학교에는 꼭 필요합니다.

두 번째, 지금처럼 자율적으로 저희가 주체가 되는 학교를 이어 나가고 싶습니다. 우리 학교는 다른 학교와 다르게 체육대회가 없습니다. 대신 단오 축제, 진로체험, 알뜰 시장 등 선생님들과 회의를 하면서 저희가 행사를 만들어가고 있습니다. 교장 선생님께서는 우리가 주인이 되어, 원하는 학교 축제를 만들 수 있도록 도와주시는 겁니다. 지금까지 저희 의견을 이렇게까지 반영하고 지지해주신 교장 선생님은 계시지 않으셨다고 합니다. 형, 누나들이 가장 신기했던 건 1년을 생활하면서 조회 시간 말고는 교장 선생님 얼굴 뵐 시간이 없었는데, 지금 교장 선생님께서는 모든 학생들 이름을 불러 주시고, 교장실을 놀이터로 만들어 저희와 소통해주셨다고 합니다. 교육감님께서 다음에 보내주신다는 교장 선생님께서도 이렇게 저희와 소통이 가능할까요?

세 번째, 저희는 놀이 학교를 포기할 수 없습니다. 오은영 박사님께서는 잘 놀 줄 아는 아이가 공부도 잘하고, 친구들과 잘 어울리며, 학교생활도 잘하는 것이라고 말씀하셨습니다. 그리고 우리도 등교하면서 가장 기대되는 부분은 공부가 아니라, 오늘은 친구들과 뭐 하고 놀지? 입니다. 그래서 저희는 이 부분을 중간놀이 시간과 목요놀이터에서 해결하며, 친구들과 사이도 좋아지고 수업 시간에는 친구와 떠들지 않고 더욱 집중하게 되었습니다. 지금 한솔의 놀이학교는 학교의 힘과 학생의 꿈으로 이루어지고 있습니다. 그러니 교육감님께서 따뜻한 품으로 한 번 더 안아주시면 안 될까요?

4년 동안 한솔초등학교가 교장공모제를 하면서 많은 성적을 내지 못해서, 점수가 부족해서 저희가 공모제에서 떨어진 것이라면 이것은 교육감님께서 정말 잘못 알고 계신 부분이라고 말씀드리고 싶습니다. 왜냐하면 저희는 4년 동안 이론만 외우며 시험을 본 것이 아니라, 교장 선생님의 가르침 아래 놀이를 바탕으로 학생이 주체가 되어 가는 행복한 학교를 만들었기 때문입니다. 그래서 교육감님께서 저희 친구들을 직접 만나서 4년 동안의 시험에 대한 성적도 확인해주시고, 그래도 공모제가 안 된다면 왜 안 되는지 정확한 답을 주셨으면 합니다. 모든 문제에는 정답이 있는데, 그 정답을 교육감님께서 꼭 공개해 주시기 바랍니다.

삶의 행복을 꿈꾸는 교육은 어디에서 오는가?

미래 100년을 향한 새로운 교육

혁신교육을 실천하는 교사들의 **필독서**

● **교육혁명을 앞당기는 배움책 이야기** 혁신교육의 철학과 잉걸진 미래를 만나다!

혁신학교	성열관·이순철 지음 ı 224쪽 ı 값 12,000원
행복한 혁신학교 만들기	초등교육과정연구모임 지음 ı 264쪽 ı 값 13,000원
서울형 혁신학교 이야기	이부영 지음 ı 320쪽 ı 값 15,000원
혁신교육, 철학을 만나다	브렌트 데이비스·데니스 수마라 지음 ı 현인철·서용선 옮김 ı 304쪽 ı 값 15,000원
대한민국 교사, 어떻게 가르칠 것인가?	윤성관 지음 ı 320쪽 ı 값 15,000원
아이들을 어떻게 가르칠 것인가	사토 마나부 지음 ı 박찬영 옮김 ı 232쪽 ı 값 13,000원
모두를 위한 국제이해교육	한국국제이해교육학회 지음 ı 364쪽 ı 값 16,000원
경쟁을 넘어 발달 교육으로	현광일 지음 ı 288쪽 ı 값 14,000원
혁신교육 존 듀이에게 묻다	서용선 지음 ı 292쪽 ı 값 14,000원
다시 읽는 조선 교육사	이만규 지음 ı 750쪽 ı 값 33,000원
교실 속으로 간 이해중심 교육과정	온정덕 외 지음 ı 224쪽 ı 값 13,000원
대한민국 교육혁명	교육혁명공동행동 연구위원회 지음 ı 224쪽 ı 값 12,000원
포스트 코로나 시대의 교육	성열관 외 지음 ı 224쪽 ı 값 15,000원
내일 수업 어떻게 하지?	아이함께 지음 ı 300쪽 ı 값 15,000원
핀란드 교육의 기적	한넬레 니에미 외 엮음 ı 장수명 외 옮김 ı 456쪽 ı 값 23,000원
한국 교육의 현실과 전망	심성보 지음 ı 724쪽 ı 값 35,000원
독일의 학교교육	정기섭 지음 ı 536쪽 ı 값 29,000원
교실 속으로 간 이해중심 통합교육과정	온정덕 외 지음 ı 224쪽 ı 값 15,000원
초등 백워드 교육과정 설계와 실천 이야기	김병일 외 지음 ı 352쪽 ı 값 19,000원
학습격차 해소를 위한 새로운 도전 보편적 학습설계 수업	조윤정 외 지음 ı 240쪽 ı 값 15,000원

● 경쟁과 차별을 넘어 평등과 협력으로 미래를 열어가는 교육 대전환! 혁신교육 현장 필독서

학교의 미래, 전문적 학습공동체로 열다	새로운학교네트워크·오윤주 외 지음 ı 276쪽 ı 값 16,000원
마을교육공동체 생태적 의미와 실천	김용련 지음 ı 256쪽 ı 값 15,000원
학교폭력, 멈춰!	문재현 외 지음 ı 348쪽 ı 값 15,000원
학교를 살리는 회복적 생활교육	김민자·이순영·정선영 지음 ı 256쪽 ı 값 15,000원
삶의 시간을 잇는 문화예술교육	고영직 지음 ı 292쪽 ı 값 16,000원
미래교육을 디자인하는 학교교육과정	박승열 외 지음 ı 348쪽 ı 값 18,000원

참된 삶과 교육에 관한
생각 줍기